北京市哲学社会科学规划办公室
北京市教育委员会 资助出版

U0729482

中国特大城市中央商务区（CBD）发展指数研究

北京市哲学社会科学
CBD发展研究基地2016年度报告

李丰杉　蒋三庚　等◎著

首都经济贸易大学出版社

Capital University of Economics and Business Press

·北京·

图书在版编目（CIP）数据

中国特大城市中央商务区（CBD）发展指数研究：北京市哲学社会科学CBD发展研究基地2016年度报告/李丰杉，蒋三庚等著. —北京：首都经济贸易大学出版社，2017.3

ISBN 978 - 7 - 5638 - 2629 - 2

Ⅰ. ①北…　Ⅱ. ①李… ②蒋…　Ⅲ. ①特大城市—中央商业区—经济发展—统计指数—研究报告—中国—2016　Ⅳ. ①F72

中国版本图书馆CIP数据核字（2017）第044486号

中国特大城市中央商务区（CBD）发展指数研究
　　——北京市哲学社会科学CBD发展研究基地2016年度报告
李丰杉　蒋三庚　等　著

责任编辑	群　力
封面设计	砚祥志远·激光照排　TEL：010-65976003
出版发行	首都经济贸易大学出版社
地　　址	北京市朝阳区红庙（邮编100026）
电　　话	（010）65976483　65065761　65071505（传真）
网　　址	http：//www.sjmcb.com
E - mail	publish@ cueb. edu. cn
经　　销	全国新华书店
照　　排	北京砚祥志远激光照排技术有限公司
印　　刷	人民日报印刷厂
开　　本	787毫米×1092毫米　1/16
字　　数	360千字
印　　张	20.5
版　　次	2017年3月第1版　2017年3月第1次印刷
书　　号	ISBN 978 - 7 - 5638 - 2629 - 2/F·1460
定　　价	52.00元

前　言

目前，我国已进入全面深化改革时代，社会经济发展进入"新常态"，"四个全面"和"一带一路"等具有时代意义的战略布局已拉开序幕。城市中央商务区作为我国城市特定区域范围内的产业资源集聚区，是区域经济发展的动力源。城市中央商务区的发展建设必将在新时期国家发展战略与区域社会经济发展中占据更加重要的地位，扮演更加重要的角色。

城市中央商务区是区域内企业发展的微观平台，是产业经济发展的中观载体，在过去的几年中，我国各大城市中央商务区的建设持续火热。我们在跟踪研究与走访调研中发现，全国十几个中央商务区的整体发展建设动力强劲、发展格局稳定、功能建设有效，为城市特定区域内集聚产业发展资源、推动区域经济快速发展发挥了重要的引领作用。

本研究的核心内容是中国特大城市中央商务区所在区域社会经济发展评价指数研究。研究中选取区域经济运行评价指数、产业发展评价指数、政府效率评价指数、企业效率评价指数、楼宇经济发展评价指数、基础设施建设评价指数、文化及科技创新评价指数，共七个维度的分析指标；每个维度指标又涉及多项具体指标，内容主要包括区域政府年度工作报告所关注的核心工作与建设成绩，并以此为评价基础，对我国特大城市中央商务区所在区域的社会经济发展建设整体状况进行客观、全面的比较分析。

研究中选取北京市朝阳区、上海市浦东新区、广州市天河区、深圳市福田区等15个特大城市中央商务区作为样本。在每一座城市，这些中央商务区所在的区域都是特大城市特定区域内的创新中心和产业集聚中心。每个城市的中央商务区都有自身的功能特征及发展特色，它所在区域的发展建设各有特点，且发展水平参差不齐。因此，基于对中国特大城市中央商务区所在区域社会经济发展评价指数的研究，有利于对城市中央商务区的发展进行不同时期的纵向比较，也能够对不同城市中央商务区发展建设的情况进行横向比较，为我国特大城市中央商务区的发展建设提供决策依据与智力支持。

研究中还对具有年度发展特色的西安市、重庆市和广州市的中央商务区进行走访调研，实地了解它们的发展建设经验。我们分别与各城市的中央商务区管委会领导进行座谈，交流中央商务区发展建设与管理的经验，收集中央商务区相关资料信息，并在整理、总结、归纳相关资料的基础上，撰写出这本《中国特大城市中央商务区（CBD）发展指数研究——北京市哲学社会科学 CBD 发展研究基地 2016 年度报告》，以期能够为中央商务区的发展建设提供管理工作的经验借鉴，并对实践工作具有一定的指导意义。

由于作者的能力和经验尚有不足，本报告的撰写、成书难免有疏漏之处，望广大读者及时给予批评指正，以便我们能够对本研究的内容及时进行修正，使其更加完善，使研究成果能够更好地促进中央商务区的发展建设，更好地促进区域社会经济的发展，更好地实现国家发展战略。

作 者
2016 年 11 月 20 日

目　录

上　篇

下　　篇

上　篇

1 中国城市 CBD 总体发展概况

2015 年以来，中国经济运行遭遇到不少预期内和预期外的冲击与挑战，经济下行压力持续加大。面对错综复杂的形势，党中央、国务院坚持稳中求进的工作总基调，实施了一系列稳增长、调结构、促改革、惠民生、防风险的政策组合，使国民经济运行保持在合理区间，结构调整取得新进展，民生持续改善。

1.1 中国城市 CBD 发展建设的宏观经济环境分析

相关部门预计，2015 年全年 GDP 增长 6.9%，CPI 涨幅 1.5%。展望 2016 年经济增长，中国经济发展长期向好的基本面没有变，但受结构性、周期性因素叠加的影响，经济运行仍面临较大的下行压力，需要采取积极有力的宏观政策和加快推进改革加以应对，这样，国民经济仍可保持在合理区间运行。

1.1.1 2015 年全年经济运行总体特征

2015 年经济运行的总体特征是稳中趋缓、稳中有进、稳中有忧，各领域分化加剧，动力转换过程中有利因素和不利因素并存。

1.1.1.1 产业结构持续优化，结构性衰退和结构性繁荣并存

2015 年前三季度，第三产业占 GDP 的比重达到 51.4%，较上年同期提高了 2.3 个百分点，高于第二产业 10.8 个百分点。工业内部结构

调整加快，新产业、新业态、新产品增长较快，产业结构加快向中高端水平迈进，但行业景气度差异较大。

行业景气度有较大差异具体表现在以下三个方面：一是部分产能过剩行业十分困难。资源类、重化工业普遍陷入困境，增速大幅下滑，煤炭、钢铁和水泥等产品产量明显下降，行业总体库存压力较大，仍处在调整探底的发展阶段，要彻底走出困境尚需时日。二是高新技术产业快速发展。计算机、通信、新能源和新材料、医药制造等产业发展优势明显，增长速度明显快于传统制造业。三是新兴服务业发展势头强劲。服务新业态、新模式延续近两年高增长态势，电子商务、物流快递等行业表现尤为抢眼。

1.1.1.2　三大需求趋于平衡发展，内部分化逐步凸显

2015 年以来，消费增长保持稳定，投资增长速度持续放缓，出口增速换挡。前三季度，最终消费支出对 GDP 增长的贡献率达到 58.4%，高于投资 15 个百分点，消费成为经济增长的主引擎。从三大需求内部来看，分化逐步凸显，萧条与旺盛并存。

投资方面，房地产投资持续回落，月度投资已出现负增长，基础设施投资保持较快增速，制造业投资缓中趋稳。消费方面，网上商品零售、通信类商品和旅游等领域的消费高速增长，而石油及其制品类消费大幅下降。出口方面，一般贸易出口保持正增长，加工贸易出口大幅下降，传统七大类劳动密集型产品出口的优势明显下降。

1.1.1.3　区域经济增长差距显著，多速增长格局出现

一些产业基础好、结构多元化、调整步伐快、开放程度高的地区，经济仍然保持良好的发展势头，而一些产业结构落后单一、产能过剩行业比较集中的地区，经济下行速度较快。

1.1.1.4　企业景气分化，同一行业内冰火两重天

一方面，一些大型企业、上市企业紧抓市场、政策机遇，发挥其规模、品牌等优势，发展相对较好；另一方面，量大面广的传统企业、中小企业依然普遍面临生存难、转型难的困境。

1.1.1.5　民生持续改善，收入就业指标表现较好

2015 年前三季度，中国城镇新增就业 1 066 万人，提前完成全年目标，城镇调查失业率稳定在 5.1% ~ 5.2%。居民收入实现了"两个高于"的要求，即前三季度，全国居民人均可支配收入累计达到 16 367 元，同比实际增长 7.7%，高于同期 GDP 增速 0.8 个百分点；农村居民人均可支配收入同比实际增长 8.1%，高于同期城镇居民人均可支配收入实际增速 1.3 个百分点。

1.1.1.6　价格水平总体平稳，结构性通缩压力加大

受新助涨因素不足和季节、气候因素的影响，2015 年全年月度居民消费价格涨幅均低于 2%，个别月份低于 1%，物价总水平平稳。但受国内需求总体偏弱及国际大宗商品价格持续下跌的影响，生产领域中，原材料、燃料价格持续下降，生产者价格指数 PPI 连续 45 个月负增长，且降幅较大，工业领域结构性通缩风险已较为突出。

1.1.2　2015 年经济运行中存在的主要问题

1.1.2.1　投资增长后劲不足

2015 年 1 ~ 11 月，新开工项目计划总投资同比仅增长 4.7%，较上年同期下降 8.8 个百分点，特别是亿元以上新开工项目计划总投资同比增速更低，新开工大项目不足问题比较突出。这主要是由于地方政府受

到融资平台清理、房地产市场不景气以及经济增速下降导致财政收入增速下降等多方面因素的影响，部分项目，尤其是大项目的资金来源受限，致使部分稳增长措施难以落地。

同时，尽管国家大力推进简政放权，但是改革措施尚未完全到位，主动服务意识差，仍然存在投资项目需要各部门串联会签审批现象，审批环节多、行政效率低也影响稳增长措施的落实。

1.1.2.2　市场出清困难

截至 2015 年 11 月，工业品出厂价格已经连续 45 个月负增长，超过 1997 年亚洲金融危机时期的负增长记录。而且，伴随经济增速下行，产能利用率进一步下降，产能过剩的局面缓解难度进一步加大，过剩行业有扩展之势。产能过剩导致企业经营效益持续恶化。

1~10 月，全国大中型钢铁企业累计亏损 386.38 亿元，其中，主营业务亏损 720 亿元，101 家大中型钢铁企业中 48 家亏损，亏损面扩大至 47.5%；10 月，全国 22 个城市五大类品种钢材社会库存环比有所上升。其中，钢材市场库存总量 830.81 万吨，比上月增加 26.93 万吨，上升 3.35%。当前急需通过市场出清恢复市场供需平衡。但受过剩产能行业重资产技术经济特征、地方政府保护等主客观因素的影响，化解产能过剩和清除"僵尸企业"仍面临种种困难。大量资源固化于产能过剩行业，抑制了战略性新兴产业与现代服务业等领域的发展。

1.1.2.3　就业压力逐步凸显

2015 年第三产业的快速增长促进了就业稳定，但受资本市场波动、总需求低迷的影响，非制造业的景气度也在下行，10 月份非制造业 PMI 指数已较 7 月份的年内高点降低了 0.8 个百分点，第三产业吸纳就业的能力减弱。而且随着经济下行压力的进一步加大，部分传统行业和产能过剩行业目前勉力维持的就业局面可能会被打破，部分隐性失业可能会显性化，就业压力将进一步凸显，可能将对 2016 年的就业稳定造成影响。

同时，尽管网上商品零售、快递等新兴业态创造了部分新的就业岗位，但也必须注意到网店对实体店造成的冲击和显著的替代效应。有关调研反映，图书、服装、家电等产品的实体店受到的冲击最大，部分实体店经营困难甚至出现了关闭潮。部分传统百货商场也受到较大冲击，经营景气度持续下降，这对相关群体就业带来了较大影响。

1.1.2.4　金融风险加大

产能过剩问题严重、企业效益恶化以及地方政府融资平台清理等实体经济的问题开始向金融领域传导。自 2012 年以来，商业银行不良贷款余额呈逐季上升趋势，目前已经连续 16 个季度上升，不良贷款率由 2012 年第一季度的 0.94% 上升至 2015 年第二季度的 1.50%，第三季度进一步升至 1.59%，环比上升 0.09%，同期拨备覆盖率由 287.40% 下降到 190.79%。融资难、融资贵也导致部分地区非法集资问题抬头。这些问题相互交织、相互传导，加大了经济下行的压力，也导致金融风险上升。

1.1.3　2015 年中国经济运行形势分析

1.1.3.1　短期需求减弱与中期结构调整叠加

从短期因素来看，世界经济复苏缓慢，我国外部需求明显不足，固定资产投资大幅减速，房地产市场继续调整，以及工业企业去库存化等因素，使我国经济延续了减速下行态势。从中期因素来看，当前我国经济发展新常态特征更加明显，经济增速换档的压力和结构调整的阵痛相互交织，新兴产业增长难以弥补传统产业下降的影响。要素投入支撑作用减弱、结构升级要求提高、化解前期过剩产能、强化生态环境保护等都会影响经济增速。

1.1.3.2 宏观政策协调性不足加剧经济下行趋势

从财政政策来看，2014 年年底以来，国家出台的减税降费措施对支持小微企业发展和创业起到了一定作用，保持了就业稳定，促进了服务业发展。但是，财政支出政策总体上偏紧，2014 年下半年财政支出仅增长 2.5%，较上半年大幅放缓了 13.3 个百分点。其中，第四季度财政支出下跌 1.4%。2014 年实际财政赤字率仅为 1.8%，低于 2.1% 的预算目标。虽然 2015 年年初财政支出较上年第四季度明显加快，一季度财政支出增长 7.8%，但增幅同比放缓 4.8 个百分点，国家预算投资到位资金增长 11%，同比放缓 7.2 个百分点。财政支出减缓，通过乘数作用对经济增长具有较强的紧缩效应。由于财政支出传导到经济增长一般需要一个季度左右的时间，2014 年第四季度的财政支出紧缩对当前经济增长带来了不利影响。

从货币政策来看，2014 年，中央银行两次定向降准，此后又推出了中期借贷便利和短期借贷便利，共计 8 000 亿元规模，再加上提供给国家开发银行的 1 万亿元抵押补充贷款，对保障房建设、"三农"和小微企业等领域给予了定向支持，这些措施保持了金融市场的适度流动性，稳定了市场预期。但由于大量资金持续进入股市，部分"僵尸企业"和地方政府平台占用大量资金，央行释放的流动性难以进入实体经济，实体经济融资成本居高不下。同时，2014 年社会融资规模下降了 4.8%，直接融资比重下降，货币政策总体上处于偏紧状态。这是 2015 年年初制造业投资降幅较大的重要原因之一。货币政策对经济增长的滞后影响一般需要半年以上时间，2014 年偏紧的货币政策还会继续影响经济增长。

从房地产政策来看，2014 年下半年以来，限贷限购放松以及降息等政策措施推动房地产市场在四季度短暂复苏。2015 年以来，房地产政策继续松绑，二套房首付降低、二手房营业税免征期缩短至两年等政策在一定程度上刺激了改善性需求，稳定了市场信心，促使房地产市场有所回暖。但是，投资和投机性住房需求已基本退出楼市，在部分住房刚性需求得到释放后，仍然偏高的房价需要合理回归，房地产市场主要指标全面下跌，延续了深度调整的基本趋势。2015 年一季度，土地购置面积、房屋新开工面积、商品房销售面积分别同比下跌 32.4%、18.4% 和 9.2%，房地产开发企业到位资金下跌了 2.9%，其中，国内贷款和定金及预收款分别下降 6.1% 和 8.4%。

1.1.3.3 稳增长政策执行不到位，落地难

地方政府过去靠优惠政策招商引资、靠土地财政解决资金来源、靠投融资平台支撑重大项目等方式受到制约，部分地方政府部门很不适应新常态下如何稳增长，国家出台的部分稳增长措施难以落地。据调研，2015 年年初以来，部分地方政府没有拿到一个招商项目，具体工作中往往无所适从。尽管国家已经大力推进简政放权，但是改革尚未到位，各部门、各地方会签审批环节仍较多，行政效率较低影响政策落实。

1.1.3.4 2015 年我国经济形势运行主要经济指标

基于 IAR – CMM 模型对我国经济增长和各关键经济指标进行预测，在基准情景下的预测是：2015 年实际 GDP 增长 6.85%，同比下降 0.55 个百分点。

我国正在进行雄心勃勃且具有风险的经济再平衡。政府试图引导中国远离以往投资拉动、出口驱动和信贷推动的经济增长模式。

我们对 2015 年基准预测的外部环境主要假设了四个条件：①发达经济体的 GDP 增速逐步趋于回稳，以国际货币基金组织（IMF）的预测为基础假定美国经济增速为 2.5%，欧元区经济增速为 1.5%，日本经济增速为 0.8%；②国际大宗商品价格回暖，全球贸易情况基本稳

定，然而，油价基于供给充足将呈现低位震荡徘徊的走势；③美联储最快从 2015 年第三季度开始加息；④汇率虽然微幅贬值，但走势稳定。

我们对 2015 年基准预测的内部环境主要假设了五个条件：①我国货币与财政政策保持连续性和稳定性，持续稳定股市与楼市，无额外的政策力度；②消费与投资虽有开始改变结构的迹象，但短期内仍维持平稳；③进出口持续走弱，对经济增长的拉动作用有限；④银行坏账及地方债的去杠杆化过程平稳；⑤2015 年房地产开发投资减速主要由 2014 年以来商品房销售减速引起，没有考虑其他大的外部冲击。

受到国内产能过剩以及内需不足的影响，投资和消费增速也较 2014 年同期显著下降。国际经济复苏，但依然面临重新陷入衰退的风险，对中国出口增长的拉动力有限，使我国出口增长下滑。此外，房地产投资的减速所带来的负面溢出效应也将抑制相关产业的经济增长。

货币政策方面，预计货币政策将适度宽松，寓改革于调控之中，会进一步推出一系列政策，在维持经济稳定运行的同时促进金融系统的改革。2015 年上半年，M1 和 M2 增速较上年同期均下降，上半年社会融资总额同比下降。因此我们预测潜在降息空间仍较大，最早可能会在第三季度再度降准降息。

1.1.4 2015 年的经济运行存在四个有利条件

1.1.4.1 世界经济将持续复苏

国际货币基金组织（IMF）预测，2015 年全球经济将增长 3.5%，比 2014 年提高 0.2%。但也要看到，发达经济体经济增长总体仍较为疲弱，短期内难以真正走出低谷，主要新兴市场经济体经济出现分化，金融市场动荡加剧。

1.1.4.2　前期政策效应逐步释放

2014 年中央出台的定向降准、结构性减税、棚户区改造、中西部铁路建设、稳定外贸和扩大内需，以及在年底实施的全面降息和基础设施领域推出一批鼓励社会资本参与的项目（PPP）等政策，大多需要跨年度执行。

1.1.4.3　中国经济基本面良好，内需增长有很大潜力

供给方面，劳动力人口减少、储蓄率下降，但是人力资本、资本存量等要素供给质量提高。消费方面，就业形势良好，居民收入增速超过经济增速。投资方面，"十二五"规划即将收官，一些规划项目建设进度将加快，出口回暖也将带动相关固定资产投资的增长。中国地域辽阔，实施"一带一路"、"长江经济带"和"京津冀协同发展"等战略，可以创造巨大的投资需求。

1.1.4.4　改革红利显现

2014 年，中央推出了一系列重大改革措施，2015 年还将实施一批重大改革，改革红利将逐步释放。

1.1.5　中国宏观经济形势分析与展望

1.1.5.1　中国宏观经济形势分析

我国经济增速正逐年下降，从 2010 年的 10.6% 下降至 2014 年的 7.4%。2015 年前两个季度的同比增速均为 7.0%，环比增速分别为 1.4% 和 1.7%，同比和环比均低于上年同期水平，显示出我国经济增速中枢进一步下移。另外，政府工作报告提出，2015 年我国经济增长的目标设定为 7%。由此可以看出，在国内改革进入"深水区"和内外

部需求均不旺盛的情况下，各界已对我国经济增长中枢继续下移的预期达成一致。

目前，产能过剩和资源错配的矛盾依然严重，而且制度因素以及环境因素对我国经济增长的制约越来越强，消费和进出口难以保持 2012 年以前的增速水平，经济增速的进一步下调已成事实。中国制造业采购经理指数（PMI）一直在枯荣线附近徘徊，且一直未出现明显的反弹趋势，反映出生产环节需求持续疲弱，且无明显改善的迹象。其中，PMI新出口订单指数也在 2014 年年底跌至枯荣线以下之后，始终没有反转至枯荣线以上，而且持续下跌至 4 月的 48.1，5 月，该指数较之前虽有所增加，但 6 月出现反复，下跌至 48.2。新订单指数虽然位于枯荣线之上，但自 2014 年四季度以来，新订单指数亦持续走低。由此可以看出，我国内部需求并未得到显著改善。

在外需增长没有显著改善的背景下，内需增长已持续下滑，消费者价格指数（CPI）和生产者物价指数（PPI）均低于市场预期，而且剪刀差继续呈现扩大趋势。进入 2015 年，PPI 同比增速屡创 5 年来新低。自 2012 年 3 月以来，PPI 连续 40 个月呈负增长趋势，虽然 2014 年跌幅有所收窄，但是 2014 年三季度跌幅再次扩大且持续至今。即便 2015 年国际原油和大宗商品价格有所回升，但我国 PPI 价格依然呈现负增长，且跌幅有进一步扩大的趋势。

由此可见，我国国内市场需求仍旧不足，部分产业产能过剩，而且去库存步伐仍较缓慢。与此同时，CPI 同比增速亦持续下降，从 2013 年 10 月的 3.2% 下降到 2015 年 6 月的 1.4%。在生产环节的价格持续下跌以及食品价格和人力成本持续上涨的形势下，近年来，CPI 同比一直保持正的增速。值得注意的是，CPI 虽然增速为正，但呈现持续下降的趋势。在 PPI 难以反转以及 CPI 增速持续下降的趋势下，PPI 和 CPI 两者间的剪刀差短期内仍难以扭转，我国通缩风险进一步加剧。

2015 年前两个季度各关键经济指标增速均低于上年同期水平，这主要是由于我国经济继续处在"三期叠加"的关键阶段,内部需求疲弱。其中,截至 6 月,社会消费品零售总额累计同比增长 10.4%,较上年同期平均下降 1.7 个百分点,累计固定资产投资完成额同比增速下降 11.4%,较上年同期水平下降 5.9 个百分点。贸易方面,前 6 个月出口累计同比增长 1.0%,而进口累计同比减少 15.5%,虽然较上个月有所改善,但依然处于历史低位。

截至 2015 年 6 月,我国社会融资总量累计新增 8.8 万亿元,同比减少约 1.5 万亿元。虽然 2015 年前 6 个月我国社会融资总量较上年同期有所下降,但是社会融资结构正在悄然变化。我国外币贷款对社会融资的贡献由正转负。银行委托贷款、信托贷款以及承兑汇票融资规模大幅下降,三者总和占社会融资总量的比重断崖式下降至 6.7%,创 5 年来的新低。虽然表外融资规模大幅下降,但是很大部分表外融资重新回归表内,人民币贷款占社会融资总量的比重大幅上升至 74.8%,同比增加 19.2 个百分点。同时,直接融资对社会融资总量的贡献同比增加 1.3 个百分点,处于近 5 年以来的高位。这主要受益于自 2014 年年底以来中央银行数次降息降准和 IPO 进程加速,股票融资大幅增长,同比增加 3.1 个百分点。但企业债券净融资占社会融资总量的比重有所下降,同比下降至 1.8 个百分点。

货币政策方面,中国人民银行从 2014 年 11 月 22 日起连续 4 次降低贷款基准利率,一年期贷款基准利率累计降幅为 1.15 个百分点;在此期间还连续两次全面降低存款准备金率,累计降幅为 1.5 个百分点,并伴随不同幅度的定向降准。从货币供给方面来看,2015 年广义货币(M2)供应量增速目标为 12%。截至 6 月,M1 供应量同比增长 4.3%,较上年同期下降 4.6 个百分点;M2 供应量同比增长 11.8%,较上年同期下降 5.4 个百分点。虽然在此期间中央银行连续降准,但是由于外汇占款的减少,中央银行被动投放的货币量有所下降,同时,中央银行连续多次未进行公开市场操作,使本轮货币供应增速总体呈现下降态势。

1.1.5.2　中国宏观经济形势的机遇

第一，"一带一路"前景预测与经济走势的关联。我们对 2015 年下半年经济增长的基准预测面临着若干上行和下行风险。由于我国短期内经济结构仍未调整，需借助于投资所带动的经济增长，主要的不确定性将来自于与政府投资及政府支出前景相关的政策预测。"一带一路"政策的提出恰逢世界经济向东方和南方发展中国家转移的时机，为国内外提供了良好的合作与投资愿景。

"一带一路"战略将会在短期内利好四大类与第二产业息息相关的企业，即交通运输类公司、建筑及基础设施工程类公司、设备及配套类制造业公司和原材料类公司，将在中长期拉动中国的品牌消费品（医药、家电、汽车等）以及传媒等板块。6 月，汇丰 PMI 终值为 49.4%，低于预期值的 49.6%，但高于 5 月的终值 49.2%。6 月，官方制造业 PMI 维持 5 月 50.2% 的水平，PMI 数据稳定以及微幅回升反映了前期政策效果正在慢慢显现。然而，新订单指数为 50.1%，下降了 0.5 个百分点。新出口订单指数为 48.2%，下降了 0.7 个百分点，加上 6 月用电量数据显示第二产业用电量下降 0.4%，5 月铁路货运量同比下降 9.8%，显示复苏步调仍然缓慢，因此前景预测仍需保守乐观。

同时，我们以 IMF 的预测作为新兴和发展中经济体经济增长的基准情景。但是，这个基准情景面临诸多风险，倘若"一带一路"国家的增速不如预期，抑或是面临政治风险、经营风险以及金融风险，将直接影响国内多领域相关生产环节的前景，尤其可以从三个方面衡量出预期的调整，即第二产业增加值增长规模、投资规模和政府支出规模。

鉴于上述不确定性因素，2015 年下半年的情景分析将仰赖两种情景：①乐观，假设 2015 年下半年对第二产业增加值、投资、政府支出增长的预期均上调 2%；②保守乐观，假设 2015 年下半年对第二产业增加值、投资、政府支出增长的预期均上调 1%，货币政策维持基准情景。

在乐观与保守乐观两种情景下对我国实际 GDP 增速的预测：2015 年第三季度实际 GDP 增速预测值分别为 6.8% 和 6.7%，2015 年第四季度实际 GDP 增速预测值分别为 7.0% 和 6.9%。

第二，美国加息前景预测与经济走势的关联。美联储加息速度和力度的上升对中国经济的影响不容忽视。在美联储于 2014 年 11 月退出量化宽松后，加息就仅仅是一个时间问题了。依据就业与通胀的数据及趋势，市场普遍调整了原先 2015 年中加息的预期，偏向美联储最快于 9 月开始加息。比如，新兴市场经济体中，东南亚国家及巴西、南非、土耳其与中国的贸易关系十分密切，而这些国家的经济对美联储降息和加息又特别敏感。如果美联储加息速度和力度的上升明显超出预期，可能导致新兴市场经济体国家出现大幅度资本流出，汇率大幅波动，进而导致经济增长减速，从而减少对中国的进口需求。即使忽略由于国际游资特别是热钱出逃所引起的对整个金融系统的负面冲击，而单纯探讨美联储加息如何通过贸易途径影响中国，我们可以得到其对中国经济影响的最保守估计也是不容乐观的。

鉴于上述不确定性因素，2015 年下半年的情景分析将仰赖两种情景：一是保守，假设 2015 年下半年新兴市场经济体国家对我国的出口需求降低 10%；二是悲观，假设 2015 年下半年新兴市场经济体国家对我国的出口需求降低 15%，货币政策维持在基准情景。在保守与悲观两种情景下对我国实际 GDP 的增速进行预测，2015 年第三季度实际 GDP 增速预测值分别为 6.5% 和 6.3%，2015 年第四季度实际 GDP 增速预测值分别为 6.7% 和 6.5%。

第三，积极财政政策的效果估测。根据前面的分析，我们认为，在经济下行压力增大，并且货币政策宽松的效果有限的情况下，通过继续实施积极的财政政策，加快推进财税体制改革，适当扩大中央财政支出与赤字规模。2015 年，中央政府预算赤字增加到 1.7 万亿至 1.9 万亿元，扩大赤字率 2.5% ~ 2.7%。实现地方政府债务与融资体制平稳转换，保障地方公共服务的合理投入和公共基础设施建设稳定。围绕中西部基础设施建设，统筹推进一批重大项目；安排专项资金支持重点产业技术改造、创新及"两化（信息化和工业化）融合"项目；采取政府收购商品房作为保障性用房的方式，维护房地产市场的正常运行。加大对首次购房者信贷与税收优惠，适当放宽二套房贷款政策；降低部分消费品进口关税，缩小高档消费品境内外价差，促进海外奢侈消费品消费回流国内市场；促进电子信息消费、农村服务消费、绿色循环消费等新型消费。落实好社会政策"兜底"要求。财政支出方面，推出一批重大民生项目，完善转移支付功能，扩大营业税改征增值税范围；扩大对小微企业的减税力度，降低进口环节关税，促进出口产品结构调整；调整税制结构，支持企业研发和成果转化；理顺中央与地方税收关系，规范发行自发自还的地方债券，改变地方政府对土地财政的依赖。

1.1.5.3　中国宏观经济政策选择

（1）继续实施稳健货币政策，稳步推进金融改革开放，注重政策的松紧适度、定向调控和改革创新。M2 增长维持在 13% ~ 14%，新增人民币贷款 11 万亿元左右，新增社会融资规模 17 万亿元左右。保持流动性合理、充裕，为结构调整和转型升级营造中性适度的金融环境。适时对金融机构全面降准 2 ~ 3 次；下调基准利率水平 1 ~ 2 次，每次下调 0.25 个百分点；指导商业银行适当降低各类贷款利率，缓解企业融资贵的问题。发挥信贷政策在转方式、调结构中的作用，加强定向调控，促进信贷结构优化。加大企业债务重组，避免风险扩散，适当放宽商业银行不良贷款冲销规定，将企业担保信息纳入征信系统共享。推进利率市场化，完善汇率市场化形成机制，保持人民币汇率在均衡的基础上相对稳定。利用各地自由贸易实验区，稳步推进资本账户对外开放，促进人民币国际化。加强外汇资金跨境流动监测和监管，丰富企业外汇避险品种，防范资本流动风险，维护国内金融稳定，加快发展多层次金融服务体系。

2016 年宏观政策的重点仍是要把握好稳增长、调结构和防风险的平衡，立足当前，着眼长远，从供需两侧发力。

（2）积极的财政政策更加有力度。第一，建议进一步扩大赤字规模，提高赤字率。新增赤字主要用于国家重大工程，跨地区、跨流域的投资项目以及外部性强的重点项目。第二，建议考虑加大中央国债发行规模，并适当提高地方政府债券发行额度，继续适时推进债务置换工作，减轻地方政府偿债压力，为地方腾出部分空间用于其他领域支出，保障地方公共服务的合理投入和公共基础设施建设的稳定供给，拉动经济增长。第三，进一步加大力度盘活存量资金，统筹用于交通、水利、民生等重点领域的支出。第四，适当加大针对东北地区及其他困难地区的转移支付力度，并配合其他相关政策，增强其自主增长动力。

（3）加快推进结构性改革。继续推进简政放权，加快化解过剩产能和清理"僵尸企业"，采取有效措施切实降低各类企业成本，引导"双创"活动走向纵深，深化国有企业改革。

（4）充分调动地方政府的积极性。建立地方政府在改革和发展中的正向激励机制，克服政府不作为倾向。积极探索新形势下地方政府的新型竞争机制，既要保障公平、公正，也要充分调动地方政府的积极性。

1.1.6　2016 年经济增长趋势分析

1.1.6.1　2016 年投资增长率或将下降

制造业投资增速可能下降 1.5 个百分点，约拉低投资增速 0.5 个百分点。

第一，企业经营景气度下降影响投资积极性。研究发现，制造业投资增长速度变化的 60% 可由上一年的企业利润增长速度做出解释。

2015 年以来，工业企业利润总额持续负增长，较上年下降约 5 个百分点。工业企业利润恶化抑制企业扩大投资，且上半年受益于股票市场持续活跃，企业非主营业务收入快速增长，若去除其影响，企业的经营状况比利润数据显示的还要差。

第二，产能过剩依然突出，新增投资动力不足。从 2015 年行业统计数据来看，产能过剩问题仍然突出，且伴随经济下行，产能利用率进一步下降，产能过剩行业有扩展之势。

第三，高新制造业规模尚小，难以提供足够的投资支撑。全国高技术制造业投资同比增长高出全部制造业投资近 4 个百分点，但其占比不足 10%，对制造业投资增长拉动力较弱。

1.1.6.2 房地产投资将持续增长

第一，当前的资金来源结构难以支撑房地产投资的增长。1～11月，房地产开发企业到位资金同比增长 1.3%，增速连续多月提高。从资金来源看，国内贷款、外资和自筹资金都连续多月增长，定金及预收款和个人按揭贷款正增长。

第二，房地产开发企业土地购置面积同比增长。1～11 月，房地产开发企业土地购置面积同比增长 11.1%。

第三，房地产市场景气度逐渐全面恢复。当前房地产市场景气度结构性上行，并逐渐整体上行。从区域来看，一二线城市景气上行更多，三四线城市相对低迷。从房屋购买结构来看，改善型住房景气度高，而刚需房和高端房类的景气度相对较低。虽然 2015 年 10 月以来房地产销售增速已经出现下降，但部分特大型大城市出现上涨趋势。

1.1.6.3 基础设施投资增长可能将回落 2 个百分点

第一，资金来源受到限制。受经济下行影响，财政收入增速大幅下降，若明年房地产市场景气度再次下降，则地方政府的资金来源将受到极大约束。

第二，部分改革措施短期内可能抑制地方政府投资扩张。新预算法、限制地方招商引资竞争和地方司法、纪委体系改革，强化了对地方政府经济行为的制衡约束，短期内可能抑制地方投融资的扩张。

1.1.6.4　消费可能进入个位数增长

第一，城乡居民收入增长持续减速。前三季度居民收入实际增长 7.7%，高于经济增速 0.8 个百分点。但从年度比较来看却是持续减速。

第二，受失业显性化等因素的影响，消费信心可能有所减弱。

第三，一些热点消费可能减速。首先，汽车消费鼓励政策的效应减弱；其次，2015 年受黄金价格波动及股市波动引发的避险情绪增强的影响，第三季度以保值增值为目的金银珠宝类消费大幅走强，平均增速达到 13%，但不具有可持续性。

1.1.6.5　出口可能略高于 2015 年

第一，外部环境依然复杂。国际货币基金组织 10 月的报告预计，2016 年发达经济体复苏会有所减弱，但新兴市场经济国家的增长速度在 2016 年将有所回升。

第二，政策环境优化和低基数可能提高出口增速，进口可能低速增长。2015 年进口之所以出现负增长，主要是由大宗商品价格下降所致，进口数量降幅不大。预计 2016 年进口数量将窄幅下降，价格影响降低，进口实现低速增长。

总体来看，2016 年经济仍面临较大的下行压力，经济增长速度有可能进一步回落。

1.2　中国城市 CBD 建设市场现状分析

在城市和区域经济竞争日益激烈的背景下，中央商务区作为现代服务业的集聚地，其发展所产生的巨大集聚效应和辐射带动效应使其成为城市间取得竞争优势的关键因素之一。在当下宏观经济发展、经济运行新常态以及国家发展战略的影响下，我国各地区中央商务区的建设也呈现出一系列的显著特征，主要表现在以下几个方面：

第一，从经济规模总量来看，高度集约是中央商务区的重要特征。中央商务区通常在数平方公里内集聚了大量的企业，产业规模较大，对地区经济发展的贡献度非常显著。从地区的生产总值来看，北京、上海、广州、深圳、天津及武汉的中央商务区建设均超过 600 亿元；从地区经济贡献来看，北京、广州、深圳、武汉、大连、长沙以及沈阳的中央商务区的生产总值占全市的比重均超过 5%，中央商务区的地区经济贡献突出。相对而言，南京河西中央商务区、西安长安路中央商务区、天津滨海新区中央商务区，以及河南郑东新区、银川阅海湾中央商务区则建设相对较晚，目前仍处于培育发展阶段，其地区经济贡献相对较弱，发展水平和集聚效应有待进一步提升。

第二，从产业发展特征来看，随着城市和区域经济的发展，我国中央商务区的产业结构、业态模式都在进行深度的调整，总体上呈现产业日益高端化、总部企业加速集聚、业态模式不断创新等发展特征。具体介绍如下：

一是产业结构日益高端化。当前，我国中央商务区的产业结构以现代服务业为主，主导产业主要集中于金融、商贸信息服务、文化创意和房地产等高附加值的行业和领域，具有极强的产业带动能力和资源集聚能力。特别是北京中央商务区，形成了跨国企业总部与商务服务产业、金融产业国际化、文化创意产业快速集聚发展、房地产产业及一系列配套服务产业高端化发展的现代产业体系。与此同时，信息服务业、新媒体、投资管理服务业和广告业等融合型高端服务产业也得到了快速的发展。广州天河中央商务区的主导产业包括现代商贸业、金融服务业以及相关商务服务业，聚集了以全球四大会计师事务所为龙头、数量占广州 1/3 以上的会计师事务所，以世界五大地产行业为龙头、数量占广州1/5的房地产中介公司，以及广州 70% 的人才中介公司和 1/3 的律师事务所，并已成为辐射珠江三角洲、服务华南的商务服务集聚区。

二是总部型企业加速集聚区。中央商务区已成为国内外大型企业总部选址布局的重要集聚地带。北京中央商务区、广州天河中央商务区的世界 500 强企业超过 150 家，尤其是北京中央商务区集聚的世界 500 强企业和跨国公司地区总部，均占到北京市总量的 70% 以上，郑东新区中央商务区和重庆解放碑中央商务区的总部企业数量均已超过 100 家。大多数的中央商务区总部型企业主要集中在商务服务、批发零售和金融等行业，总部功能和辐射带动作用明显。西部地区的银川阅海湾中央商务区启动建设较晚，于 2012 年才正式投入运营，而到 2015 年，总部企业数量已超过 36 家，总部企业纳税总额达到 16 亿元以上，吸纳就业人员达到 2 500 人以上，显示了较强的发展能力。

三是业态模式不断创新。在各种新技术和新模式的催生下，中央商务区产业融合趋势日益明显，不断涌现出多种新型业态和新型商业模式。当前，各地的中央商务区产业融合主要围绕"商务、金融、文化、互联网"四大要素展开，例如：北京中央商务区主要新兴业态有文化金融、科技金融、互联网金融和移动传媒等；天津滨海新区中央商务区以跨境电子商务、商业保理和融资租赁为主；上海陆家嘴中央商务区以互联网金融、跨境金融合作和航运金融等为主；广州天河中央商务区以互联网金融、科技金融和汽车产业金融为主；深圳前海中央商务区则以互联网金融为主，各类新兴业态在各地中央商务区得到充分发展。

第三，从国际化发展水平来看，随着国家"一带一路"的倡议以及自由贸易试验区的深入推进，我国各地中央商务区依托丰富的涉外资源和国际化平台，积极推进对外开放与合作，对外开放程度不断提高。在外资利用数量方面，我国大部分中央商务区的外资利用数量稳步上升。从调研数据来看，北京中央商务区外资利用数量处于全国领先地位，北京市外商投资企业数量增长迅速，外向型经济发展水平不断提升，在举办国际性会议及论坛方面积累了丰富的经验。

第四，从贸易便利化水平来看，上海静安中央商务区通过创新外资审批模式、推进"负面清单"管理模式以及继续深化"鼓励清单"模式，在上海率先试点外商投资企业设立的"告知承诺＋格式审批"模式，使长三角区域贸易便利化水平不断提高，外资利用数量快速增长。广西南宁金湖中央商务区借助南宁市作为对接东盟国家桥头堡城市的优势，不断扩大与东盟国家全方位、多层次的合作，积极构建中国—东盟合作新高地，已入驻世界 500 强企业超过 16 家，外向型经济特征开始凸显。此外，上海陆家嘴商务区、天津滨海商务区、厦门岛金融中心、福州五四路中央商务区、深圳前海中央商务区和珠海十字门中央商务区六个中央商务区已经被纳入自贸区范围，具有对外开放方面的先行先试政策优势，成为各地区对外开放的前沿和窗口。

整体来看，各地区建设的中央商务区已经逐渐成为该城市和地区具有经济引领和带动作用的区域，借助强大的经济控制力和区域影响力，各地区中央商务区已成为区域乃至国家范围的资本配置中心、创新引领中心、运营管理中心、文化交汇中心和人才集散中心。展望"十三五"，中央商务区在中国区域协同发展中的核心引领作用将进一步凸显，以中央商务区功能建设引领区域经济协同发展将成为促进区域经济一体化发展的重要抓手和平台。

2 中国城市CBD区域发展建设评价

2.1 样本城市CBD区域

全国性经济中心城市分别是北京、上海、广州、深圳，中央商务区所在区域为北京—朝阳区、上海—浦东新区、广州—天河区、深圳—福田区。

区域性经济中心城市分别是郑州、武汉、西安、长沙、福州、天津、重庆、成都、沈阳、杭州、青岛北区，中央商务区所在区域分别为郑州—郑东新区、武汉—江汉区、西安—碑林区、长沙—芙蓉夫、福州—鼓楼区、天津—滨海新区、重庆—渝中区、成都—武侯区、沈阳—沈河区、杭州—武林区、青岛—市北区。

2.2 城市CBD发展建设评价指标体系

城市中央商务区实际上是商务服务产业资源高度集聚的功能区域，其功能主要包括商务服务、商贸服务、金融产业集聚和产业培育等，对区域经济发展会产生较为深远的影响。因而，在城市中央商务区的建设中，很大程度上关注于中央商务区建设与区域经济社会综合发展状况的评价与分析。图2-1为中央商务区建设评价指标体系。

正是基于区域内社会经济综合发展状况的分析目标，城市中央商务区建设评价指标体系（CBDI）设置将从区域经济运行评价指数、产业

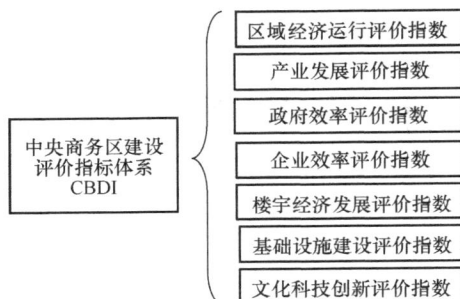

图 2 – 1　中央商务区建设评价指标体系

发展评价指数、政府效率评价指数、企业效率评价指数、楼宇经济发展评价指数、基础设施建设评价指数和文化科技创新评价指数七个维度对区域经济社会发展建设状况进行综合评价分析（见表 2 – 1）。

表 2 – 1　城市中央商务区建设评价指标体系（CBDI）

一级指数	二级指数
区域经济运行评价指数	区域生产总值
	财政收入
	固定资产投资
	进出口贸易额
	利用外资
产业发展评价指数	第三产业发展
	金融产业发展评价
政府效率评价指数	"三公"经费开支的管控
	民生保障
	就业帮扶
企业效率评价指数	总部企业数量
	电子商务企业数量
楼宇经济发展评价指数	亿元楼宇数量
	楼宇经济发展

一级指数	二级指数
基础设施建设评价指数	交通设施建设
	路网修建
	停车位数量
	绿化面积
文化科技创新评价指数	科研投入
	新兴产业企业

区域经济运行评价指数将从区域生产总值、财政收入、固定资产投资、进出口贸易额和利用外资等角度进行比较分析；产业发展评价指数将从城市 CBD 区域第三产业发展与城市 CBD 区域金融产业发展评价角度进行评价分析；政府效率评价指数将从"三公"经费开支的管控、民生保障和就业帮扶措施等方面进行分析，其中，民生保障将主要从教育医疗基础设施建设和政府转移支付等方面进行比较分析；企业效率评价指数将从总部企业数量、电子商务企业数量等方面进行分析比较；楼宇经济发展评价指数将主要从亿元楼宇数量和楼宇经济发展两方面进行分析；基础设施建设评价指数将主要从交通设施建设、路网修建、停车位数量和绿化面积等方面进行比较分析；文化及科技创新评价指数将主要对城市 CBD 区域内的文化创意产业进行比较分析。

城市中央商务区建设评价指标体系（CBDI）指标层设计主要包括生产总值、区域财政收入、"三公"经费管控、就业帮扶、中央商务区亿元楼宇数量、区域第三产业发展状况、进出口贸易、金融产业发展、固定资产投资、利用外资、楼宇经济和总部经济等十余项评价指标。

确定指标体系后，通过多种渠道收集相关数据资料，并对所收集的资料进行归类整理，逐步将数据资料相关内容分为七个数据维度。在分类整理的基础上，将这些数据资料再按照不同的城市进行划分，最终得到相关数据城市中央商务区建设评价指标体系数据分析资料。

对于指标赋权，各级指标对上级指标的贡献权重由众多相关研究领域的专家打分确定。指标的计算按照相关指标的标准化得分与指标权重相乘并加总，即可得到 CBDI 指数。

指标研究将秉持客观、公正原则以及可持续、包容性理念，在比较分析模型保持不变的基础上，每年度对相关评价指标的统计、数据来源及权重设置进行优化调整，保持评价结果的连续性、科学性和可比性。

3 中国城市 CBD 区域发展建设主要评价指标分析

3.1 经济运行评价指数

3.1.1 城市 CBD 区域生产总值比较分析

2015 年，北京市朝阳区地区生产总值 4 632 亿元，一般公共预算收入 448 亿元，居民人均可支配收入增长 8%；上海市浦东新区地区生产总值比上年增长 9.1%，过去 5 年年均增长 9.8%；深圳市福田区实现地区生产总值 3 256.24 亿元，总量首超 3 000 亿元，年均增长 9.0%，万元地区生产总值建设用地 1.74 平方米，下降 8.3%，是全市平均水平的一半；广州市天河区生产总值增长 8.4%，突破 1.8 万亿元。

2015 年，北京市朝阳区地区生产总值比上年增长超过 60%，是城市 CBD 中增长速度最快的区域；天津市滨海新区地区生产总值年均增长 17.9%；沈阳市沈河区地区生产总值完成 936 亿元，同比增长 6.2%；青岛市北区全区生产总值预计实现 620 亿元，增长 8% 左右；福州市鼓楼区地区生产总值 1 132.6 亿元，增长 11.2%；杭州市下城区地区生产总值 765 亿元，同比增长 11%；长沙市芙蓉区地区生产总值增长 9.5% 左右，完成地区生产总值 1 020 亿元，增长 10%；武汉市江汉区地区生产总值达到 935 亿元，预计全年地区生产总值增长 10%，年均增长 14.3%；重庆市渝中区地区生产总值 958 亿元，较 2010 年增长

74%，年均增长 12.5%；成都市武侯区实现地区生产总值 795.2 亿元，同比增长 7.6%；西安市碑林区地区生产总值完成 676.65 亿元，保持了年均 11.9% 的增长速度（参见图 3－1 和图 3－2）。

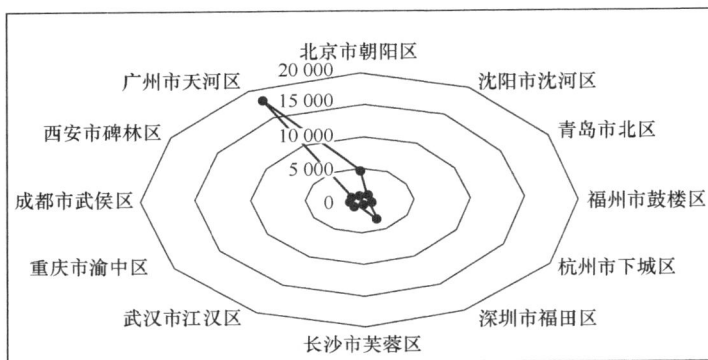

图 3－1　城市 CBD 区域地区生产总值（单位：亿元）

数据来源：各地区 2015 年政府工作报告。

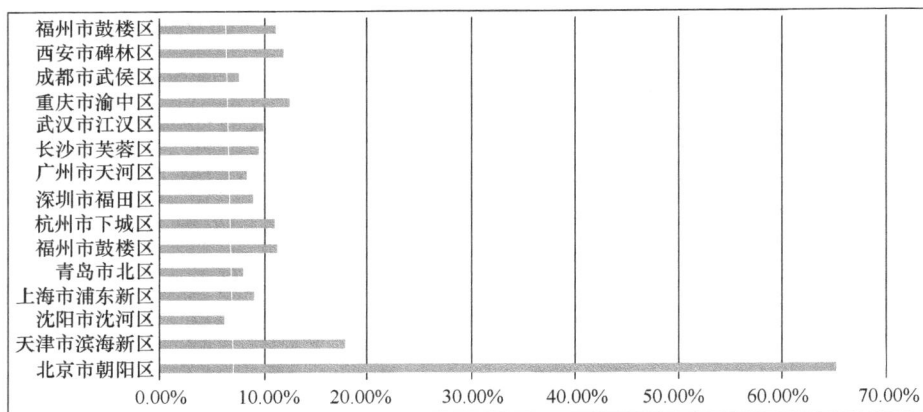

图 3－2　城市 CBD 区域地区生产总值比上年增长速度

数据来源：各地区 2015 年政府工作报告。

3.1.2　城市 CBD 区域财政收入比较分析

2015 年，北京市朝阳区财政收入在全市率先跨越 400 亿元大关，年均增长 13.8%，金融和商务服务业实现财政收入占全区的 32.6%，对全区增收的贡献达到 82.5%，投向农村地区的财政资金连续两年增长 15% 以上；上海市浦东新区一般公共预算收入比上年增长 13.7%；广州市天河区一般公共预算收入 1 349.09 亿元，同比增长 9.1%；深圳市福田区一般公共预算收入 142.47 亿元，增长 18.6%，一般公共预算支出 155.45 亿元，增长 23.7%。

2015 年，天津市滨海新区一般公共预算收入年均增长 22%，财政转移支付的 80% 以上用于民生领域；沈阳市沈河区公共财政预算收入完成 75.4 亿元，下降 26.2%；青岛市北区一般公共预算收入突破百亿元；福州市鼓楼区一般公共预算总收入 61 亿元，增长 10%，财政政策支持中，财政出资 3 000 万元与福建海峡银行联合建立企业应急周转保障专项资金，有力地支持了实体经济发展；长沙市芙蓉区财政总收入增长 8% 左右，财政总收入 102 亿元，增长 10.1%；武汉市江汉区公共财政总收入达到 178 亿元，5 年翻了一番，地方财政收入 68.7 亿元，地方财政收入实际增长 12%，是 2010 年的 3.3 倍；重庆市渝中区区级一般公共预算收入 52.3 亿元，增长 8.2%；成都市武侯区一般公共预算收入 55.8 亿元，实现财政总收入 204.1 亿元，同比增长 15.5%；西安市碑林区地方财政一般预算收入年均增长 15.9%，2015 年完成 45.33 亿元，财政总收入年均增长 13.36%，2015 年完成 93.97 亿元（参见图 3 - 3 和图 3 - 4）

3.1.3　城市 CBD 区域固定资产投资比较分析

2015 年，上海市浦东新区全社会固定资产投资超过 1 700 亿元；深圳市福田区固定资产投资额 235.38 亿元，增长 29.9%；广州市天河区

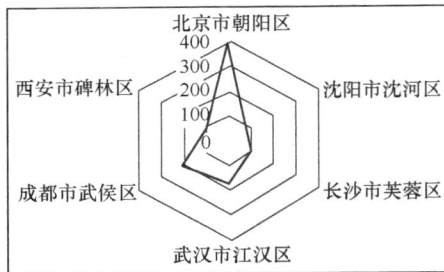

图 3-3 城市 CBD 区域财政收入（单位：亿元）

数据来源：各地区 2015 年政府工作报告。

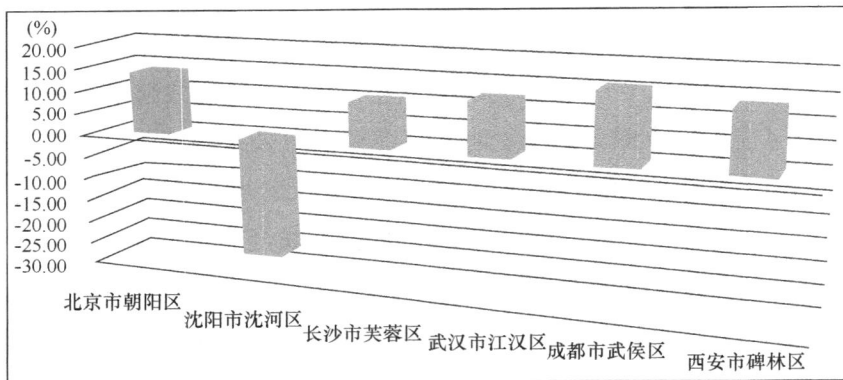

图 3-4 城市 CBD 区域财政收入增幅

数据来源：各地区 2015 年政府工作报告。

全年固定资产投资 5 405.95 亿元，增长 10.6%。天津市滨海新区 5 年完成固定资产投资 2.5 万亿元；沈阳市沈河区固定资产投资完成 710 亿元，下降 1.1%；青岛市市北区固定资产投资预计增长 10% 左右；福州市鼓楼区城镇以上固定资产投资 449.1 亿元，增长 12.1%；杭州市下城区"十一五"期间累计完成固定资产投资 603.69 亿元，其中，2015 年为 114.4 亿元，同比增长 12.5%；长沙市芙蓉区全社会固定资产投资 435 亿元，增长 20%；武汉市江汉区固定资产投资增长 15%，完成 1 586 亿元，是"十一五"时期的 2.7 倍；重庆市渝中区"十二五"时期累计固定资产投资总额 330 亿元，增长 6.8%，突破 1 300 亿元，较"十一五"时期翻一番；成都市武侯区 5 年累计完成全社会固定资产投资 1 739.3 亿元，比"十一五"时期增长 59.7%，2015 年全年实现固定资产投资 353.6 亿元，同比增长 3.4%；西安市碑林区实施重点建设项目 231 个，完成投资 680.45 亿元，固定资产投资累计完成 1 886.75 亿元（参见图 3 - 5 和图 3 - 6）。

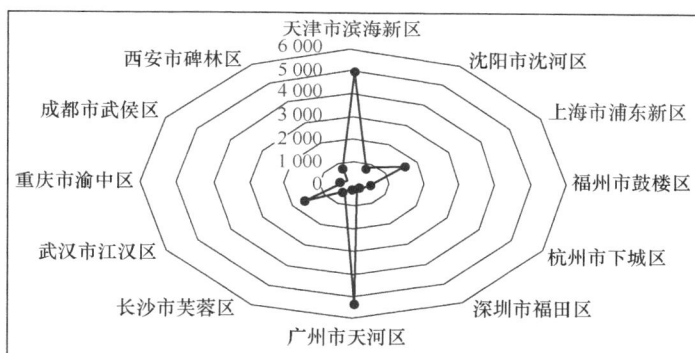

图 3 - 5　城市 CBD 区域固定资产投资（单位：亿元）

数据来源：各地区 2015 年政府工作报告。

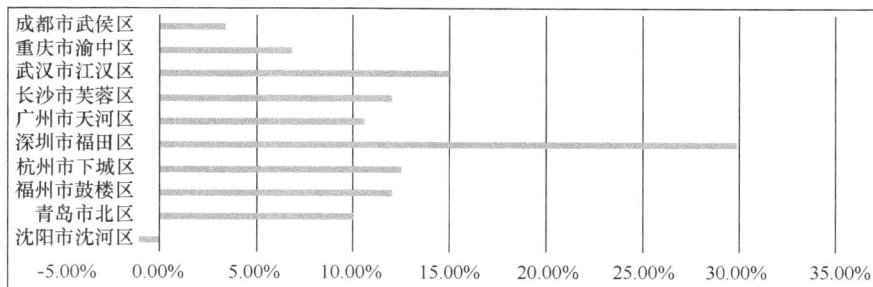

图 3 - 6　城市 CBD 区域固定资产投资增长

数据来源：各地区 2015 年政府工作报告。

3.1.4 城市 CBD 区域进出口贸易比较分析

2015 年 12 月 31 日，银行间外汇市场美元汇率中间价为 1 人民币对美元 0.154 1 元，100 人民币对美元 15.41 元。上海市浦东新区外贸进出口总额达到 2 604.86 亿美元。深圳市福田区外贸进出口总额 1 186.55 亿美元。广州市天河区全年进出口总值 1 338.7 亿美元，增长 2.5%，其中，出口 811.7 亿美元，增长 11.6%；一般贸易出口 300.12 亿美元，增长 3.6%，比加工贸易出口增速高 4.3 个百分点；旅游购物出口 165.63 亿美元，增长 99.3%；对"一带一路"相关国家进出口 330.19 亿美元，增长 12.7%，占进出口总额的 25.8%，同比提高 2.1 个百分点；高新技术产品出口 131.66 亿美元，增长 9.9%。福州市鼓楼区外贸出口 48.79 亿美元，增长 0.35%。杭州下城区完成自营出口总额 22 亿美元。武汉市江汉区 2015 年外贸出口达到 5.1 亿美元，是 2010 年的 2.4 倍。重庆市渝中区累计实现外贸进出口 80 亿美元，是"十一五"时期的 3 倍（参见图 3－7）。

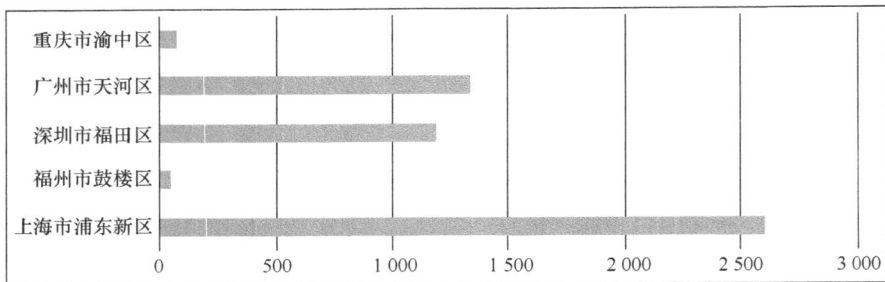

图 3－7 城市 CBD 区域外贸进出口总额（单位：亿美元）

数据来源：各地区 2015 年政府工作报告。

3.1.5 城市 CBD 区域外资利用比较分析

上海市浦东新区到位外资 64 亿美元，比上年增长 44.3%；天津市滨海新区 5 年累计实际利用外资 555 亿美元，利用内资 3 814 亿元；青岛市北区到账外资累计完成 11.5 亿美元；福州市鼓楼区实际利用外商直接投资 2.8 亿美元，增长 8.7%；杭州市下城区全面完成开放型经济各项指标任务，共引进到位杭州外部资金 156 亿元，到位外资 3.08 亿美元；长沙市芙蓉区全年实际利用外资 5.9 亿美元；武汉市江汉区 5 年实际利用外资 10 亿美元，年均增长 18.4%；重庆市渝中区实际利用内外资分别达 1 014 亿元、41.7 亿美元，分别是"十一五"时期的 4.2 倍和 1.8 倍，优化招商引资机制，建成涉外项目服务中心，建立招商项目库，新增内资企业 1.7 万家、外资企业 100 家；成都市武侯区 5 年累计利用外资实际到位 43.43 亿美元，实际到位国内省外资金 259.97 亿元，2015 年利用外资实际到位 7.12 亿美元；西安市碑林区狠抓项目建设和招商引资，实施重点建设项目 231 个，完成投资 680.45 亿元，实际利用外资 3.19 亿美元（参见图 3 - 8 和图 3 - 9）。

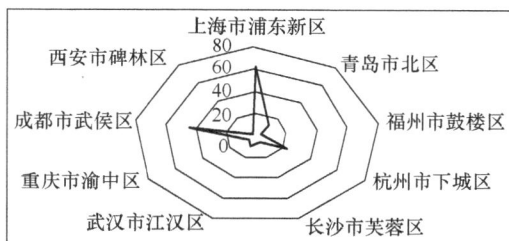

图 3 - 8　城市 CBD 区域外资利用（单位：亿美元）

数据来源：各地区 2015 年政府工作报告。

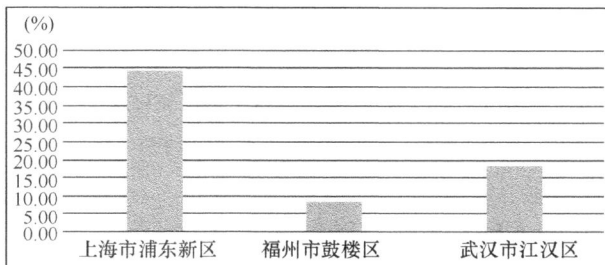

图 3 - 9　城市 CBD 区域外资利用增长率

数据来源：各地区 2015 年政府工作报告。

3.2 产业发展评价指数

3.2.1 城市 CBD 区域第三产业发展评价指数比较分析

上海市浦东新区第三产业增加值占地区生产总值的比重达到 72%；深圳市福田区第三产业实现增加值 3 039.99 亿元，占地区生产总值的比重达 93.36%；广州市天河区三次产业的比例为 1.26:31.97:66.77；天津市滨海新区实施重点服务业项目 635 个，第三产业增加值年均增长 15.1%；青岛市北区二、三产业比例由 27:73 调整为 20:80，现代服务业增加值年均增长 11.5% 以上，服务业主体地位加速巩固，支撑作用明显增强；杭州市下城区第三产业占比达到 94.4%，稳居全省第一，其中，商贸、金融、文创、健康和信息产业增加值占比合计达到 70%，主导作用日益凸显；成都市武侯区三次产业结构为 0.001:21.269:78.73（参见图 3－10）。

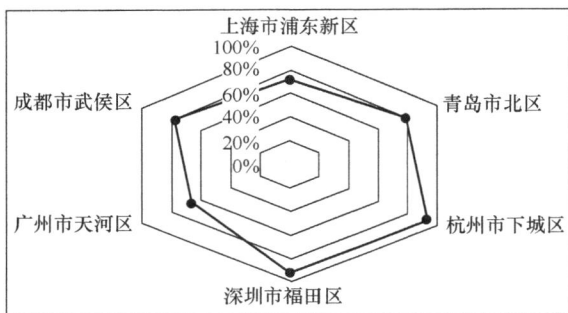

图 3－10 城市 CBD 区域第三产业比重

数据来源：各地区 2015 年政府工作报告。

3.2.2 城市 CBD 区域金融产业比较分析

上海市浦东新区全年新增各类金融机构超过 3 000 家；深圳市福田区金融业实现增加值超"千亿元"（1 109.49 亿元），增长 13.2%，占地区生产总值的比重达 34.1%，经济增长贡献率达 48.0%；广州市天河区金融、信息服务两大现代服务业占服务业的比重达 18.3%，比 2014 年年末提高了 0.7 个百分点；天津市滨海新区金融改革创新成效显著，聚集私募股权基金 800 家以上，融资租赁法人机构超过 1 300 家，成为非上市公司场外交易首批扩容试点；沈阳市沈河区新兴金融产业业态发展较好，中兴通讯集团共建金融云谷和金融信息安全云服务系统得到发展；青岛市北区金融业态更加完善，首期规模达 30 亿元的城世基金，全年新引进各类金融机构 14 家。杭州市下城区引进杭银消费金融公司等世界 500 强企业项目 3 个，金融业增加值同比增长 17.2%；武汉市江汉区金融业、现代商贸业、现代物流业和信息与中介服务业等支柱产业产值占服务业比重超过 70%，华中地区首条民间金融街建成，华中互联网金融产业基地、国家自主创新示范区江汉科技创新产业园等专业园区获批，金融企业总部建设、招商银行、平安银行、邮储银行、中国移动等区域总部相继在商务区定制业务大楼；重庆市渝中区引进市级以上金融机构 74 家，总数达到 162 家；西安市碑林区发放小额担保贷款 6.79 亿元，入驻金融机构 59 家（参见图 3 - 11）。

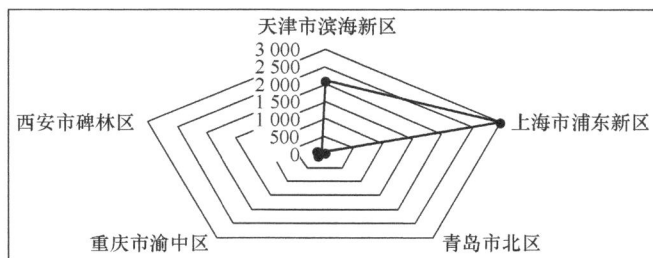

图 3 - 11　城市 CBD 区域金融企业数量（单位：家）

数据来源：各地区 2015 年政府工作报告。

3.3 政府效率评价指数

3.3.1 城市 CBD 区域"三公"经费比较分析

北京市朝阳区"三公"经费下降 14.9%；福州市鼓楼区政府系统"三公"经费支出下降 22.7%；杭州市下城区"三公"经费同比下降 30.74%；长沙市芙蓉区"三公"经费压减 56.5%；重庆市渝中区"三公"经费逐年下降；成都市武侯区突出问题导向，贯彻从严要求，全区"三公"经费同比下降 47.3%；西安市碑林区"三公"经费年均下降 15.24%（参见图 3-12）。

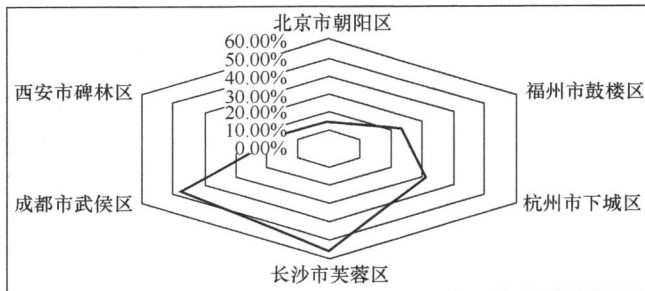

图 3-12　城市 CBD 区域"三公"经费下降幅度

数据来源：各地区 2015 年政府工作报告。

3.3.2 城市 CBD 区域就业帮扶评价指数比较分析

北京市朝阳区加大对创业人员和就业困难人员的帮扶力度，新增就业岗位 10 万多个，城乡登记失业人员实现就业 2.2 万人；上海市浦东新区年均新增就业岗位 15 万个，帮助 1.6 万名就业困难人员实现稳定就业；深圳市福田区全区 95 个社区全部达到广东省创建"充分就业社区"的标准，在全市率先建成"充分就业城区"；广州市天河区举办零距离招聘会

335 场，提供公益性岗位 4.04 万个，全年新增就业人数 27.47 万人，城镇登记失业率 2.2%，出台做好新形势下就业创业工作的实施意见，全年扶持创业 2.67 万人，创业带动就业 14.4 万人；天津市滨海新区累计增加就业 62.4 万人，城镇登记失业率稳定在 3.3% 以内；沈阳市沈河区实名制就业 25 110 人，扶持创业带头人 498 人；青岛市北区投入就业促进资金 3 498 万元，新增城镇就业 6.5 万人，扎实做好就业帮扶工作，帮扶就业困难人员就业 7 088 人；福州市鼓楼区全区新增就业人员 3.5 万人，累计新增城镇就业 14.6 万人，城镇居民人均可支配收入年均增长 12%；杭州市下城区促进就业专项资金 3 800 万元，新增就业 34 239 人，失业人员再就业 18 303 人，其中就业困难人员 7 953 人；长沙市芙蓉区实施万众创新创业工程，新增就业 1.6 万人以上，新增城镇就业 11.3 万人，失业人员再就业 2.9 万人，零就业家庭 100% 实现动态就业援助；武汉市江汉区在全市率先配备 30 台社区就业自助服务终端机，新增城镇就业 12.7 万人次，城镇登记失业率控制在 3.2% 以内；重庆市渝中区新增就业 26 万余人，发展微型企业 5 711 户，吸纳就业 2 万余人，新增就业 5.1 万人；成都市武侯区开展在岗职工技能提升培训，新增就业 1.14 万人，新增就业总人数达到 6.85 万人，城镇登记失业率始终控制在 3% 以下；西安市碑林区举办招聘活动 376 场次，免费培训 354 期 1.44 万人次，新增就业 7 万人，城镇登记失业率控制在 4% 以内（参见图 3 - 13）。

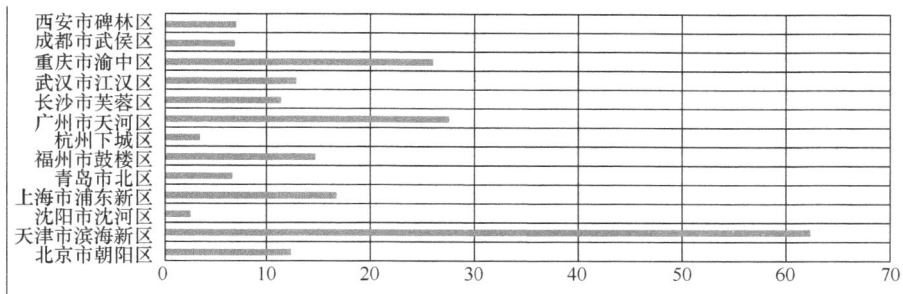

图 3 - 13　城市 CBD 区域新增就业人数（单位：万人）
数据来源：各地区 2015 年政府工作报告。

3.3.3　民生保障体系建设评价指数比较分析

北京市朝阳区环境质量改善，PM2.5 年均浓度下降 5.8%，清理环境脏乱点 2 800 余处，朝阳路、朝阳北路等 28 条道路沿线近 700 处"开墙打洞"整治完成；优质校（址）比例达到 83.6%，新增入园学位 4 100 余个；推行分级诊疗模式，新建中医和肿瘤专科医联体，建成 3 个社区卫生服务中心、43 个社区急救站；办理区、街乡、社区（村）三级实事近 1 800 件，调减流动人口 7 万人；整建制转居 1.6 万人，6 万名农民实现转居，8.3 万人搬迁上楼。

天津市滨海新区建立覆盖全区的社会救助体系，累计发放各类救助金 1.6 亿元，新建扩建中小学、幼儿园 184 所，引进京津 5 所优质卫生机构合作办医和 3 所高端民营医疗机构。第五中心医院升级为三级甲等综合医院，泰达医院建成三级医院。启动公立医院改革试点，建成 3 个全国示范社区卫生服务中心。基层医疗机构基本药品零差率销售实现全覆盖，新建 11 个街镇社区服务中心，建设改造 127 个社区服务站和 120 个农村综合服务站。新区出入境服务大厅启动运营。建成 79 个老年日间照料服务中心，第一、第二老年养护院基本建成，大港老年大学投入使用，开工建设各类保障性住房 813 万平方米。

沈阳市沈河区推进社区公共用房"六统一"和"六规范"① 建设，改造提升 11 处社区用房，打造富民等 15 个精品社区、新立堡等 15 个特色体育社区和以双路"先锋文化"为代表的 3 个特色文化社区，7 个街道（社区）公共服务综合信息平台试点任务，被确定为全市智慧社区建设试点区。建立区、街、社区三级社会组织孵化基地，实施 71 个

---

① 　六统一和六规范：在社区公共用房建设中，实现功能布局、窗口设置、颜色格调、牌匾制式、办公格局和社区标识"六统一"；实现行政服务、公共服务、卫生服务、文体服务、为老服务和特色服务"六规范"。

公益为民服务项目，发放学前教育奖励补助资金 2 122 万元，惠及 52 所幼儿园和 9 036 名儿童，推进社区医生 "健康服务包" 签约服务，累计签约 11.4 万人，开展服务 24.1 万人次。建成南塔等 2 所区域性居家养老服务中心，打造 16 家示范型老年人日间照料站，全区 85 个日间照料站中 50% 以上实现社会化运营。

上海市浦东新区建成 77 家农村养老睦邻互助点，为 5.95 万名老人提供居家养老服务，新增养老床位 1 287 张，城乡居保基础养老金每人每月提高 120 元，惠及 14.5 万人；全年新开办中小幼学校 22 所，大力推进城中村等旧区改造，受益居民 4 068 户，新增廉租住房受益家庭 744 户。

广州市天河区人均基本公共卫生服务经费标准提高到 50 元，增长了 25%，企业离退休职工养老金提高 8.8%，达到 3 200 元/月。在城镇低保标准 600 元/月、农村低保标准 577 元/月的基础上，将城乡低保标准统一提高到 650 元/月。五保平均供养标准提高 24%，达到 1 608 元/月。五险参保人数全年新增 214.5 万人次。新建日间托老机构 50 个，实现所有街镇全覆盖。筹集保障性住房（含住房租赁补贴）1.7 万套，超额完成年度任务（1.55 万套）。发放临时价格补贴 2 258 万元，惠及低收入群体 41 万人次。加快创建幸福社区，建成 66 个街（镇）级社区网格化服务管理中心，幸福社区比例达到 50%。

深圳市福田区新建学校 3 所，改扩建学校 21 所，新增学位 11 865 个，解决学位缺口 4 500 多个，完成 6 所学校改扩建，新增 10 所普惠制幼儿园，向辖区高中学生发放学位补贴，高分通过国家 "义务教育发展基本均衡区" 督导评估，创建 90 所普惠制幼儿园，惠及幼儿新生 3 万名。新建公共图书馆 40 所，建成 90 家社区服务中心、20 家老年人日间照料中心，实现 10 个街道全覆盖。建成保障房 10 499 套，人才迷你公寓 217 套。在医疗方面，新增社会办医疗机构 146 个，大力推动区人民医院、中医医院和第二人民医院后期建设，辖区 102 家医院、社会康复机构和社会医疗机构联合组建成全国成员单位数量最多的医疗联合体，建设区医疗质控中心，获评亚洲医院管理创新类"卓越奖"，为广东省首获此项殊荣的唯一行政区。在养老方面，新增养老床位 258 张，总数突破 1 000 张，打造"医养结合"新型社区养老服务模式，发放社会救助金 1 213 万元，向残疾人发放生活和就业补贴 4 729 万元，建成保障性住房 3 300 套，发放困难家庭和人才安居等住房补贴共计 1 759 万元。

福州市鼓楼区新增 6 个公立卫生服务站，提升 30 个民办卫生服务站，新建 4 家社区卫生服务中心中医馆，家庭医生签约服务超过 12 万人。改造提升 7 所幼儿园，9 所公办幼儿园 30% 的招生名额首次实行电脑随机派位；新增 30 名区级教学名师，教师校际交流率达 10% 以上。居家养老服务能力持续增强，新增洪山、鼓东、南街等老年人日托所，全区居家养老服务站面积增至 1.3 万平方米，政府购买养老服务提标扩面，投入 190 万元，将家庭人均月收入 1 800 元以下的特殊困难老人纳入服务范畴。

青岛市北区全年发放各类救助资金 1.7 亿元，发放失业无业人员、社会公益性岗位独生子女父母退休一次性养老补助 1.4 亿元，共筹集安置房 4 900 套，有效解决了就地安置带来的过渡时间长、征收成本高等问题。完成 5 个项目 1 400 余户居民的回迁安置。新开工保障性住房 1 033 套，完成 1 972 套保障性住房实物配租，超额完成市政府下达的目标任务，新建 11 处社区"国医馆"，建成 22 所儿童计划免疫温馨数字化门诊，新开办 6 所幼儿园，实施 97 处 3 194 户危旧陋房维修加固，百姓的居住安全得到了保障。

3.4 企业效率评价指数

3.4.1 城市 CBD 区域总部经济比较分析

上海市浦东新区跨国公司地区总部新增 16 家；深圳市福田区聚集了全市 70% 以上的持牌金融总部机构、50% 以上的创投机构、70% 的物流总部、60% 的安防企业总部；广州市天河区吸引中航油南方总部等 20 多个总部项目落户，新认定总部企业 36 家；天津市滨海新区总部企业超过 260 家；福州市鼓楼区引进润土电商总部等 8 家企业，园区全年实现技工贸总收入 218 亿元，增长 30.5%；武汉市江汉区招大商、引大企成果显著，渣打银行、渤海银行、浙商银行、中海油、延长石油、中化石油、苏宁云商和中国铁塔等企业区域总部纷纷落户，招商银行、平安银行、邮储银行、中国移动等区域总部相继在江汉区定制业务大楼；重庆市渝中区化龙桥重庆国际商务区、重庆总部城等服务业集聚区加快建设，新增总部企业 35 家，总数达到 159 家；成都市武侯区引进中航安盟保险中国总部项目等市级重大项目 185 个（参见图 3 - 14）。

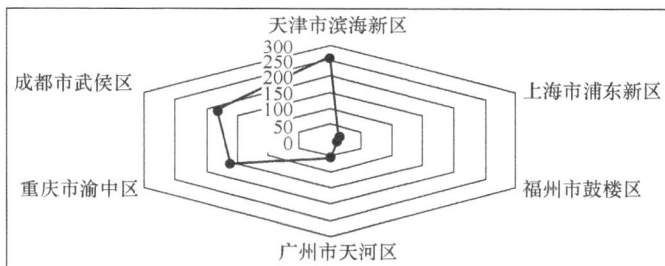

图 3 - 14　城市 CBD 区域总部企业数量（单位：家）

数据来源：各地区 2015 年政府工作报告。

3.4.2　城市 CBD 区域电子商务企业发展比较分析

广州市天河区跨境电商进出口 67.5 亿元，在全国试点城市中名列第一；沈阳市沈河区阿里巴巴南塔产业带网上批发电商平台入驻企业达 300 家，线上销售额突破亿元；福州市鼓楼区入驻"正统网"电商企业 586 家，线上交易额突破 300 亿元；长沙市芙蓉区做大做强苏宁易购、掌钱电子、沁坤农产、觅茶会等电商平台；重庆市渝中区互联网产业园、跨境电商产业园等产业平台集聚能力不断优化，电子商务交易额达 2 318 亿元。

3.5 楼宇经济发展评价指数

3.5.1 城市 CBD 区域楼宇经济比较分析

沈阳市沈河区突出项目核心地位，帮助重点项目和企业解决问题 23 个。总建筑面积 676 万平方米、总投资 633 亿元的华强等 15 个市级重点项目投资额度大、建设速度快、形象进度好。中街豫珑城等 3 个项目开业运营，新增营业面积 16.5 万平方米，星汇广场等 70 个共 56 万平方米存量资源成功盘活。

青岛市北区中央商务区楼宇加快建设，中铁大厦开工建设，民建大厦、宇恒大厦等 11 个项目主体封顶，累计 31 个项目竣工投入使用；152 个重点项目开工建设，总投资 1 500 亿元；和达中心城等 70 个项目竣工开业，总投资 550 亿元；杭州市下城区实现全口径税收超千万元楼宇 86 栋，新增商业商务楼宇 180 万平方米。

深圳市福田区深圳国际创新中心全面投入运营，入驻企业达 43 家；长沙市芙蓉区楼宇入驻企业品质提升，楼宇经济对税收的贡献率接近 60%，发展楼宇经济，动态掌握楼宇空间资源，突出打造专业楼宇，大力培育楼宇产业链，加快楼宇建设，推动擎天广场、泰贞中心、友阿总部、文化大厦等项目建成，新增商务楼宇 150 万平方米，长沙国金中心刷新湖南地标新高度，万家丽国际 Mall 建成开业，强化危旧老楼监管，实现 D 级危房动态清零；武汉市江汉区 5 年实施总投资 10 亿元以上重大楼宇项目 26 个，广发银行大厦、江汉国际金融中心、泛海国际 SOHO 城、泛海城市广场等一批商务楼宇投入使用，越秀国际金融汇、世纪江尚、长江航运中心、中国银行湖北省分行营业楼、环球贸易中心、红人财富中心等写字楼开工建设；重庆市渝中区环球金融中心、海航保利、英利国际金融中心、国泰艺术中心、龙湖时代天街、大坪大融城、瑞安企业天地等一批高端载体投入运营，来福士广场、朝天门中心、白象街、湖广会馆历史文化街区等重大项目加快推进，累计竣工楼宇 700 万平方米，其中商务商业载体 300 万平方米，改造老旧商业商务楼宇 26 栋；成都市武侯区举办大型楼宇招商活动 8 次，培育专业特色楼宇 3 栋、税收亿元楼宇 1 栋，新建楼宇服务站 7 个，楼宇服务点 30 个，引入明兴金汇等重大项目 7 个，首信汇等 7 个项目加快建设，世纪百合等 7 个项目竣工；西安市碑林区新增商务楼宇 9 栋，总数达 53 栋，平均入驻率达到 90% 以上（参见图 3－15）。

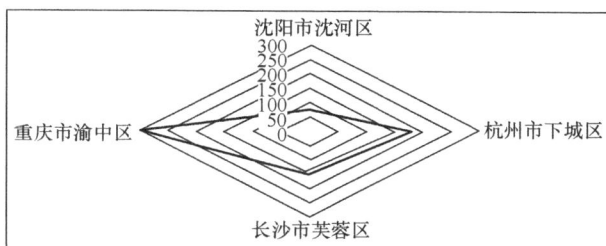

图 3－15　城市 CBD 区域新增商务楼宇面积（单位：万平方米）

数据来源：各地区 2015 年政府工作报告。

3.5.2　城市 CBD 亿元楼数量评价指数比较分析

北京市朝阳区税收过亿元楼宇超过 50 栋；天津市滨海新区亿元楼宇 12 栋；杭州市下城区超亿元楼宇 43 栋；重庆市渝中区亿元税收楼宇增加 16 栋，达到 28 栋；成都市武侯区税收亿元楼宇 1 栋（参见图 3－16）。

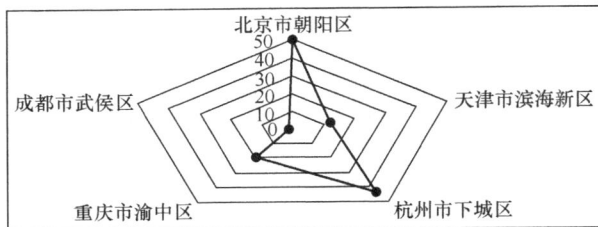

图 3 - 16　城市 CBD 区域税收亿元楼宇数量（单位：栋）

数据来源：各地区 2015 年政府工作报告。

3.6　基础设施建设评价指数

北京市朝阳区累计拆迁 352 万平方米，4 个安置房、11 个产业项目陆续开工建设；完成老旧小区综合整治 296 万平方米，开工建设保障房 8 140 套，竣工 8 044 套；推进亮马河等 5 条河道防洪治理，清河北岸等 6 条再生水厂配套管线地上物拆迁完成；做好南水北调通水和用水保障工作，28 个居民小区和公建单位实现自备井置换；新增居住区停车位 1 755 个，新增公共租赁自行车服务站点 100 个、自行车 3 000 辆；新建 135 套全民健身设施和 53 个体育生活化社区，实施绿化 233.33 公顷，建成望京外环、四得公园健康绿道和 11 处小微绿地，新增、改造绿化面积 200 公顷，平原造林 200 公顷。

上海市浦东新区浦东国际机场旅客吞吐量超过 6 000 万人次，滨江森林公园二期、南汇生态专项、三林和张家浜楔形绿地加快推进，新增林地面积 206.67 公顷，强力推进合庆地区环境综合整治，G1501 以东地区拆除违法建筑 73.9 万平方米。

广州市天河区高速公路通车里程达 972 公里，11 条地铁新线加快建设，洲头咀隧道、金沙洲大桥拓宽等项目建成通车，优化调整及新开 72 条公交线路，入选国家首批综合运输服务示范城市，完成 19 台燃煤机组超洁净排放改造，完成 282 台高污染燃料锅炉整治，淘汰黄标车 10.1 万辆；建成生态景观林带 124.6 公里、绿道 300 公里、森林公园 14 个、湿地公园 7 个，城镇污水处理率达 92.5%；全年环境空气质量达标天数比例为 85.5%，同比提高 8 个百分点，PM2.5 平均浓度同比下降 20.4%，全市实行"定时定点"分类投放模式社区达到 781 个，第三、第四、第五、第六、第七资源热力电厂开工建设，兴丰填埋场七区工程投入运营，轨道交通 7 号线一期（广州南站—大学城南）等 117 个项目完成投资超亿元；出台城市更新"1+3"政策，成片连片推进金沙洲等 9 大片区更新改造；开展环境卫生专项清洁行动，完成 37 条城中村安全隐患整治验收，"水浸街"问题得到缓解，石井、登峰等区域整治成效明显。

深圳市福田区新建、改建公园 27 个，辖区公园总数达 109 个，建成绿道 142 公里，辖区绿道总里程达 147 公里，建成新能源汽车充电站 25 座，占全市的 20%，黄土复绿率 100%，垃圾密闭率 100%；城市更新实现投资 101 亿元，新增产业空间面积 127 万平方米，圆满完成了"空间拓展及城市更新双百计划"，全力推进滨河时代、岗厦河园片区等 71 个城市更新项目，在建项目总施工面积达 293 万平方米，城市更新项目实施率达 32%；在公共停车位方面，建成区妇幼保健院等 2 个机械式立体停车库，新增公共停车位 362 个。

天津市滨海新区实施 341 项重点节能工程，万元生产总值能耗下降 20%；完成空气和水污染治理任务 684 项，综合治理河道 51 公里，总量减排实现增减平衡，南水北调中线新区段通水；新开公交线路 66 条，核心区公交覆盖率达到 90%；10 片重点地区和 181 个居民小区新建提升绿化 2 000 万平方米，建成区绿化覆盖率 35.4%。

福州市鼓楼区全面启动于山北坡、西洪路沿线等 23 个项目共 27.5 万平方米的旧屋区改造；攻坚完成江厝西路、国防工办宿舍、省农业厅宿舍等 12 个项目征迁扫尾，完成文林路、杨南街、古乐路等 8 条道路建设，改造提升华林横巷等 20 条小街巷，新增 200 多个公共停车泊位，城区优良空气天数比率达 95%，原厝水源保护区水质保持 100% 达标。

重庆市渝中区完善基础设施配套功能，轨道 1、3、6 号线建成通车，千厮门、东水门大桥通车，改建道路 15 条；红岩村、李子坝变电站投入运行，建成李子坝抗战遗址公园、化龙湖公园等景观亮点，启动山城公园建设；完成 222 个夜景灯饰项目，山水城市形象和半岛夜景更加精致靓丽。

西安市碑林区强力推进治污减霾，空气质量优良天数逐年递增，2015 年达到 253 天，较上年增加 45 天。全区绿化覆盖率、绿地率分别达到 49.5% 和 35.6%，提前一年完成国家森林城市创建任务；狠抓项目建设和招商引资，实施重点建设项目 231 个，完成投资 680.45 亿元，初步包装项目用地 66.67 公顷，5 个项目已经取得前期计划批复，地铁 3、4 号线碑林段 7 个站点房屋征收补偿全面完成，打通断头路 5 条，提升改造背街小巷 26 条，完成环城南路等 3 条主干道城市夜景点亮工程，配合完成东门立交等 3 个重大缓堵工程，新建公共停车场 20 个，新增停车泊位 3 551 个，建成公共自行车站点 129 处。

3.7　文化及科技创新评价指数

北京市朝阳区文化创意产业实现营业收入占全市的 1/4，互联网消费增长 154%，阿里巴巴北方运营中心、58 同城等一批创新型企业入驻，中国尊、三星中国总部等 7 个项目正在加快建设。

上海市浦东新区新增市级公共技术服务平台 4 家，新认定市、区两级孵化器和众创空间 33 家，推出新区"人才创新创业 14 条"，全社会研发经费支出相当于生产总值的比例预计达到 3.6%，每万人口发明专利拥有量预计达到 35 件；实施文化开放措施，促进影视制作、演出经纪等产业发展。推动文化与科技、金融、贸易、体育等跨界融合，提升视频视讯、数字出版、动漫游戏、创意设计等新兴产业能级；做大文化版权交易规模，建成国际艺术品交易中心二期，构建多层次的文化产品和要素市场。

广州市天河区高新技术企业快速增长，新增孵化器 34 家，国家级优秀孵化器 7 家，居全国城市首位；新型研发机构 28 家，数量为全省第一；全市发明专利申请量和授权量分别增长 37.7% 和 44.4%。设立 30 亿元工业发展资金，支持机器换人等工业高端化发展，预计全年战略性新兴产业增加值增长 10.2%，占 GDP 的比重突破 10%，累计推广应用新能源汽车 1.46 万辆，超额完成推广任务，广汽比亚迪纯电动客车下线；高新技术产品出口 854.4 亿元，增长 9.9%，先进制造业增势好于传统制造业，汽车、电子和石化三大支柱产业产值增长 8.7%，高新技术产品产值增长 8.2%，增长均快于工业平均水平，高新技术产品产值占工业比重的 45%，同比提高 1 个百分点；纺织服装和食品制造等传统工业仅增长 2.9% 和 1.1%。出台做好新形势下就业创业工作的实施意见，全年扶持创业 2.67 万人，创业带动就业 14.4 万人。

深圳市中物功能材料研究院、万泽中南研究院等一大批国际化、国家级公共技术和服务平台落户福田区，认定并扶持深圳创意保税园、中芬设计园等区级文化创意产业园区 9 家，深圳文化创意园成为全市首个纳税超亿元的文化创意产业园区，福田国际电子商务产业园、华强云产业园、益田创新科技园、保税区基地和八卦岭基地 5 家科技园区壮大发展，进驻科技创新型企业 456 家。

青岛市北区科技创新能力持续增强，成立区科技创新委员会，设立科技产业投资基金，被认定为国家科技服务特色产业基地，加快实施"三创"（创新、创意、创业）行动，青岛科技金融中心、千帆创业学院等创新创业服务机构相继落户，建成创客空间 12 家，其中 2 家被纳入国家管理服务支持体系。招才引智成效明显，引进国家"千人计划"专家 3 人，8 人获评泰山学者，1 人获评泰山产业领军人才，成立全市首家文化产权交易中心，全年新增高新技术企业 30 家、省级以上科技创新平台 12 家。

重庆渝中区搭建重庆文化产权交易中心等产业发展平台，建成文化产业示范基地 8 个，王琦美术馆、周顺恺美术馆建成开放，中山文化产业园、重庆渝欧跨境电商产业园等文化创意和电子商务产业项目发展迅速。

4 中国城市 CBD 区域发展
建设整体状况分析

4.1 北京市朝阳区发展建设整体状况分析

4.1.1 2015 年发展建设主要成绩

2015 年是全面完成"十二五"规划的收官之年，同时也是贯彻落实《京津冀协同发展规划纲要》的开局之年，北京市朝阳区保持了经济社会持续健康发展的良好局面。预计实现地区生产总值 4 632 亿元，增长 6.8%，居民人均可支配收入增长 8%；城镇登记失业率控制在 1% 以内；完成一般公共预算收入 448 亿元，增长 8.8%。

4.1.1.1 着力推进转型升级，发展质量和效益实现新提升

北京市朝阳区积极适应经济发展新常态，坚持稳中求进，加快深度转型，做好"退"的文章，下足"进"的功夫，有效应对经济下行压力，结构优化、提质增效成效显现，疏解非首都功能实现重要突破。

（1）北京市朝阳区坚决贯彻落实《京津冀协同发展规划纲要》，主动担当，迎难而上，全面打响疏解非首都功能攻坚战。坚持"控"与"疏"双管齐下，全面落实《北京市新增产业的禁止和限制目录》，严格控制增量；制定实施一系列配套政策，"收、调、拆、建、管"并举，大力疏解存量，全年清退有形市场 53 家，清理废品回收场站 24

个，拆除出租大院 96 个，关停工业污染企业 41 家，减少从业人员 11.4 万人。坚持以点带面、重点突破，拆除华北地区最大的石材市场——西直河石材市场，其疏解腾退经验在全市得到推广。雅宝路市场集群的疏解工作正式启动，未来将为高端产业发展提供重要空间。不断加强与天津、河北的产业对接协作，中关村朝阳园、西青科技产业园、北齿生产基地等一批合作项目正在加快实施。

（2）北京市朝阳区结构调整升级迈出坚实步伐。金融、商务服务、文化创意和高新技术产业支撑与引领作用更加凸显。金融和商务服务业实现财政收入占全区的 32.6%，对全区增收的贡献达到 82.5%。文化创意产业实现营业收入占全市的 1/4，新增注册资本过亿元的企业 75 家。互联网消费增长 154%，阿里巴巴北方运营中心、58 同城等一批创新型企业入驻，"互联网＋"产业氛围正在加快形成。CBD 建设与发展齐头并进，中国尊、三星中国总部等 7 个项目正在加快建设，税收过亿元楼宇超过 50 座，辐射带动能力持续增强。奥林匹克公园服务首都国际交往中心的作用更加突出，国际会展、文化体育活动加速聚集，北京奥林匹克塔投入试运行。中关村朝阳园建设全面提速，绿地中心、浦项中心、保利国际广场等项目相继交付使用，新增产业空间 76 万平方米，新的经济增长极正在加快形成。国家文化产业创新实验区纳入北京市服务业扩大开放综合试点范围，实验区管委会正式成立，规划设计和政策研究全面启动。

（3）北京市朝阳区农村地区转型发展取得明显成效。加大"三倾斜"力度，投向农村地区的财政资金连续两年增长 15% 以上，《农村地区产业准入标准的指导意见》等多项促进政策相继实施。一绿（第一道绿隔地区）6 个试点乡城市化建设"851"任务基本完成，累计拆迁 352 万平方米，调减流动人口 7 万人，实施绿化 233.33 公顷，整建制转居 1.6 万人，4 项安置房、11 个产业项目陆续开工建设，剩余 13 个乡城市化建设方案初步形成。奶东、白墙子等村拆迁腾退加快推进，9 个重点村剩余拆迁和绿化任务基本完成。加快退出小、散、低产业，设立全市首支城乡接合部产业引导基金，引入社会资本建设高端产业项目，推进产业升级。深化农村集体"三资"管理，来广营、东坝和黑庄户 3 个乡、29 个村的产权制度改革全部完成。

（4）重点领域改革释放发展活力。北京市朝阳区打好放权、松绑、减负、惠民的改革"组合拳"。深化行政审批制度改革，进一步优化投资项目审批流程；落实"先照后证"制度改革，推行"三证合一""一照一码"，开展就近工商登记业务试点，促进登记注册便利化；14.7 万家"营改增"试点企业税负下降 44.9%；推进预算管理制度改革，编制政府全口径预算，将一般公共预算、政府性基金、国有资本经营预算和社会保险基金纳入年度预算草案，全部街乡纳入国库集中支付改革；优化创新创业环境，加大对科技企业的扶持力度，专利授权量增长 23%，朝阳区成为全国直辖市中首个"国家知识产权示范城市"。

4.1.1.2 着力推进"大城市病"治理，城市建设和服务管理水平实现新提升

北京市朝阳区聚焦人口、交通、环境的创新治理方法，破解城市发展难题，生态宜居城市建设取得了积极成效。

（1）人口调控力度持续加大。朝阳区综合运用经济、法律、行政等多种手段，以业控人、以房管人、以证管人，完成常住人口年度调控任务，减少流动人口 22.4 万人；狠抓拆违控违工作，依法拆除违法建设 480 处、380 万平方米。加强房地产经纪行业规范管理，加大对违法出租行为的整治力度，治理群租房 1 900 余户，清理散租住人人防工程 670 余处。

（2）生态环境建设扎实推进。北京市朝阳区严格执行新环保法，全面实施压减燃煤、控车减油、治污减排和清洁降尘等综合措施，淘汰老旧机动车 5.7 万辆，压减燃煤 156.6 万吨，减排挥发性有机物 260

吨，全区在册燃煤锅炉改造全部完成，PM2.5 年均浓度下降 5.8%。加快推进亮马河等 5 条河道防洪治理，完成清河北岸等 6 条再生水厂配套管线地上物的拆迁。做好南水北调通水和用水保障工作，28 个居民小区和公建单位实现自备井置换。建成望京外环、四得公园健康绿道和 11 处小微绿地，新增、改造绿化面积 200 公顷，平原造林 200 公顷。

（3）道路建设和交通缓堵深入开展。北京市朝阳区协调推动主次干路拆迁建设，加快续建道路、断堵头路改造建设，广渠路二期五环外段、东坝南二街实现开工。配合地铁 7 号线、14 号线、15 号线一期开展拆迁工作。新增居住区停车位 1 755 个，新增公共租赁自行车服务站点 100 个、自行车 3 000 辆。加强交通秩序综合整治，改造 10 条道路慢行系统，建成来广营交通管理示范区，百子湾路、欢乐谷和草房地铁站等区域交通秩序明显改善。

（4）城市环境管理取得实效。传承奥运经验、坚持首善标准、落实属地责任，北京市朝阳区高水平完成了中国人民抗日战争暨世界反法西斯战争胜利 70 周年纪念活动和第十五届世界田径锦标赛服务保障任务。聚焦"两区、两环、四线、多点"，推进分区域管理、分重点突破，完成 CBD 西南区域、奥林匹克园区周边环境提升工程，全区共查处露天烧烤、违法停车、违规广告牌匾和黑摩的等违法行为 21 万起，清理环境脏乱点 2 800 余处，朝阳路、朝阳北路等 28 条道路沿线近 700 处"开墙打洞"整治完成。深入推进垃圾分类处理，在 8 个街道试点推行餐厨垃圾规范收运管理，加快推进 19 座农村地区生活垃圾中转站升级改造，生活垃圾综合处理厂焚烧中心项目投入试运行。

4.1.1.3 着力推进和谐社会建设，民生保障水平实现新提升

（1）坚持重统筹、保基本、促均衡，创新机制，强化治理，社会民生持续改善，基本公共服务水平持续提高。北京市朝阳区深化教育领域综合改革，大力推进素质教育，持续扩大优质教育资源覆盖面，优质

校（址）比例达到83.6%，新增入园学位4 100余个。八十中南校区主体工程完工，北京二中朝阳学校实现开工，北京朝阳区中考综合优秀率和高考本科上线率分别达到60.6%和92%。垂杨柳医院改扩建工程完成征收拆迁工作，实现全面动工，北京市第一中西医结合医院升级为三级甲等医院，推行分级诊疗模式，新建中医和肿瘤专科医联体，建成3个社区卫生服务中心、43个社区急救站。健全就业服务机制，加大创业人员和就业困难人员帮扶力度，新增就业岗位10万个，城乡登记失业人员实现就业2.2万人。坚持养老服务"27字"（机构养老：保基本、推普惠、引高端；社区养老：小规模、多功能、专业化；居家养老：网格化、零距离、驿站式）工作思路，加强三级养老服务体系建设，新建10家街乡养老照料中心，朝阳区成为北京市养老服务社会化示范区。北京朝阳区新建135套全民健身设施和53个体育生活化社区。街乡文化中心、社区（村）文化活动室实现全覆盖。棚户区改造8个项目启动，完成拆迁改造9 000余户，六公主坟、酒仙桥旧城区改建项目对接安置房开工建设。完成老旧小区综合整治296万平方米。开工建设保障房8 140套，竣工8 044套。大力培育和践行社会主义核心价值观，加强思想道德建设，深入开展普法教育和群众性法治文化活动。朝阳区顺利通过"全国双拥模范城"考评检查。

（2）社会服务管理持续加强。北京市朝阳区深化全国社区治理和服务创新实验区建设，初步形成商品房小区、保障房小区、老旧小区和农村地区社区分类治理的有效机制。大力培育居民议事厅，构建协商共治平台。建成32个街乡社会组织服务平台和135个街乡社区公益空间，购买社会组织服务项目近300个。创建"六型"（干净、规范、服务、安全、健康、文化）社区36个、智慧社区97个。圆满完成第九届社区居委会选举工作。深化全模式社会服务管理系统建设，开展二级闭环系统试点，提高街乡、社区（村）自我发现问题、解决问题的能力，全力为群众解难题，区、街乡、社区（村）三级办理实事近1 800件。

（3）平安建设持续深化。北京市朝阳区严格落实新安全生产法，深化安全发展示范城市和安全生产标准化示范区建设，开展危险化学品、油气输送管道等重点领域专项整治，加大食品、药品执法监管力度，强化城市安全运行监测和应急管理，安全生产死亡事故数、死亡人数分别下降 8.9% 和 11.5%。健全多元调解平台，市区信访重点矛盾结案率达到 100%。完善立体化社会治安防控体系，加强群防群治，"朝阳群众"在平安建设中的突出作用受到社会好评。

（4）2015 年，北京市朝阳区政府以开展"三严三实"专题教育为契机，深入推进依法行政、从严治政、高效理政。认真执行朝阳区人大及其常委会决议和决定，自觉接受人大法律监督、工作监督和政协民主监督，认真听取各民主党派、工商联、无党派人士和人民团体意见，坚持定期向人大报告、向政协通报工作。

（5）北京市朝阳区全年办复全国、市、区人大代表建议，政协提案 500 余件。持续加强和改进政府作风。推行权力清单制度，公布区级行政审批事项、投资项目审批事项和行政处罚事项清单。在政府部门和街乡普遍建立重大行政决策合法性审查机制、风险评估机制和法律顾问制度。开展"为官不为""为官乱为"专项治理，在窗口单位推行政务服务标准化、规范化建设。严控政府行政成本，稳步推进公务车改革，"三公"经费下降 14.9%。加大对行政权力运行的监督检查力度，防止权力滥用。完善政府绩效管理考评体系，强化督查督办和效能监察，确保各项工作扎实有序推进。

在"十二五"圆满收官之际，朝阳区经济社会发展呈现出新的历史性进步。过去的 5 年，北京市朝阳区坚决贯彻落实市委、市政府和区委的决策部署，深入落实京津冀协同发展战略、首都"四个中心"城市战略定位和朝阳"新四区"（转变发展方式示范区、建设世界城市试验区、推进城乡一体先行区、促进社会和谐模范区）建设目标，以"双十工程"（十大发展产业基地、十大民生工程）为载体，稳增长、疏功能、转方式、调结构、惠民生，经济社会发展迈上了新台阶。

5 年来，北京市朝阳区坚持稳中求进、调整转型，全力疏解功能，推进"瘦身健体"，优化产业结构，经济实现高起点上的持续增长，地区生产总值 5 年累计增长 65.2%，财政收入在全市率先跨越 300 亿元和 400 亿元大关，年均增长达到 13.8%，发展质量和效益显著提升。5 年来，我们坚持全域统筹、城乡联动，"六位一体"（××质量、环境、投资、安全、创新）破解农村发展瓶颈，土地储备、重点村整治、城乡接合部治理深入实施，一绿试点乡城市化建设取得积极成效，朝阳区 50% 的行政村完成整体搬迁或改造，6 万名农民实现转居，8.3 万人搬迁上楼，农村地区发展潜力不断释放，农村城市化水平显著提升。朝阳区坚持标本兼治、综合施策，全面开展"大城市病"治理，坚决遏制人口过快增长势头，下大力气治霾、治污、治堵、建绿，促进人口、资源、环境协调发展，城市环境质量显著提升。朝阳区坚持优质均衡、特色统筹，立足补短板、抓创新、促改革，多层次、系统化推进民生工作。教育事业发展实现新跨越，文化、医疗、养老服务特色更加鲜明，体系日趋完善，社会治理和服务水平显著提升。与此同时，精神文明、"双拥"共建、"六五"普法等工作深入开展，民族宗教、妇女儿童、侨务对台、人民武装、人防地震和档案区志等各项事业全面进步。朝阳区先后获得全国文明城区、国家公共文化服务体系示范区、国家文化产业创新实验区、全国社区治理和服务创新实验区以及全国养老服务业综合改革试点区等诸多荣誉。

4.1.2 朝阳区"十三五"规划纲要分析

4.1.2.1 "十三五"时期朝阳区的总体发展思路和目标

"十三五"时期是朝阳区转型发展、再创优势的重要阶段。《北京市朝阳区"十三五"规划纲要（草案）》从实际出发，立足于首都发展大局，立足于朝阳区发展实际，立足于未来 5 年的新形势、新任务，在指导思想中提出了"提高发展质量效益，提升区域环境品质，增强服务保障能力，增进全区人民福祉，高水平建设国际商务中心区、文化创新实验区、和谐宜居模范区，率先全面建成小康社会，为北京建设国际一流的和谐宜居之都而努力奋斗"的要求，这是"十三五"时期朝阳区发展的总体目标和美好蓝图，是我们肩负的历史使命和重大责任，更是对朝阳人民的庄严宣誓和郑重承诺。

为实现"建设'三区'、建成小康"的目标，《北京市朝阳区"十三五"规划纲要（草案）》提出了更加注重开放协同、更加注重创新驱动、更加注重绿色发展、更加注重文化引领、更加注重城乡统筹、更加注重共治共享"六个更加注重"的基本原则，制定了 26 个量化考核指标，其中，预期性指标 11 个，约束性指标 15 个。力求通过全区上下的共同努力，到"十三五"末，实现疏解非首都功能成效显著提升、经济发展质量效益显著提升、生态宜居环境显著提升、农村城市化水平显著提升、市民素质和社会文明程度显著提升、民生服务保障水平显著提升"六个显著提升"。

4.1.2.2 "十三五"时期朝阳区的主要任务

《北京市朝阳区"十三五"规划纲要（草案）》〔简称《纲要》（草案）〕提出 9 大发展任务。

（1）合理布局，优化提升区域功能。北京市朝阳区按照《京津冀协同发展规划纲要》和首都"四个中心"城市战略定位的要求，《纲要（草案）》中把优化提升区域功能作为首要任务进行部署。"十三五"时期，朝阳区将加快推进非首都功能疏解，加强人口调控与服务管理，加快构建"一廊两带三区"（一廊：连通首都功能核心区与北京城市副中心的重要城市廊道；两带：生态环境带、高精尖经济发展带；三区：建成区＋集中建设区＋疏解提升区）的功能布局。

（2）扩大开放，持续提升国际化发展水平。"十三五"时期，国际化仍然是朝阳区最突出的特征和最显著的优势。朝阳区将围绕服务国家对外开放战略和首都国际交往中心功能，加快建设具有世界影响力的国际商务中心。首先是提升开放型经济水平，提升朝阳区 CBD 国际商务中心的影响力，积极承接北京市服务业扩大开放综合试点；其次是推进国际交流合作，打造国际活动主承载区，强化奥运功能区国际交往的功能；最后，全面优化国际服务环境。

（3）创新驱动，加快经济提质增效升级。北京市朝阳区实施创新驱动是适应和引领经济新常态的战略选择和根本动力，重点是全面提升科技创新能力，发挥中关村朝阳园的示范引领作用，聚集创新要素，营造创新环境；加快构建"4+2+3"的"高精尖"产业体系，提高农村产业发展层级；提升集约高效发展的水平。

（4）文化引领，提升区域文化软实力。北京市朝阳区围绕首都建设全国文化中心，进一步发挥文化资源优势、产业优势和品牌优势，开创文化引领发展新局面。主要任务包括：全面推进国家文化产业创新实验区建设，构建文化产业创新体系，打造全国文化产业创新发展高地，优化实验区产业空间布局；提高公共文化服务能力，构建现代公共文化服务体系，丰富文化产品和服务，加强传统文化传承；提升区域文明程度；促进文化国际交流。

（5）城乡协调，提升建设管理水平。北京市朝阳区"十三五"时期按照城乡一体化的发展思路，既要积极稳妥地推进农村城市化，更要大力推进农村现代化。首先是实施城乡发展"六个一百"工程，即新建及改扩建百条主次干路、支路和断堵头路，建设提升百条环境优美大街，新建和改造百个大中小微型公园，新升级百个"高精尖"功能性产业项目，打造百个绿色智慧平安社区，创建百个基层文化品牌；其次是全力推动第一道绿隔地区城市化建设，推进第二道绿隔地区城乡一体化建设；再次是提高城乡基础设施承载能力；最后是全面提升城市管理水平。

（6）绿色发展，着力建设生态宜居家园。北京市朝阳区把生态环境建设放在突出的战略位置，着力建设绿色家园、常清碧水、美丽蓝天。重点是提升绿化建设水平，高水平完成绿隔地区绿化建设，完善绿化空间布局；全面推进水生态文明建设，强化水污染治理；持续改善空气质量；树立生态文明风尚。

（7）以人为本，推进民生服务优质均衡发展。根据社会建言献策活动和人大代表、政协委员征集意见活动汇总的情况，北京市朝阳区将群众关心的教育、健康、就业和社会保障等问题作为规划的重要内容。主要任务包括：大力推进教育强区建设；促进基础教育优质均衡发展，完善多元化教育体系，加强教育人才队伍建设；全面提高健康服务水平，增强医疗卫生服务能力；促进养老服务发展；提升体育发展水平；完善就业和社会保障体系。

（8）共建共享，提高社会治理能力和水平。北京市朝阳区推进社会治理体系和治理能力现代化，实现人民安居乐业、社会安定有序。重点是深化社会治理体制机制改革，提升社区治理和服务水平，加大社会动员力度，深化平安朝阳建设。

（9）深化改革，强化体制机制保障。北京市朝阳区激发社会活力，凝聚社会合力，以体制机制创新提升发展软环境。重点是全面深化审批制度、经济体制、社会民生和农村体制机制等各领域改革创新；强化民主法治建设；完善规划实施机制，促进各项任务全面落实。

4.2 上海市浦东新区发展建设整体状况分析

4.2.1 2015 年发展建设主要成绩

2015 年，浦东新区开发开放走过了 25 周年，一年来，浦东新区政府认真落实中央和上海市委、市政府的决策部署，深入学习贯彻习近平总书记系列重要讲话精神，按照"四个全面"（全面建成小康社会，全面深化改革，全面依法治国，全面从严治党）战略布局，主动适应经济发展新常态，坚持稳中求进的工作总基调，坚持创新驱动发展、经济转型升级，全力推进自由贸易试验区（简称"自贸区"）建设和科技创新中心建设，统筹推进稳增长、促改革、调结构、惠民生、防风险等各项工作，完成了新区五届人大六次会议和"十二五"规划确定的目标任务。

4.2.1.1　浦东新区经济社会保持平稳健康发展

上海市浦东新区积极贯彻落实国家和上海市出台的稳增长、促转型重大举措，充分发挥自由贸易试验区建设的引领带动作用，推动经济社会持续健康发展。一年来，经济运行总体平稳，地区生产总值比上年增长 9.1%，过去 5 年年均增长 9.8%。全社会固定资产投资 2015 年超过 1 700亿元，过去 5 年累计超过 8 000 亿元。经济结构、质量和效益明显改善，第三产业增加值占地区生产总值的比重达到 72%，比 2010 年提高近 16 个百分点，服务经济为主的产业结构进一步巩固。一般公共预算收入比上年增长 13.7%，总量是 5 年前的 1.85 倍。浦东新区区属单位增加值综合能耗逐年下降，社会民生不断改善，居民人均可支配收入比上年增长 8.6%。其中，农民人均可支配收入比上年增长 10% 以上，两区合并以来增幅连续快于城镇居民人均可支配收入的增幅。年均新增就业岗位 15 万个，"十二五"期间累计新建各类保障性住房 1 890 万平方米，改革发展成果更多、更公平地惠及浦东群众。

4.2.1.2　自由贸易试验区建设取得重要阶段性成果

上海市浦东新区完成自由贸易试验区扩区管理体制和运行机制调整，自贸区管委会与新区政府合署办公后，新的管理体制运行平稳，贯彻落实上海自贸区"总体方案"和"深化方案"，各项改革创新工作取得新进展。投资管理制度创新持续深化，在新扩片区全面实施外商投资负面清单管理模式，企业准入"单一窗口"服务功能进一步拓展，率先开展企业住所集中登记和简易注销登记改革试点。贸易便利化程度进一步提高，推出"空检海放"等 32 项贸易便利化举措，国际贸易"单一窗口"1.0 版上线运行，货物状态分类监管扩大到保税区域内所有符合条件的仓储物流企业。金融开放创新有力推进，落实自贸区金融开放创新试点方案，启动自由贸易账户境外融资和外币服务功能，跨境人民币结算、本外币双向资金池等业务实现规模化运作。制度创新、扩大开放等先行先试举措促进了自贸区各片区功能的进一步拓展延伸。

4.2.1.3 "四个中心"核心功能有新提升

上海市浦东新区金融市场体系更加完善，金砖国家新开发银行设立，中国保险投资基金落户，黄金、外汇、期货等一批国际金融交易平台正式运行，全年新增各类金融机构超过 3 000 家，证券、期货市场成交额比上年增长 1 倍以上。贸易创新步伐加快，跨境电商、融资租赁、平行进口汽车和大宗商品现货交易等新型贸易模式不断涌现，商品销售总额近 3 万亿元，外贸进出口总额达到近 1.7 万亿元，跨国公司地区总部新增 16 家。航运枢纽功能进一步增强，扩大海运和空运国际中转集拼等创新业务规模，洋山港的水水中转和国际中转箱量占比分别达到 48.9% 和 9.5%，浦东国际机场旅客吞吐量超过 6 000 万人次。双向开放水平进一步提升，引进外资和对外投资保持较快增长。实到外资 64 亿美元，比上年增长 44.3%，对外直接投资中方投资额 240 亿美元，比上年增长 3.5 倍。新增内资注册资本超过 1 万亿元，比上年增长 1.3 倍。

4.2.1.4 科创中心建设有力推进

上海市浦东新区全面贯彻国家创新驱动发展战略，率先落实市科创中心建设方案，研究出台新区行动方案。围绕产城融合、功能创新、产业发展、品质提升和众创空间建设，推动张江从科技园区向科技城转型升级。加强自贸区和自主创新示范区联动发展，以制度创新促进科技创新，药品上市许可持有人制度试点获得批准。创新创业环境进一步优化，股权托管交易中心科技创新板开盘，新增市级公共技术服务平台4 家，新认定市、区两级孵化器和众创空间 33 家，推出新区"人才创新创业 14 条"，率先试点永久居留、人才签证及外国留学生直接就业等政策。全社会研发经费支出占生产总值的比例预计达到 3.6%，每万人口发明专利拥有量预计达到 35 件。

4.2.1.5 民生保障进一步加强

上海市浦东新区多渠道扩大和促进就业，帮助 1.6 万名就业困难人员实现和稳定就业，成功扶持 1 825 人创业，城镇登记失业人数控制在上海市下达的指标范围内。社会保障水平进一步提高，城乡居保基础养老金每人每月提高 120 元，惠及 14.5 万人，新农合人均筹资标准比上年提高 500 元，惠及 27.6 万人。启动实施城乡居民医保统筹，村卫生室全部纳入医保联网。推进养老服务创新，开展老年照护统一需求评估，推进社区嵌入式养老，建成 6 家长者照护之家，完善农村养老服务网络，建成 77 家农村养老睦邻互助点，为 5.95 万名老人提供居家养老服务，新增养老床位 1 287 张。2015 年全年累计救助帮困近 150 万人次，发放各类救助帮困金 6.6 亿元。2015 年全年新开工和筹措各类保障性住房 304 万平方米，竣工 131.87 万平方米，完成 3 029 户在外逾期过渡居民回迁。大力推进城中村等旧区改造，受益居民 4 068 户，新增廉租住房受益家庭 744 户。

4.2.1.6 文化和社会事业改革发展取得新进展

上海市浦东新区推进国家公共文化服务体系示范区建设，公共文化设施数量和服务水平不断提升。上海博物馆东馆、上海图书馆东馆、上海大歌剧院和上海轻音乐团落户浦东。"东方财经·浦东"频道正式开播，成功举办纪念抗战胜利 70 周年和浦东开发开放 25 周年系列活动。推进教育整体综合改革实验区建设，开展学区化、集团化办学试点，深化特色高中创建工作，开展"教育六条"试点，全年新开办中、小、幼学校 22 所，获评全国老年远程教育示范区。在全国首届青年运动会等体育赛事中取得优异成绩，圆满完成射箭世界杯、花样滑冰世锦赛等赛事承办和服务保障工作。上海市浦东新区医药卫生体制改革持续深化，"卫生八条"成效进一步显现，启动新一轮社区卫生服务综合改革，加强国家中医药综合改革试验区建设。妇幼保健、传染病控制处于历史较好水平。人口计生、合作交流、应急管理和外事工作扎实推进，国防动员、司法、双拥、对台、民族和宗教等领域的工作进一步加强。

4.2.1.7 "三农"工作扎实推进

上海市浦东新区加大国家现代农业示范区建设力度，全区家庭农场累计达到 446 家，由家庭农场经营的粮田面积达到 40%。全面完成村级集体经济组织产权制度改革，农村承包土地经营权确权登记基本完成，农村承包土地流转率达到 73.9%，开展农村土地承包经营权流转公开交易试点。增强农民增收"造血"机制，市、区两级经济薄弱村综合帮扶工作力度加大。在全面完成村庄改造和加强长效管理的基础上，推进美丽乡村示范村建设。

4.2.1.8 城市建设管理进一步加强

上海市浦东新区重大基础设施建设加快推进。中环线浦东段建成通车，杨高路改建工程开工，迪士尼外围市政配套、东靖路等大居市政配套项目基本建成。加快轨道交通建设，迪士尼专线建成，9 号线东延伸段、10 号线二期、13 号线二期和三期、14 号线、18 号线加快推进建设，配合推进周家嘴路隧道等一批越江交通建设。生态环境建设加大力度，滨江森林公园二期、南汇生态专项、三林和张家浜楔形绿地加快推进，新增林地面积 206.7 公顷，城市绿化建设养护标准和水平进一步提高。全面完成中小燃煤（重油）锅炉、窑炉的清洁能源替代，淘汰黄标车 9 023 辆。实施经营性用地全生命周期管理，推进低效建设用地减量化，全年立项 429 公顷。产业结构调整成效明显，关停转迁印染、金属压延、四大工艺、危险化学品和低效用地企业合计 400 多家。

上海浦东新区城市综合管理切实加强。建立集中统一的城市管理综合执法体制，"多合一"的城市管理行政执法局挂牌。强力推进合庆地区环境综合整治，G1501 以东地区拆除违法建筑 73.9 万平方米，黎明垃圾填埋场实现封场转场，完成畜禽退养 2.4 万头标准猪，一批道路、桥梁、河道得到修缮整治。"三违"（违章指挥、违章操作、违反劳动纪律）整治保持高压态势，全年拆除存量超过 800 万平方米。人口服务管理继续加强，常住人口保持稳定。推进社会治理创新，完成街道体制改革，启动镇级体制改革。完成街镇网格化平台建设，实现全区网格化综合管理全覆盖。组建专业化社区工作者队伍，完善镇管社区工作机制，顺利完成村（居）委会换届工作。加强安全生产和公共安全管理，城市运行平稳有序，社会保持和谐稳定。

4.2.2 对《浦东新区国民经济和社会发展第十三个五年规划纲要（草案）》的分析

"十三五"时期是我国全面建成小康社会的决胜阶段，浦东新区准确把握战略机遇期内涵的深刻变化，主动适应经济发展新常态，有效应对各种风险挑战，全力开创浦东"二次创业"新局面。

"十三五"时期，浦东新区经济社会发展目标是：到 2020 年，基本建成上海"四个中心"（国际经济中心、国际金融中心、国际航运中心、国际贸易中心）核心功能区，基本形成具有全球影响力的科创中心核心功能区框架，基本建成体现社会主义现代化国际大都市风貌的开放型、多功能、现代化新城区，率先构建与高标准投资贸易规则相衔接的法治化、国际化、便利化营商环境。

4.2.2.1 "十三五"时期浦东新区经济社会发展目标

（1）推进创新发展，培育发展新动能。上海市浦东新区深入实施创新驱动发展战略，以科技创新引领全面创新，把创新摆在发展全局的核心位置，使创新成为发展的第一动力。建设具有全球影响力的科创中心，是中央对上海市和浦东新区发展的新要求。浦东新区对标世界一流，聚焦张江科技城，打造创新走廊，深化"双自联动"（自贸区与自主创新示范区联动），优化创新创业生态环境，破除体制机制障碍，激发全社会的创新动力和活力，奋力推进科创中心建设。要坚持围绕产业链部署创新链，以产业支撑创新，促进产业融合发展、能级提升，着力构建以现代服务业为主体、战略性新兴产业引领、先进制造业支撑的新型产业体系。要着眼提升全球资源配置能力，提高陆家嘴金融城集聚辐射能力，增强浦东国际空港和洋山深水港枢纽功能，深化重点领域和关键环节的创新突破。

（2）推进协调发展，增强开发建设整体协同性。上海市浦东新区坚持区域协同、城乡一体，着力补齐短板、强化底线约束。严格控制人口规模，常住人口总量控制在 558 万以内。推进低效建设用地减量化，建设用地总量控制在 805 平方公里以内。优化城市总体布局，统筹推进城市化地区、重点开发区域、城郊地区和农村地区等各类地区发展。推进城乡基本公共服务均等化，实现高水平城乡发展一体化。高品质推进重点区域开发，更加注重产城融合、功能提升。按照管为本、重体系、补短板的要求，全面构建安全、高效、畅达、绿色的一体化综合交通体系。完善现代公共文化服务体系，增强文化创意产业竞争力，全面提升浦东文化活力和影响力，满足人民群众日益增长的精神文化需求。始终把安全作为一切工作的底线，强化公共安全保障，加强系统治理、依法治理、综合治理和源头治理，努力探索符合特大型城区特点的社会治理和城市管理新路。

（3）推进绿色发展，共建生态宜居美丽家园。上海市浦东新区坚持节约资源和保护环境的基本国策，推动形成绿色空间布局、绿色生产方式和绿色生活方式。以生态廊道、郊野公园、楔形绿地和森林公园等建设为载体，大规模增加林地面积，构建形态多元、功能复合的城市生态空间。实施重点区域、重点行业和中小河道的水环境综合治理，强化重点领域大气污染防治，加快重点区域环境综合整治，全面改善生态环境，确保环境质量改善看得见、感受得到。坚持减量化、再利用、资源化，大力发展循环经济，努力提高资源集约和节约利用水平。

（4）推进开放发展，率先形成开放型经济新优势。上海市浦东新区全方位拓展双向开放的广度和深度，以开放促改革、促发展，使对内开放与对外开放相互促进，发展更高层次的开放型经济。以自贸区建设为引领，全面深化改革开放，加快建立与国际高标准投资贸易规则相衔接的制度体系，努力建设更高水平的自贸区。适应经济全球化新趋势，积极参与和主动服务"一带一路"及长江经济带建设，提升"引进来"的能级和水平，拓展"走出去"的领域和空间，鼓励总部经济和民营经济发展，不断提高开放型经济发展水平。

（5）推进共享发展，让改革和发展成果更多惠及群众。上海市浦东新区坚持民生优先，完善就业服务体系、社会保障体系、养老服务体系、住房保障体系和社会事业体系，使全体居民在共建共享发展中有更多获得感。实施更加积极的就业政策，注重解决就业结构性问题，推动实现更高质量的就业。上海浦东新区坚持全覆盖、保基本、多层次、可持续的原则，建立更加公平、更可持续的社会保障体系。积极应对人口深度老龄化，坚持以居家为基础、社区为依托、机构为支撑、医养相结合，加快建设服务供给、需求评估、服务保障、政策支撑、行业监管"五位一体"的社会养老服务体系，实现基本养老服务应保尽保。完善廉租住房、共有产权保障房、公共租赁住房和征收安置房"四位一体"的住房保障体系。更加重视保障公平、提升质量，促进基础教育优质均衡发展。深化医药卫生体制改革，实现人人享有基本医疗卫生服务。

4.2.2.2 "十三五"时期浦东新区的主要工作任务

浦东新区经济社会发展的主要目标是：经济保持有质量、有效益、可持续增长，一般公共预算收入与经济保持同步增长，居民人均可支配收入增长与经济发展保持同步，全社会固定资产投资保持高位增长，全社会研发经费支出持续增长，区属单位增加值综合能耗和主要污染物排放量进一步降低。

2015 年，浦东新区要着力做好 9 个方面的工作。

（1）以开放度更高、便利化更优为目标，全面深化自贸区建设。继续加强与"四个中心"核心功能区联动，加强与综合配套改革联动，持续推进制度创新，对接国际高标准投资贸易规则，保持扩大开放的先发优势。

（2）努力建设高度开放的自贸区。浦东新区深化以准入前国民待遇加负面清单管理为核心的投资管理制度创新，实行内外资企业统一的市场准入和公平竞争制度，推动服务业和先进制造业开放举措加快落地，拓展企业准入"单一窗口"功能。完善境外投资备案管理制度，健全对外投资促进政策和服务体系。深化以贸易便利化为重点的贸易监管制度创新。对标国际，系统设计贸易便利化环境的建设，构建覆盖贸易主要环节和监管部门的国际贸易"单一窗口"2.0 版。扩大货物状态分类监管试点范围和类型，促进内外贸一体化发展。推动航运保险、船舶管理等领域的制度创新，促进高端航运服务业的发展。以保税区为先导，努力在跨境投资、跨境电商、离岸业务和贸易服务等方面取得更大突破。深化以资本项目可兑换和金融服务业开放为目标的金融制度创新。加强自贸区与金融中心联动，集聚一批高能级的功能性机构和平台，加快建设面向国际的金融市场体系。推进金融业对民营资本和外资金融机构的开放，促进互联网金融等新兴业态健康发展。

（3）加快发展更高层次的开放型经济。浦东新区着力建设总部经济高地和民营经济高地，集聚更多金融、航运、贸易总部企业，提升资源配置能力和服务辐射能力。支持国内企业以自贸区为平台、以"一带一路"沿线地区为重点，走出去，主动融入全球产业链、价值链，打造国内企业走出去的"桥头堡"。促进各类所有制经济共同发展，深化国资国企改革，加强中小微企业服务，鼓励民营企业依法进入更多领域。积极推动跨区域产业合作，帮助对口支援地区实施精准扶贫、精准脱贫。

（4）以世界一流科技城为核心，全面推动科创中心建设。浦东新区注重发挥科技创新在全面创新中的引领作用，优化创新空间布局，狠抓政策落实和项目落地，持续提升科技创新能力。

第一，高密度集聚全球科技创新资源。上海市浦东新区以张江综合性国家科学中心为载体，集聚一批国家级科学设施、创新型科研机构和研发公共服务平台，引进一批国际高端研发机构、民营科技企业总部和小微创新企业，推动一批面向国际、具有创新资源配置能力的平台和载体建设，打造高度活跃的创新生态系统。

第二，高效率转化科技创新成果。上海市浦东新区努力打破阻碍产、学、研、用结合的各种瓶颈，构建以企业为主体、以市场为导向的技术创新体系，促进科技成果更快捷、更有效地转化为现实生产力。上海浦东新区聚焦集成电路、生物医药、民用航空和工业机器人等重点领域，提升发展能级，促进集群发展。促进战略性新兴产业、先进制造业与现代服务业、生产性服务业的融合渗透、协同发展。支持大数据、云计算、移动互联网和平台经济的发展，培育壮大"四新"（新技术、新产业、新业态、新模式）经济，加强智慧城市建设。

第三，高强度夯实人才基础保障。上海市浦东新区积极落实国家、上海市和浦东新区各类人才计划，以重点产业、重点园区为载体，加快集聚更多高层次领军人才、高技能人才和高水平创新创业团队。落实全市"人才新政 20 条"、新区"人才创新创业 14 条"，推进在沪外国留学生毕业后直接留沪就业、海外人才离岸创新创业以及委托社会机构遴选杰出人才等改革试点。积极探索更加开放、更加灵活和更具竞争力与吸引力的人才政策，完善人才评价和激励机制。

第四，优化科技创新综合服务。上海市浦东新区坚持以制度创新推动科技创新，努力构建最高效的"双自联动"示范区域。加强科技金融服务，促进金融城与科技城联动，发挥国资创投引导功能，建立以创新为导向的国有企业考评机制，创新财政科技投入方式，鼓励金融机构开展投贷联动试点，用好股权托管交易中心科技创新板等多层次资本市场，支持企业上市融资。加强知识产权运用和保护，建设面向国际的知识产权综合服务平台，建立知识产权侵权查处快速反应机制。加强配套服务，完善科技城生态景观、商业文化和市政交通等配套设施，提升城市功能和环境品质。推进大众创业、万众创新，引导支持新型孵化器和众创空间建设。

（5）以社会保障和社会事业为重点，织密织牢民生保障网。浦东新区坚守底线，突出重点，完善制度，引导预期，集中力量办成一批群众关心的民生实事。

第一，以促进创业带动就业。浦东新区完善创业服务体系，加大对创新创业的支持力度，推广电子商务等新型创业模式，创业带动就业 2 万人，直接帮扶 2 000 人成功创业。浦东新区扩大为老服务、重大项目和市容绿化等领域的就业容量，帮助大龄失业、长期失业等困难群体稳定就业，全年新增就业岗位超过 10 万个。

第二，切实提高养老服务能力。浦东新区建设老年宜居社区，新增长者照护之家 7 家，新建老年人日间照料中心 5 家。加强医养结合，新增养老院内设医疗机构 4 家，扩大高龄老人医疗护理计划试点。鼓励社

会力量兴办养老机构，探索公私合营建设运营模式，全年新增养老床位
1 200 张。全面建立老年照护统一需求评估机制，推动社区居家养老、
社区医疗护理、老年养老机构和老年护理机构有序衔接。

第三，不断完善住房保障体系。浦东新区加强征收安置房、公共租
赁房和廉租住房建设管理，建设和筹措区属保障性住房 143 万平方米，
完成 3 000 户在外逾期过渡居民回迁。加快大型居住社区配套设施建
设，通过代理经租和回购等方式，加强保障性住房售后管理服务。推进
城中村、二级旧里以下和郊区城镇危棚简屋改造，旧区改造受益居民
4 500 户，对符合廉租住房条件的家庭做到应保尽保。

第四，深化教育综合改革。浦东新区扩大基础教育阶段学区化、集
团化办学试点，推动管理、课程、师资和设施设备等资源共享，努力办
好家门口的每一所学校。2015 年全年新开办中、小、幼学校 23 所。推
进体育产业发展，完善体育场馆、体育赛事社会化市场化运作机制。

第五，推进健康浦东建设。浦东新区构建覆盖全生命周期的健康管
理服务体系，推进居民健康促进行动。深化社区卫生服务综合改革试
点，完善家庭医生签约服务机制，建立社区卫生服务中心与公立医院的
双向转诊绿色通道，加快社区卫生服务机构和村卫生室新一轮标准化建
设。推进祝桥、新场等卫生项目开工。积极发展妇女儿童事业，切实做
好国防动员、双拥和外事工作，不断加强民族、宗教、对台和侨务
工作。

第六，抓好实事工程。浦东新区完成 10 大类区级实事项目，实施
旧住房小区综合整新约 80 万平方米，完成约 200 万平方米老旧小区二
次供水改造工程，完成 120 台使用 15 年以上老旧电梯安全检测评估，
新建改建标准化菜场 20 家、中心菜场 2 家、限时菜场 6 家、生鲜菜店
5 家，放映公益电影 1 万场，建设 30 公里慢行步道。

（6）以规划为引领，提升城市建设管理品质。浦东新区逐渐优化
空间结构和功能布局，提升开发建设品质，构建以人为本、共建共享的

城市发展格局。

第一，高品质推进重点区域开发。浦东新区加快建设国际旅游度假区、临港、世博前滩和航空城等新兴区域，加快功能培育，加强对周边区域的辐射带动。在国际旅游度假区全力做好迪士尼项目高质量交付和开园准备，确保核心区安全有序、高品质运营和良好的游客体验，推进发展功能区城市自然生态公园等项目建设。在临港地区突出低碳生活、绿色交通和海绵城市等建设理念，努力打造未来之城。全面启动国际智能制造中心建设，打造一批功能性平台，加快极地海洋世界、冰雪世界等重大项目建设。在世博前滩地区推进一批功能性项目、公共配套和生态景观工程建设，集聚一批央企、民企和跨国企业总部，世博央企总部集聚区实现入驻。依托浦东国际机场、航空产业基地，规划建设高水平的航空城。陆家嘴、金桥、张江和外高桥等成熟区域试点城市更新，强化主导功能，完善配套功能，增加公共空间，提升文化内涵。

第二，高标准建设综合交通体系。浦东新区落实公交优先发展战略，提升公交出行的便捷性、舒适感和吸引力，倡导绿色低碳交通出行模式。加密轨道交通网，加快推进 9 号线东延伸段、10 号线二期等约90 公里轨道交通线建设；优化地面公交网，加强与轨道交通、重点区域、机场和港口等之间的无缝衔接；完善快速骨干路网，推动 S3 高速路建设，东西通道、杨高路改建工程加快推进；畅通越江交通网，推动龙水南路、江浦路等隧道建设；提升综合交通枢纽功能，配合推进浦东机场扩建工程、洋山深水港四期、沪通铁路建设，逐步构建衔接国际国内、辐射周边区域的"公铁海空"一体化综合交通体系。结合滨江滨水开放空间、公共绿地和生态廊道等，推进城市慢行系统建设，启动黄浦江滨江步道和骑行道贯通工程。

第三，高强度推进生态环境建设。浦东新区加快滨江森林公园二期、南汇生态专项建设，启动三林和张家浜楔形绿地、合庆和老港郊野公园等建设，全年新增林地 966.67 公顷。加强大气污染治理，开展工业源挥发性有机物排放专项治理，强化工地、道路、码头的扬尘控制，落实空气质量保障应急办法。加快水环境治理，进一步畅通水网水系，完成 367 公里河道轮疏整治，推进海滨、临港等污水厂提标改造，城镇污水处理率达到 91% 以上。强力推进区域环境综合整治，完成合庆镇总体规划编制工作，全力拆除合庆 G1501 以东区域违法建筑、龙东支路拓宽等工程竣工，加强对合庆延伸地块及曹路相关区域、三林周边城郊结合地区、老港及大治河两岸、国际旅游度假区周边等重点区域综合整治。加大产业结构调整力度，淘汰落后产能 400 项，印染、金属压延实现全行业退出。

第四，高水平抓好城市综合管理。浦东新区坚持把城市运行安全放在首位，从严从细落实安全责任，加强重点领域和薄弱环节的监管执法，健全公共安全管理体系，牢牢守住安全底线。提升网格化管理功能，拓展管理区域和服务时间，强化街镇应急管理能力建设，加强应急演练。保持"三违"整治高压态势，重点整治涉及建设用地减量化、人口调控、公共安全以及基本农田保护区的"三违"问题，2015年全年拆除存量 800 万平方米。坚持就业、居住、公共服务等多管齐下，加强人口综合服务管理。创新社会治理，推进基层公共事务共商共治，加强专业化社区工作者队伍建设。加强社会治安综合治理，强化社会稳定风险评估，切实做好人民调解和信访稳定工作，全力维护社会和谐、稳定。

（7）增强文化软实力，打造魅力新浦东。浦东新区积极培育和践行社会主义核心价值观，增强高质量文化产品服务的提供能力，丰富城市文化内涵，提升市民文明素质。

第一，构建"一环一带一面"（一环：环世纪公园文化圈；一带：浦江东岸文化聚集带；一面：特色文化片区中心）文化布局。浦东新区推进上海博物馆东馆、上海图书馆东馆、青少年活动中心和浦东群艺馆等项目建设，打造环世纪公园文化圈；推进上海大歌剧院、浦东美术馆等项目建设，打造浦江东岸文化集聚带；结合重点区域功能定位和产业特色，打造各具特色的文化片区中心。加强新场、横沔、川沙和高桥等古镇的保护开发，传承历史文脉，留住城市记忆，推动优秀传统文化创新发展。

第二，增强公共文化服务能力。浦东新区以国家公共文化服务体系示范区创建验收为契机，全面提升公共文化服务能级。建设"文化浦东云"，为市民提供一站式、数字化服务，推进全民阅读。持续打造一批重大文化活动品牌，丰富浦东文化内涵。创新公共文化供给机制，引导社会力量参与公共文化建设，让更多市民共享文化发展成果。

第三，激发文创产业活力。浦东新区进一步用好自贸区文化开放措施，促进影视制作、演出经纪等产业发展。推动文化与科技、金融、贸易、体育等跨界融合，提升视频视讯、数字出版、动漫游戏和创意设计等新兴产业能级。做大文化版权交易规模，建成国际艺术品交易中心二期，构建多层次的文化产品和要素市场。

（8）加大统筹力度，推进城乡发展一体化。浦东新区协同推进新型城镇化和新农村建设，努力建设富裕、文明、宜居的大都市新郊区。

第一，优化城镇结构体系。浦东新区按照新一轮城市总体规划，分类推进镇域发展，加强开发区与周边镇联动发展，增强特色镇综合服务功能，做实撤制镇基本管理单元，做好历史文化名镇规划编制，加强镇管社区管理服务。

第二，建设现代农业示范区。浦东新区加大科技对农业的支撑力度，推进孙桥现代农业科创中心建设，大力发展高端、高科技、高附加值的都市现代农业。推进种植业结构调整和适度规模经营，全区粮食种植比重达到 70%，实现 45% 的粮田由家庭农场经营。全面推进畜禽退养，完成退养 27 万头标准猪，防控和减少农业污染。加大对纯农地区的支持力度，大力培养新型职业农民，实施离土农民专项就业计划，鼓励引导农村劳动力跨区域、跨街镇就业，多渠道促进农民增收。

第三，建设美丽宜居乡村。浦东新区大力推进书院塘北村、周浦旗杆村等美丽乡村示范村建设，让农村更具乡土韵味，更多自然景致。注重保护传统江南乡村特色，鼓励发展乡村旅游和民宿经济。推动农民集中居住，鼓励农民进镇进城居住生活。推动公共资源配置向郊区农村倾斜，加强农村养老、医疗、教育等配套设施建设。

第四，深化农村综合改革。浦东新区探索农村土地承包经营权抵押担保试点，加快承包经营权流转公开市场建设。推进镇级集体经济组织产权制度改革试点，加强农村集体资产租赁交易管理，开展"村资镇管"试点。开展集体建设用地使用权确权登记，建立集体建设用地跨村流转机制。完善农村综合帮扶措施，引入专业团队开发经营"造血"项目。

（9）全面提升政府治理能力。2015 年，浦东新区政府坚持转变职能、提高效能、改进作风，政府自身建设明显加强。行政审批制度改革进一步深化，推出行政权力清单和责任清单 1.0 版，全面取消区级规范性文件设定的行政权力，全面取消区级"红顶"中介机构。事中、事后监管制度框架初步确立，实施企业年报公示等基础性制度和专业监管制度。以方便企业和市民办事为目标的网上政务大厅建成运行，以信用信息归集和应用为核心的公共信用信息服务平台上线运行。扩大财政信息公开范围，首次实现"三本预算"（公共财政预算、政府性基金预算、国有资本经营预算）联动公开。出台政府购买服务意见及配套政策。加强审计监督，健全审计整改长效机制。出台浦东"国资国企改革 18 条"，新一轮改革顺利推进。加强机关干部作风建设，深入开展"三严三实"专题教育，着重解决一批群众关心的实际问题。认真做好人大代表建议和政协提案办理工作，共办理人大代表建议 155 件、政协提案 272 件，自觉接受区人大及其常委会的法律监督、区政协的民主监督和新闻媒体的舆论监督。

第一，全面转变政府职能。浦东新区坚持法定职责必须为、法无授权不可为的原则，减审批、强监管、优服务，着力激发市场活力和社会创造力。

第二，推进行政审批制度改革。浦东新区开展"证照分离"改革试点，聚焦与企业经营密切相关的许可事项，取消一批、改为备案一批、实行告知承诺一批，对保留的许可证审批事项，进一步提高透明度和可预期性。对非许可类的审批事项，争取再取消一批、实施告知承诺一批。推行清单管理模式，编制发布行政权力清单和责任清单 2.0 版，加强对行政权力的目录化、标准化管理，推进行政审批权相对集中改革。

第三，强化事中、事后监管。浦东新区建立信息互联共享、证照监管协同、诚信自律结合、行业社会共治、风险预警及时的综合监管体系。以安全生产、食品药品和环境保护等领域为重点，实施分行业监管的方案。发布抽查事项清单，实行监管对象和监管人员"双随机"，切实提高监管效率。

第四，深化财政体制改革。浦东新区建立健全财政资金统筹使用长效机制，实施规范化的跨年度预算平衡机制和中期财政规划管理。扩大权责发生制政府综合财务报告的试编范围，完善绩效预算管理制度，深化国库单一账户体系和公务卡制度改革。全面深化浦东新区政府债务管理改革，积极创新投融资模式。

第五，创新政府管理服务方式。浦东新区坚持问题导向，更多运用市场化、社会化、信息化方式，进一步提升行政效能。

第六，推进电子政府建设。浦东新区加大政务云建设和应用力度，为新区各部门提供统一的信息基础设施、通用业务服务，构建信息资源目录动态体系。推进"互联网＋"政务服务，实现所有部门办事系统接入网上政务大厅，建设政府服务"单一窗口"。推进政府资源整合和信息共享，基本实现工商登记、行政审批和行政执法等重点信息的共享使用，提高办事效率和服务水平。

第七，加强政府运行基础制度建设。浦东新区全面推行政府目标管理，改进部门年度工作目标的制定报告制度，建立更有力的重点工作督查机制，开展目标任务完成情况的评估考评。发布行政协助事项清单，建立部门协同配合机制，努力形成更加有序、有效的政府运行体系。扩大政府购买服务的范围和规模，推动政府公益性服务项目专业化运作。

第八，加强社会信用体系建设。浦东新区启动建设公共信用信息服务平台二期，加快推进各部门公共信用信息的采集、共享和应用。开展企业信用分级分类管理试点，重点在市场监管、税收征管和环境保护等领域，建立健全"守信多方激励、失信联合惩戒"机制。深化企业信息公示制度，加大企业年报、经营异常名录等信息公示力度。

4.3　广州市天河区发展建设整体状况分析

4.3.1　2015 年国民经济和社会发展计划执行情况

2015 年，面对错综复杂的国内外环境和经济下行压力，广州市天河区主动适应经济发展新常态，坚持稳中求进的工作总基调，统筹推进稳增长、促改革、调结构、惠民生各项工作，经济社会保持平稳健康发展，主要指标达到年度预期目标（见表 4 - 1），"十二五"规划主要目标任务顺利完成。

表 4 - 1　广州市天河区 2015 年经济社会发展主要目标完成情况

指　　标	2015 年预期目标		2015 年完成情况	
	总量（亿元）	增速（％）	总量（亿元）	增速（％）
地区生产总值	约 18 000	8	18 100.41	8.4
其中：第一产业增加值	—	持平	228.09	2.5

续表

指　标	2015 年预期目标		2015 年完成情况	
	总量（亿元）	增速（%）	总量（亿元）	增速（%）
第二产业增加值	—	7.2	5 786.21	6.8
第三产业增加值		8.6	12 086.11	9.5
一般公共预算收入	1 357.9	10（可比口径）	1 349.09	9.1（可比口径）
固定资产投资	5 575	14	5 405.95	10.6
社会消费品零售总额	7 895	10.5	7 932.96	11
商品出口总值	800（亿美元）	10	811.7（亿美元）	11.6
实际利用外资	56（亿美元）	10	54.16（亿美元）	6.1
城镇登记失业率（%）	3.5	—	2.2	—
CPI（%）	约 103	约 3	101.7	1.7

4.3.1.1　主动适应新常态，经济运行总体平稳

广州市天河区积极应对新常态下增速换档、结构优化、动力转换的阶段性变化，切实采取措施，推动经济稳定增长、提质增效。广州市天河区 2015 年全年地区生产总值增长 8.4%，突破 1.8 万亿元，实现"十二五"规划总量目标；一般公共预算收入 1 357.9 亿元，可比增长 9.1%；消费、投资、出口均保持两位数的增长。

（1）消费加快升级。天河区出台商品销售总额稳增长工作方案，巩固提升批发市场、百货商场等传统业态，积极培育信息、旅游等新兴消费，开展国内贸易流通体制改革发展综合试点，引进培育 10 个重点展览，组织广州国际购物节等展销活动，中心城市消费集聚力不断增强，连续三次荣获福布斯中国内地最佳商业城市第一名。天河区 2015 年全年社会消费品零售总额为 7 932.96 亿元，增长 11%。限额以上网上商店零售额增长 62.1%，通信器材类商品零售额增长 43.5%。培育形成 8 家国家电子商务示范企业，花地河电子商务集聚区被认定为第二批国家电子商务示范基地。天河区 2015 年全年旅游业总收入 2 872.18

亿元，增长 13.9%，新增 3A 级以上景区 4 个。

（2）投资平稳增长。天河区全面落实重点项目建设计划，组织召开重大项目建设会议、国际投资年会，加大项目建设和引进力度，贯彻落实广东省关于企业投资项目实行清单管理的意见，推进首批 39 个 PPP 试点项目，着力扩大有效投资。天河区 2015 年全年固定资产投资 5 405.95 亿元，增长 10.6%；民间投资 2 397.76 亿元，增长 35.8%；工业投资 754.78 亿元，增长 10.2%，其中，技改投资大幅增长 51.7%；基础设施投资 1 339.87 亿元，增长 7.4%；156 个市重点建设项目全年完成投资 1 209 亿元，完成年度计划的 102%；轨道交通 7 号线一期（广州南站至大学城南）等 117 个项目完成投资超亿元。

（3）外贸创新发展。出台促进外贸稳定增长的工作方案，加快服务贸易发展实施意见，开展汽车平行进口等业务创新，推动外贸转型升级。天河区 2015 年全年进出口总值 1 338.7 亿美元，增长 2.5%，高于全国、全省的水平。其中，出口 811.7 亿美元，增长 11.6%。从结构上看，一般贸易出口 1 947.6 亿元，增长 3.6%，比加工贸易出口增速高 4.3 个百分点；高新技术产品出口 854.4 亿元，增长 9.9%；旅游购物出口 1 074.8 亿元，增长 99.3%。从区域上看，对"一带一路"相关国家进出口 2 142.7 亿元，增长 12.7%，占进出口比重（25.8%）同比提高 2.1 个百分点。

4.3.1.2 着力抢占制高点，产业加快转型升级

广州市天河区聚焦科技、金融、总部经济，加快产业结构调整。"十二五"时期持续推进补短板、强功能取得积极成效，三次产业比例由 2010 年年末的 1.75:37.24:61.01 调整为 2015 年的 1.26:31.97:66.77。

（1）科技、金融、总部经济发展取得新成效。天河区出台"1+9"科技创新系列政策，落实财政科技经费和孵化器双倍增计划，实施高新技术企业培育行动方案，高新技术企业快速增长；新增孵化器企业 34

家，拥有国家级优秀孵化器（7 家）居全国城市首位；新型研发机构
（28 家）数量全省第一；全市发明专利申请量和授权量分别增长
37.7% 和 44.4%。天河区出台发展和利用资本市场、推进互联网金融
产业发展的政策措施，加快建设国际金融城、民间金融街等金融功能区，
狠抓金融招商和新业态培育，新增持牌金融机构 20 家、主板上市企业 10
家、"新三板"挂牌企业 110 家、互联网金融企业超 200 家，获批设立广
州商品清算中心、广州钻石交易中心，金融业增加值占 GDP 的比重提高
至 9%。天河区出台加快总部经济发展 3 年行动计划和若干措施，组织引
资引技引智工作会议、夏季达沃斯"广州之夜"等招商活动，吸引中航
油南方总部等 20 多个总部项目落户，新认定总部企业 36 家。

（2）服务业、制造业结构加快调整优化。天河区出台加快生产性
服务业发展 3 年行动方案等政策措施，提升服务业结构层次，2015 年
全年服务业增加值 12 086.11 亿元，增长 9.5%。天河区现代服务业增
势好于传统服务业，金融、信息服务两大现代服务业占服务业的比重
（18.3%）比 2014 年年末提高了 0.7 个百分点，批发零售、交通运输两
大传统服务业占服务业比重（32.6%）下降了 0.9 个百分点。实施工业
转型升级攻坚战 3 年行动方案，天河区设立 30 亿元工业发展资金，支
持机器换人等工业高端化发展，2015 年全年规模以上工业总产值
18 712.36 亿元，增长 6.4%。先进制造业增势好于传统制造业，汽车、
电子和石化三大支柱产业产值（增长 8.7%）、高新技术产品产值（增
长 8.2%）的增长均快于工业平均水平，高新技术产品产值占工业比重
（45%）同比提高 1 个百分点，纺织服装和食品制作等传统工业仅增长
2.9% 和 1.1%。

（3）新兴产业、新业态发展势头良好。天河区设立并紧抓 35 个战略
性新兴产业基地建设，设立新兴产业创投引导资金参股孵化基金，支持
创新型企业发展，2015 年全年战略性新兴产业增加值增长 10.2%，占
GDP 的比重突破 10%。智能装备、新能源汽车、跨境电商、"互联网 +"

等新兴产业和业态迅速发展，广州智能装备研究院挂牌运营，新引进发那科、国机智能总部等机器人项目；累计推广应用新能源汽车 1.46 万辆，超额完成推广任务，广汽比亚迪纯电动客车下线；跨境电商进出口额 67.5 亿元，在全国试点城市中名列第一；琶洲互联网创新集聚区吸引腾讯、阿里巴巴等 10 多家知名企业入驻，全市信息服务业新登记内资市场主体增长 99.9%。

（4）现代农业稳步发展。天河区 2015 年全年农业增加值 246.89 亿元，增长 2.8%。农民专业合作社和市级以上示范社分别增加 124 家和 6 家，完成 6 个名镇和 86 条名村创建任务，第三批 47 条美丽乡村试点中的市财政出资项目全面完工，新增粮食仓容 10 万吨。

4.3.1.3 聚焦自贸区建设，开放合作向更高水平迈进

广州市天河区发挥自贸区引领作用，加快构建对外开放大平台，进一步拓展与周边区域的合作，以高水平开放合作增添发展新动力。

（1）南沙自贸区建设成效显现。天河区以制度创新为核心，建立负面清单投资管理制度，行政审批事项删减 37.6%；开展国际贸易"单一窗口"和"智检口岸"试点，启动关检"三互"（信息互换、监管互认、执法互助），海关通关时效提高 50% 以上，初步形成对接国际投资贸易规则的制度框架；组织世界华侨华人企业家南沙自贸区圆桌会等活动，开展全球招商，南沙区经济增速（13.3%）位居全市各区之首，新设立企业增长 320%，落户融资租赁企业累计达 108 家。

（2）国际航运中心建设步伐加快。天河区出台建设国际航运中心 3 年行动计划，设立广州航运交易有限公司，打造航运交易和金融平台，新增 15 条国际班轮航线、10 个内陆无水港或办事处。完善广州空港经济区管理体制，制定航空产业发展规划及 3 年行动计划，出台加快民航业发展的实施意见，国际贸易"单一窗口"在白云机场口岸上线试运行，飞机租赁业务取得突破性进展。

（3）双向开放全面推进。天河区加快引进境外资金和先进技术，2015 年全年新批外商直接投资企业 1 429 家，增长 23.7%。支持企业扩大对外投资，境外投资项目 309 个，协议投资总额 51.32 亿美元，分别增长 77.6% 和 58%。

（4）区域合作不断深化。积极推动泛珠区域合作上升为国家战略，深入实施珠江—西江经济带发展规划，启动广佛同城化合作示范区和广佛肇清云韶经济圈建设，广佛肇城际轨道等一批交通一体化项目取得积极进展。做好梅州、清远和湛江的对口帮扶工作，对口支援新疆疏附、西藏波密和贵州黔南等地区成效明显。

4.3.1.4　深化重点领域改革，营商环境不断优化

广州市天河区出台实施建设市场化、法治化、国际化营商环境 3 年行动方案，以改革激发活力和动力，城市软实力进一步提升。

（1）加快行政审批制度改革。动态调整 31 项行政审批备案事项，天河区全部取消非行政许可审批事项，完成政府部门权责清单公布。建成全市"一窗式"综合受理审批系统，已有 97.9% 的市级行政审批事项和 99.6% 的社会服务事项可网上办理。

（2）推进商事登记制度改革。天河区压减了新企业注册登记前置审批事项，精简率达 89%。全面实施"三证合一、一照一码"，登记审批时限由 20 个工作日缩短至 3 个工作日。全市新登记注册市场主体增长 14.9%。

（3）深化财政和国资国企改革。天河区出台全面深化财政体制改革总体方案，制定政府性债务管理办法和财政投资评审监督管理办法。落实国家各项税收改革和减免政策，推进"营改增"试点，为企业减轻税收负担约 450 亿元。天河区出台全面深化国资国企改革的意见及配套政策，筹建国有资本运营公司，完善公司法人治理结构，推动 6 家上市企业"二次混改"。

（4）推动价格和收费领域改革。天河区建立健全管道天然气居民生活用气阶梯价格制度。实施涉企收费目录清单管理，全面停征堤围防护费，取消或停征纺织品原产地证明书费等 13 项收费，对小微企业免征土地登记费等 42 项收费，为企业减负约 45 亿元。

（5）加强农村产权制度改革。天河区出台农村土地承包经营权确权登记颁证实施方案，全市农村集体土地所有权、宅基地使用权和集体建设用地使用权确权登记发证率达 99.6% 以上。

（6）实施公务用车制度改革。天河区完成全市参改车辆的封存停驶工作，普通公务出行主要通过市场化、社会化的交通方式给予保障。

4.3.1.5 加强城市规划建设管理，生态宜居环境持续改善

广州市天河区突出规划引领，加强城市基础设施建设，提高城市管理精细化、品质化水平，营造干净整洁、平安有序的城市环境。着力改善生态环境，圆满完成"十二五"时期节能减排目标任务。

（1）城市规划建设管理水平不断提升。稳步推进"多规合一"，实现国土、规划和经济空间在"一张图"上的协调统一。加快交通基础设施建设，南沙港区三期主体工程基本完工，南沙港铁路开工建设，白云机场第三跑道建成启用，广深 III、IV 线改造工程等城际轨道项目加快建设，大广等高速公路项目顺利推进，高速公路通车里程达到 972 公里，11 条地铁新线加快建设，洲头咀隧道、金沙洲大桥拓宽等项目建成通车，优化调整及新开 72 条公交线路，入选国家首批综合运输服务示范城市。天河区出台城市更新"1＋3"政策，成片连片推进金沙洲等 9 大片区更新改造。开展环境卫生专项清洁行动，完成 37 条城中村安全隐患整治验收，"水浸街"问题得到缓解，石井、登峰等区域整治成效明显。加强食品、药品安全监管。推进"五个一"（一格管理、一窗服务、一网办事、一号接通、一卡通行）社会治理政府公共服务模

式建设。加快创建幸福社区，建成 66 个街（镇）级社区网格化服务管理中心，幸福社区比例达到 50%。开展流浪乞讨人员救助管理工作，救助量近 4 万人次。

（2）生态环境建设扎实推进。加强生态工程建设和水环境、大气环境治理，完成 19 台燃煤机组超洁净排放改造，完成 282 台高污染燃料锅炉整治，淘汰黄标车 10.1 万辆。天河区建成生态景观林带 124.6 公里、绿道 300 公里、森林公园 14 个、湿地公园 7 个。城镇污水处理率达 92.5%。2015 年全年环境空气质量达标天数的比例为 85.5%，同比提高 8 个百分点，PM2.5 平均浓度同比下降 20.4%。天河区顺利完成年度和"十二五"节能减排目标，突出抓好垃圾处理，成功创建全国首批生活垃圾分类示范城市，全市实行"定时定点"分类投放模式的社区达到 781 个，第三、第四、第五、第六、第七资源热力电厂开工建设，兴丰填埋场七区工程投入运营。

4.3.1.6 加快发展社会事业，民生福利水平进一步提升

广州市出台《2015—2016 年市本级社会民生基础设施建设项目实施计划》，着力增加公共服务供给，十件民生实事全部完成，民生福祉持续改善。

（1）文教体卫事业取得新进展。全市精心筹办中国戏剧梅花奖、中国音乐金钟奖等品牌文化活动，广州美术馆、南汉二陵博物馆等一批文化设施项目开工建设。推动教育协调发展，全市 7 个区成功创建为广东省推进教育现代化先进区，广州医科大学、广州大学纳入首批广东省高水平大学建设计划，广州教育城建设加快推进。广州少年儿童图书馆新馆和 13 个儿童公园建成开放。建成 34 个小型足球场，成功举办广州马拉松等 200 多项体育赛事。88% 的社区卫生服务中心和 81% 的镇卫生院开展家庭医生式服务。

（2）社会保障水平不断提高。天河区人均基本公共卫生服务经费

标准提高到 50 元，增长了 25%，企业离退休职工养老金提高 8.8%，达 3 200 元/月。在城镇低保标准 600 元/月、农村低保标准 577 元/月的基础上，将城乡低保标准统一提高到 650 元/月。五保平均供养标准提高 24%，达到 1 608 元/月。五险参保人数全年新增 214.5 万人次，新建日间托老机构 50 个，实现所有街镇全覆盖。筹集保障性住房（含住房租赁补贴）1.7 万套，超额完成年度任务（1.55 万套）。

（3）就业和物价保持稳定。天河区出台做好新形势下就业创业工作的实施意见，2015 年全年扶持创业 2.67 万人，创业带动就业 14.4 万人。举办零距离招聘会 335 场，提供公益性岗位 4.04 万个，全年新增就业 27.47 万人，城镇登记失业率 2.2%。充分就业带动收入增长，预计 2015 年全年城市和农村常住居民人均可支配收入分别达到 46 606 元和 19 323 元，增长 8.5% 和 9.4%。物价总体平稳，全年城市居民消费价格指数（CPI）上涨 1.7%，发放临时价格补贴 2 258 万元，惠及低收入群体 41 万人次。

4.3.2 "十三五"时期的主要目标和任务

"十三五"时期是我国全面建成小康社会的关键时期，从国际国内层面看，世界经济在深度调整中低位徘徊，影响发展的不稳定和不确定因素增多。我国经济发展处于"三期叠加"阶段，经济增长新旧动能正在转换中，经济下行的压力依然较大，但经济发展长期向好的基本面没有改变，特别是国家着力加强供给侧结构性改革，大力实施创新驱动发展、全面深化改革、"一带一路"和"互联网＋"等重大战略，为经济发展注入了新动力，这一良好的发展基础必将推动我国城市发展迈向现代化建设的新阶段。从广州市发展层面来看，广州市以"三中心一体系"① 和国家创新中心城市为导向，着力建设"三大战略枢纽"②，

① 三中心一体系：国际航运中心、国际物流中心、国际贸易中心和现代金融服务体系。
② 三大战略枢纽：国际航运枢纽、国际航空枢纽和国际科技创新枢纽。

优化提升"一江两岸三带"，打造"黄金三角区"，① 将成为经济发展新的动力源和增长极。天河区作为广州市国家中心城市的核心区，在广州建设"三大战略枢纽"中占据重要位置，又拥有"黄金三角区"两个重要支撑，科技创新的人才、技术、资本等要素集聚，产业和市场等优势明显，投资贸易和生活服务便利化水平不断提升，为广州市天河区的持续发展提供了有力支撑。因此，"十三五"时期，广州市天河区仍处于大有作为的重要战略机遇期。

"十三五"时期，天河区总体的工作要求是：全面贯彻党的十八大、十八届三中、四中、五中全会精神，深入学习贯彻习近平总书记系列重要讲话精神，以"四个全面"（全面建成小康社会、全面深化改革、全面依法治国、全面从严治党）战略布局为统揽，牢固树立创新、协调、绿色、开放、共享的发展理念，主动适应和引领经济发展新常态，在广州建设"三中心一体系"、"三大战略枢纽"和"一江两岸三带"中寻找动力，充分发挥"黄金三角区"的支撑作用，以深化改革释放发展活力，以创新驱动增强内生动力，打造"干净整洁、平安有序"的环境，提升城区品位，增进民生福祉，建设现代服务核心区、创新创意引领区、生态宜居样板区、幸福共享示范区，推动国家中心城市核心区建设全面上水平，各项事业发展走在前列，努力成为广州市经济社会发展的排头兵和领军者。

今后 5 年，广州市天河区经济社会发展的主要目标是：经济保持中高速增长，到 2020 年 GDP 达到 5 000 亿元左右，城市居民人均可支配收入与经济发展同步增长，力争 2017 年提前实现全区 GDP 和城市居民人均收入比 2010 年翻一番。

---

① 一江两岸三带：珠江两岸的经济带、创新带和景观带。黄金三角区：重点推进琶洲互联网创新集聚区、广州国际金融城、珠江新城融合发展，构成广州中心城区集聚高端要素的"黄金三角区"。

实现上述目标,必须重点抓好以下四项工作。

4.3.2.1 着力打造现代服务核心区

以集聚总部经济和价值链高端环节为目的,构建"4 + X"现代服务业集群。这一构想是:到 2020 年,天河区现代服务业增加值占GDP 的比重达到 75%。经过多年的发展,金融业、新一代信息技术、现代商贸业和商务服务业四大主导产业已成为支撑天河区经济发展的重要引擎;同时,新一轮的科技革命和产业变革正在孕育突破,大量新兴产业和新兴业态蓄势待发,因此,天河区政府提出要大力发展文化创意、生物工程、健康服务、新能源与节能环保、跨境电子商务、总集成总承包、融资租赁、智能装备和机器人研发设计等"X"个新兴产业和新兴业态,这个"X"既代表"新",也代表未知数,意味着天河区将以更加开放的态度积极迎接更多的发展机遇。天河区将抓住广州市建设"三大战略枢纽"和推进"黄金三角区"融合发展的机遇,推动形成天河中央商务区和天河智慧城"双城驱动"、科技创新带和文化创意带"双带联动"的产业布局,高水平打造"一江两岸三带"天河段,营造市场化、国际化、法治化的营商环境,打造现代服务业发展高地。

4.3.2.2 着力打造创新创意引领区

大力实施创新驱动发展战略,打造广州建设国家创新中心城市的核心节点。推动以天河北为起点,经石牌、五山高教区向东北延伸至天河科技园,形成科技创新带,加快发展新一代信息技术等科技产业。推动以国际金融城为起点,沿科韵路南段向东北延伸至奥体片区,形成文化创意带,重点发展影视创作、网游动漫、网络音乐和广告传媒等创意产业。

4.3.2.3　着力打造生态宜居样板区

天河区坚持区域协调发展，运用好"多规融合"① 决策支持平台，统筹城区规划建设。加快推进以道路为重点的城市基础设施建设，构建"八纵九横"② 快速主干路网。推动"海绵城市"③ 建设、绿化升级、河涌截污和"城中村"改造，推广光伏发电等新能源利用。深入推进"干净整洁、平安有序"的城区环境整治工作，提升城市管理标准化、精细化和品质化水平。

4.3.2.4　着力打造幸福共享示范区

天河区完善社会保障网络，进一步加强对残疾人、"三无"老人（无劳动能力、无生活来源、无赡养人，或者其赡养人确无赡养能力的 60 周岁及以上老年人）、低保、低收入等困难群体的生活和就业帮扶，筑牢民生保障底线。持续加大对教育、卫生、文化等各项社会事业的投入，构建均衡优质的教育体系，提升公共医疗卫生服务能力，推动公共服务均等化，使群众在共建共享发展中有更多获得感。

---

① 多规融合是指在"三规合一"的基础上，促进环保、文化、教育、体育、卫生、绿化、交通、环卫等专业规划的相互协调和融合，实现同一城市空间实体的多专业规划协调统一，实现城市空间功能布局优化和各行各业持续协调发展。

② 八纵九横是指横跨天河区境内的主干道路网。"八纵"自西向东为：广州大道、猎德大道系统、华南快速干线、科韵路、车陂路、大观路、黄村大道—汇彩路、科珠路—珠吉路等南北走向的主干道；"九横"自南往北为：临江大道、花城大道及其东延线、黄埔大道、中山大道、广园路、北环高速、华观路—云溪路、广汕路、华快三期—凤凰山隧道等东西走向的主干道。

③ 海绵城市能够像海绵一样，在适应环境变化和应对雨水带来的自然灾害等方面具有良好的"弹性"，下雨时吸水、蓄水、渗水、净水，需要时将蓄存的水"释放"并加以利用。国际通用术语为"低影响开发雨水系统"。

4.4 深圳市福田区发展建设整体状况分析

4.4.1 2015 年发展建设主要成绩

4.4.1.1 经济产业发展朝着集聚化、高端化迈进

"十二五"期间,深圳市福田区经济建设大步跨越发展,实现地区生产总值年均增长 9.0% 以上,一年一个台阶,依次跨越了五个"千亿元"台阶。2015 年,税收总额超"千亿元"(1 111.00 亿元),金融业实现增加值超"千亿元"(1 109.49 亿元)。产业结构持续优化,第三产业增加值占地区生产总值的比重由 2010 年的 89.54% 提高到93.36%。辖区聚集了全市 70% 以上的持牌金融总部机构、50% 以上的创投机构、70% 的物流总部和 60% 的安防企业总部。中物功能材料研究院、万泽中南研究院等一大批国际化、国家级公共技术和服务平台落户福田。

4.4.1.2 公共服务保障朝着体系化、精准化迈进

"十二五"期间,深圳市福田区社会事业和民生福利累计投入 379亿元,民生支出占一般公共预算的比重逐年增加,从 2010 年的 65% 增加到 2015 年的 78%。新建学校 3 所,改扩建学校 21 所,新增学位11 865 个。创建 90 所普惠制幼儿园,惠及幼儿新生 3 万名。推进区人民医院、中医院后期项目,新增社会办医疗机构 146 个,新建公共图书馆 40 所。建成 90 家社区服务中心、20 家老年人日间照料中心,实现10 个街道全覆盖。建成保障房 10 499 套,人才迷你公寓 217 套。建成深圳社会组织总部基地(福田),全区正式登记注册的社会组织达 559家。食品、药品安全形势总体良好,未发生较大及以上级别食品、药品

安全事故。全区 95 个社区全部达到广东省创建"充分就业社区"的标准，在全市率先建成"充分就业城区"。建立"开门办民生"体系，实现民生实事办理市民群众全过程参与。首创民生微实事动态办理模式，办好群众身边的急事、难事，被市委市政府升格为"小康惠民工程"向全市推广。

4.4.1.3 城区综合环境朝着品质化、国际化迈进

"十二五"期间，深圳市福田区实现了百园之区的建设目标，新建改建公园 27 个，辖区公园总数达 109 个。建成绿道 142 公里，辖区绿道总里程达 147 公里。建成新能源汽车充电站 25 座，占全市的 20%。黄土复绿率 100%，垃圾密闭率 100%，被环保部授予"国家生态区"称号，成为全国第一个获此殊荣的中心城区。实施国际化先导城区建设行动，推进东海等 10 个国际化示范街（区）建设，与法国伊西莱·莫利诺市和日本长野县饭山市结交国际友城，"福田之友"外籍志愿者累计达 350 人，被世界卫生组织命名为华南地区首个整区建制的"国际安全社区"。深交所迁回福田，平安国际金融大厦封顶，广深港客运专线福田段、亚洲最大地下火车站福田综合交通枢纽顺利通车，福田作为深圳中心城区的地位更加巩固。

4.4.1.4 改革创新工作朝着制度化、惠民化迈进

"十二五"期间，深圳市福田区在全面深化改革方面取得了重大突破。在广东省区级政府中率先公布完整的区级和街道权责清单，首创便民服务"四零清单"（零时限、零收费、零距离、零材料），被确定为全国行政许可权相对集中试点区。推行行政执法系列改革，限制行政处罚自由裁量权，全面公开行政处罚结果，构建行政执法监督体系，依法行政能力进一步提升。成功创办明德实验学校，推动成立红岭教育集团，建设广州中医药大学深圳医院。人民调解"福田模式"获国家司

法部认定并已在全省推广。辖区 15 家股份合作公司逐步转型发展，纳入全市规范监管改革试点。"十大文化功能区"建设初具规模，文化议事会模式获得中宣部、文化部高度肯定，图书馆法人治理结构改革、数字文化馆建设成为全国试点。

4.4.1.5　坚持高端集聚，经济发展实现速度与质量双优化

（1）主要指标圆满完成。经初步核算，福田区实现地区生产总值 3 256.24 亿元，总量首超 3 000 亿元，同比增长 9.0%，比原计划（8.5%）提高了 0.5 个百分点，人均 GDP 超过 23 万元。完成固定资产投资 235.38 亿元，总量创近年来新高，增长 29.9%，超过市里对全区下达计划（17%）12.9 个百分点。实现社会消费品零售总额 1 533.38 亿元，增长 0.8%，总量继续居全市各区之首。实现进出口总额 1 186.55 亿美元，绝对值排名全市各区第一。实现税收总额 1 111.00 亿元，增长 38.9%。完成一般公共预算收入 142.47 亿元，增长 18.6%。完成一般公共预算支出 155.45 亿元，增长 23.7%。

（2）经济质量稳步提升。福田区第三产业实现增加值 3 039.99 亿元，占地区生产总值的比重达 93.36%。其中，现代服务业实现增加值 2 276.48 亿元，增长 10.7%。实现规模以上工业企业增加值 175.44 亿元，同口径增长 8.0%，第二产业呈现企稳向好的发展态势。金融业实现增加值 1 109.49 亿元，增长 13.2%，占地区生产总值的比重达到 34.1%，对辖区经济增长的贡献率达到 48.0%。总部经济、专业服务业、高新技术产业和文化产业持续发展壮大，成为抵御经济风险、拉动经济增长的强劲动力。

2015 年，深圳市福田区继续引领集约化发展，进一步确立中心城区的质量标杆。地区生产总值地均集约度达 41.40 亿元/公里^2，是全市平均水平的 5 倍。万元地区生产总值建设用地 1.74 平方米，下降 8.3%，是全市平均水平的一半。万元地区生产总值能耗、电耗和水耗等各项资源消耗均大大低于全市平均水平。

（3）产业空间布局优化。福田保税区被确定为深圳市重点开发片区，金沙片区开发全面启动，新一代信息技术产业园等重大项目进展顺利。城市更新实现投资 101 亿元，新增产业空间面积 127 万平方米，圆满完成了"空间拓展及城市更新双百计划"。全力推进滨河时代、岗厦河园片区等 71 个城市更新项目，在建项目总施工面积达 293 万平方米，城市更新项目实施率达 32%。深圳国际创新中心全面投入运营，入驻企业达 43 家。福田国际电子商务产业园、华强云产业园、益田创新科技园、保税区基地和八卦岭基 5 家科技园区发展壮大，进驻科技创新型企业 456 家。认定并扶持深圳创意保税园、中芬设计园等区级文化创意产业园区 9 家，深圳文化创意园成为全市首个纳税超亿元的文化创意产业园区。打造华强北国际创客中心、赛格创客中心和深圳开放创新实验室等一批创客载体。

（4）企业服务力度加大。向辖区企业发放产业扶持资金 2.7 亿元，配售企业人才住房 704 套，在保税区、国际创新中心建立大食堂，解决了园区 2 万余人的就餐难题。扎实开展挂点服务企业工作，重点服务企业 1 065 家。完善行业协会支持机制，组织行业协会座谈 40 场。建成"点线世界"专业化服务交易中心。与深交所协作举办企业上市改制论坛，助推企业上市融资。召开全区招商引资大会，加大政策激励力度，努力推动存量优化、增量优质。加大信贷和创投支持力度，福田引导基金投资有限公司已正式挂牌运作。

4.4.1.6 坚持民生至上，公共服务实现基础与品牌双提升

（1）重点抓好五个方面的民生工作。教育方面，福田区千方百计挖掘潜力，解决学位缺口 4 500 多个，完成 6 所学校改扩建，新增 10 所普惠制幼儿园，向辖区高中学生发放学位补贴，高分通过国家"义务教育发展基本均衡区"督导评估。医疗方面，大力推动区人民医院、

中医院和第二人民医院后期建设，辖区 102 家医院、社康和社会医疗机构联合组建成为全国成员单位数量最多的医疗联合体，建设区医疗质控中心，获评亚洲医院管理创新类"卓越奖"，为全省首获此项殊荣的唯一行政区。养老方面，新增养老床位 258 张，总数突破 1 000 张，打造"医养结合"新型社区养老服务模式。就业方面，引进各类人才 3 981 人，其中国际人才 9 人。开发就业岗位 3.94 万个，帮助 4 158 名失业人员再就业，户籍居民登记失业率控制在 2% 以内。公共停车位方面，建成区妇幼保健院等 2 个机械式立体停车库，新增公共停车位 362 个。

（2）民生实事、微实事成为福田区民生品牌。2015 年，福田区继续深化"开门办民生"的工作理念，除区第二人民医院住院部大楼因设计原因暂缓建设外，其他 19 项民生实事如期完成。民生实事开门征选、办理过程全面接受党代表、人大代表、政协委员和市民群众的监督，办理结果接受人大票评。这一系列举措有力地保障了民生实事的质量，极大地促进了"开门办民生"工作理念的提升。2015 年的民生微实事，区财政投入 5 100 多万元，吸引社会投资 1 530 多万元，办理便民项目 1 018 个，取得了实实在在的惠民成果。

（3）各项民生保障工作全面推进。大力解决公共服务事业用房困难，投入近 4 亿元购置社区党群服务中心、社康中心等物业项目 9 个，总面积 1 万多平方米。2015 年全年向辖区困难群众发放社会救助金 1 213 万元，向残疾人发放生活和就业补贴 4 729 万元。建成保障性住房 3 300 套，发放困难家庭和人才安居等住房补贴共计 1 759 多万元。福田安排 1 亿元专项资金，加快推进市委交办的精准帮扶新疆塔县脱贫工作，与广东和平、贵州赫章等对口扶贫工作顺利推进。

4.4.1.7 坚持品质升级，城区环境实现硬件与软件双加强

（1）生态建设进展较快。红树林生态公园顺利开园，"紫薇花开"等 4 座主题社区公园如期建成，香蜜公园、安托山博物公园和梅坳片区

绿色生态提升工程加快推进。

（2）城区面貌提升改善。创新实施道路综合环境"路长制"，建立市容环境常态化巡查制度。对新洲、下梅林两个城中村和八卦岭宿舍区等 11 个老旧住宅区进行综合环境提升。立案查处规划土地监察案件 480 宗，拆除违法建筑 3.78 万平方米，清理违法用地 0.9 万平方米。福田的生活垃圾收运密闭化处理和犬只管理经验在全市得到推广。

（3）文化品牌效应凸显。成功举办莲花山草地音乐节、郎朗国际钢琴艺术节和海峡两岸民族美食文化节等文化体育交流活动。福田籍运动员刘虹在北京田径世锦赛女子 20 公里竞走比赛中斩获金牌，为国家、更为福田争得了荣誉。

（4）法治建设取得进步。创设法制专员制度，设立行政复议和规范性文件审查委员会，引进第三方力量参与规范性文件的制定和行政复议案件审理工作。创设"访前法律工作室"，疏导来访事项 1 182 宗，被列为全省建立涉法涉诉信访事项退出普通信访领域后续衔接机制工作试点之一。设立全市首家公共法律服务中心，"一社区一法律顾问"项目在全省推广。

（5）社会治理不断完善。在全省率先出台《福田区社区公共服务清单》。"强核多元"社区治理的架构初步形成，社会组织综合服务体系得到进一步充实，2015 年全年通过社会建设专项资金资助社会组织服务项目 195 个，共计 2 693.68 万元。居住人员自主申报系统和楼宇房屋管理系统在全市推广。

（6）城区安全得到加强。落实"党政齐抓、一岗双责"，重点治理危险化学品、地面坍塌、交通、消防、内涝等隐患，强化企业主体责任落实，辖区安全生产形势总体平稳。深化警务机制改革，建立以情报中心、科技护城墙等为载体的立体化治安防控体系。八类暴力犯罪案件占立案总数的 1.5%，创历史新低，也是全市最低。

4.4.2 "十三五"主要定位和目标的分析

福田区通过推进"四个高地"建设，全面提升中心城区的发展质量。

（1）努力打造现代金融高地。巩固提升福田作为深圳金融中心区和港深大都会国际金融中心重要组成部分的地位，构建以多层次资本市场为核心、创新活跃、空间集聚、业态丰富和功能完善的金融产业体系。力争到 2020 年，金融业增加值占地区生产总值的比重高于 33%，支柱产业地位进一步稳固。

（2）努力打造专业服务高地。继续发挥福田专业服务业水平高端、链条完整、行业集聚、创新力强等优势，进一步强化行业核心竞争力。力争到 2020 年，专业服务业增加值占 GDP 的比重高于 15%。

（3）努力打造人文智慧高地。突出"以人为本"的理念，高度重视市民需求与文化、科技的融合发展。着重促进智慧 + 绿色融合、智慧 + 创新融合，发展民生服务智慧应用，优化公共服务供给质量，加快建设生活优质、民生幸福城区。

（4）努力打造创新创业高地。持续构建有利于创新创业的制度和机制，打造发展理念、产业形态、科学技术及社会进步等全面创新的策源地以及大众创业的热土，让创新成为福田区发展的主动力。力争到 2020 年，取得专利数（5 年累计）超过 35 000 件，战略性新兴产业增加值占 GDP 的比重高于 25%，成为新的经济增长点。

到"十三五"期末，深圳市福田区将努力实现全区 GDP 达到 4 830 亿元左右，居民人均可支配收入超过 8 万元。区属学校义务教育学位新增 1.4 万个以上，总数超过 12 万个；区属医院病床位新增 1 000 张以上，总数超过 2 400 张；辖区养老机构床位数新增 2 000 张左右，总数超过 3 000 张。人均公园面积达到 8.9 平方米，慢行系统路网密度达到 3.4 公里/公里^2，城市水环境功能区水质达标率提高到 98% 以上，可吸入颗粒物 PM2.5 浓度控制在 28 微克/米^3 以内，建成生活富足、保障宽裕、生态良好的高质量全民小康社会。

4.5　天津市滨海新区发展建设整体状况分析

4.5.1　2015 年滨海新区发展建设主要成绩

"十二五"时期是天津市滨海新区发展历程中极不平凡的 5 年，5 年来，天津市滨海新区在天津市委、市政府和滨海新区区委的领导下，高举中国特色社会主义伟大旗帜，深入学习贯彻习近平总书记系列重要讲话精神，紧紧把握难得的历史机遇，全力打好开发开放攻坚战，基本完成"十二五"规划确定的主要目标任务。

天津市滨海新区围绕国家赋予的功能定位，坚定信心，勇于探索，合力攻坚，深入推进综合配套改革，加快转变经济增长方式，在重点领域和关键环节取得了一系列重大突破，对外开放门户功能显著增强，高水平现代制造业和研发转化基地初步形成，向北方国际航运中心和国际物流中心迈出了坚实步伐。特别是中国（天津）自由贸易试验区的设立运行，京津冀协同发展重大战略的全面推进，国家自主创新示范区的加快建设，双创特区的快速启动，"三步走"战略的积极实施，开创了全面加快发展的崭新局面，滨海新区发生了历史性重大变化。

4.5.1.1　坚持不懈推进转型升级，经济发展质量显著提高

（1）综合经济实力大幅提升。天津市滨海新区主动适应经济新常态，连续开展大项目、好项目攻坚，积极应对下行压力，经济保持快速发展的良好态势。地区生产总值年均增长 17.9%，是 2010 年的 1.9 倍；一般公共预算收入年均增长 22%，是 2010 年的 2.7 倍。5 年完成固定资产投资 2.5 万亿元，是"十一五"时期的 2.6 倍。

（2）工业发挥重要支撑作用。天津市滨海新区规模以上工业总产

值 1.55 万亿元，工业增加值年均增长 19.9%，占地区生产总值的
59.8%。建设 6 个国家新型工业化产业示范基地，形成 4 个千亿级龙头
产业。5 年累计实施重大工业项目 774 个，长城汽车二期、大众变速器
等 553 个项目竣工投产。

（3）自主创新能力显著增强。天津市滨海新区建成浙江大学滨海
产业技术研究院、军民融合创新研究院等高水平创新平台，市级以上研
发机构 410 家。累计实施 200 项自主创新重大项目，形成 123 项撒手锏
产品。天河一号、曙光星云等一批技术产品达到国际领先水平。科技型
中小企业达到 2.2 万家，小巨人企业 1 150 家，国家级高新技术企业
1 160 家。中国驰名商标 31 件，天津市名牌产品 161 个。

（4）现代服务业快速发展。天津市滨海新区实施重点服务业项目
635 个，第三产业增加值年均增长 15.1%。金融业发展势头强劲，融资
租赁、商业保理、股权基金等形成特色优势。总部企业超过 260 家，亿
元楼宇 12 座，规模文化企业达到 4 000 家，文化产业形成特色。方特
欢乐世界、于家堡商业街等一批项目竣工运营，高银 117、SM 滨海第
一城等项目顺利推进。港口货物吞吐量 5.4 亿吨，集装箱吞吐量 1 410
万标准箱。机场旅客吞吐量 1 400 万人次，货邮吞吐量 25 万吨。

（5）现代农业发展成效明显。天津滨海新区建成放心菜基地 21
个，设施种植面积达到 2 533.33 公顷。工厂化畜牧、水产养殖企业 216
家，市级农业产业化龙头企业 22 家，注册各类农业合作社 849 家，特
色农产品品牌 17 个。

4.5.1.2 坚持不懈推进功能区开发建设，产业聚集能力和支撑
作用显著提升

天津市滨海新区主要经济指标连续多年在国家级开发区中位列第
一，现代服务产业区功能不断完善，西区完成整体开发，南港工业区中
石化原油储备库等项目建成投产。保税区实现从单一功能区向综合开放

区域转型，建成空港商务园，空客二期成功签约，航空航天产业加速聚集。

天津市滨海新区生产总值年均增长 36.5%，国家自主创新示范区核心区建设全面推进，建成渤龙湖总部基地，未来科技城基础设施加快建设。东疆保税港区 10 平方公里整体封关运作，租赁产业规模和业务模式创新领跑全国，建成北方最大的国际邮轮母港，初步形成北方国际商品进口基地、高端航运物流基地和国家租赁业创新示范基地。中新生态城完成起步区建设，被批准为首个国家绿色发展示范区，动漫产业示范园、生态科技园和妈祖文化园等项目初具规模。临港经济区工业总产值是 2010 年的 20 倍，形成高端装备制造、粮油食品加工等四大主导产业，海洋经济和智能装备成为新的增长点，港产联动效应明显增强。中央商务区城市形象和服务功能显著提升，各类市场主体超过 1.4 万家，华夏人寿、金城银行和腾讯创业基地等一批优质项目落户运营，双创特区顺利挂牌，项目聚集和创新要素聚集实现历史性突破。

4.5.1.3 坚持不懈深化改革，扩大开放，内生动力和发展活力显著增强

天津市滨海新区完成两个综合配套改革三年行动计划，行政体制改革迈出重要步伐，建立了"行政区统领，功能区、街镇整合提升"的管理架构。创新审批模式，成立行政审批局，对审批事项实行集中统一管理，实现"一枚印章管审批"，封存的 109 枚印章被国家博物馆永久收藏。成立 18 个街镇综合执法大队，设立两级行政执法监督平台，实现"一支队伍管执法"。金融改革创新成效显著，聚集私募股权基金 800 家以上，融资租赁法人机构超过 1 300 家，成为非上市公司场外交易首批扩容试点。涉外经济改革进展顺利，开展期货保税交割、保税展示交易、意愿结汇、人民币跨境结算和国际船舶登记等业务创新和改革试点。推进国有企业战略性调整，组建 9 家企业集团。科技体制、土地管

理及社会治理等方面的改革取得重要进展。

天津滨海新区对内、对外开放持续扩大。自贸区取得良好开局，新增市场主体 1.2 万家。5 年实际利用外资 555 亿美元，利用内资 3 814 亿元，在新区投资的世界 500 强企业达到 140 家。境外投资快速增长，泰达苏伊士合作区建成使用。积极对接北京优质资源，2015 年来自北京的资金占内资到位额的 50%。率先实施"三个一"（一次申报，一次查验，一次放行）通关模式，实现京津冀通关一体化，内陆无水港达到 25 个。举办国际生态城市论坛暨博览会等 300 余场高端展会。对口支援工作取得显著成效。

4.5.1.4 坚持不懈抓好规划建设管理，城乡面貌和人居环境显著改善

坚持规划先行，全面提升分区规划、专项规划和重点区域规划，实现控制性详规和核心城区城市设计全覆盖。天津滨海新区 5 年累计投资 4 200 亿元，实施重点基础设施项目 320 项，综合交通体系进一步完善。完成天津港 30 万吨级航道一期、二期工程，滨海国际机场第二航站楼投入使用。建成于家堡高铁站、滨海站等一批重要交通枢纽，津秦客运专线、京津城际延伸线建成通车。新建扩建 5 条高速公路、2 条城市快速路和 5 条主干道路，海河隧道竣工通车，新建大修乡村公路 285 公里。实施 341 项重点节能工程，万元生产总值能耗下降 20%。高标准实施"美丽滨海·一号工程"，综合整治 185 条主干道路、10 片重点地区和 181 个居民小区，完成空气和水污染治理任务 684 项，综合治理河道 51 公里，淘汰黄标车 1.9 万辆，总量减排实现增减平衡。南水北调中线新区段通水。新建和提升绿化面积 2 000 万平方米，建成区绿化覆盖率达到 35.4%。南部地区空气异味综合治理取得阶段性成效，智慧滨海建设扎实推进，城市管理水平不断提高，成为国家卫生城区。

4.5.1.5 坚持不懈保障和改善民生，群众生活质量不断提高

天津市滨海新区坚持以民生为本，更加注重统筹协调，财政支出的 80% 以上用于民生领域，"十大民生工程" 60 个重点项目基本完成，城乡居民人均可支配收入年均实际增长 11.4% 和 11.9%。

就业和社会保障工作不断加强。天津市滨海新区累计增加就业 62.4 万人，城镇登记失业率稳定在 3.3% 以内。就业困难群体得到有效帮扶，转移农村富余劳动力 3.8 万人。连续举办优秀外来建设者评选活动，成为全国首家构建和谐劳动关系综合试验区。建立起覆盖城乡居民的大病和意外伤害保险制度，职工基本养老、基本医疗等保险覆盖率居全市领先水平。建立覆盖全区的社会救助体系，累计发放各类救助金 1.6 亿元。开工建设各类保障性住房 813 万平方米。

天津市滨海新区新建扩建中小学、幼儿园 184 所，全面完成义务教育学校现代化达标任务。积极引进优质教育资源，建成天津实验中学滨海学校、南开中学滨海生态城学校，天津科技大学整建制迁入新区。创新职业教育模式，成立 7 个职业教育联盟，被评为首批全国义务教育基本均衡发展区、全国 "两基" 工作先进区和全国社区教育实验区。建成天津医科大学空港医院、中新天津生态城医院、新区公共卫生服务中心和妇女儿童保健中心。引进京津 5 所优质卫生机构合作办医和 3 所高端民营医疗机构。第五中心医院升级为三级甲等综合医院，泰达医院建成三级医院。启动公立医院改革试点，建成 3 个全国示范社区卫生服务中心，基层医疗机构基本药品零差率销售实现全覆盖。

天津市滨海新区文化惠民工程扎实推进，建成 3 个国家一级文化馆、2 个国家一级图书馆、10 个国家一级文化站。举办天津滨海艺术节、国际观鸟文化节等品牌文化活动。建成 610 条全民健身路和 4 个示范性健身公园，成功协办第六届东亚运动会，被评为全国文化工作先进单位和群众体育工作先进单位。

天津市滨海新区新开公交线路 66 条，核心区公交覆盖率达到90%。新建 11 个街镇社区服务中心，建设改造 127 个社区服务站和 120个农村综合服务站。新区出入境服务大厅启动运营。建成 79 个老年日间照料服务中心，第一、第二老年养护院基本建成，大港老年大学投入使用。

4.5.1.6 坚持不懈推进职能转变，政府自身建设不断加强

天津市滨海新区扎实开展党的群众路线教育实践活动和"三严三实"专题教育，严格落实中央"八项规定"精神，坚决纠正"四风"问题，大兴为民清廉务实之风。认真执行区人大及常委会的决议，自觉接受监督，及时听取人大代表、政协委员的意见，各类建议、提案全部办复。深入开展"筑堤行动"，加大审计监察力度，反腐倡廉建设取得明显成效。健全政民零距离、区长热线、区长信箱等沟通平台，畅通群众诉求表达渠道。完善"五位一体"大调解机制，妥善处置突发事件和群体性事件。扎实推进平安滨海、法治滨海建设，"六五"普法成效显著，公共突发事件应急机制不断完善，构建了流动人口服务管理的滨海模式。精心组织帮扶困难村和联系社区工作，完成村（居）委员会换届。支持工会、共青团、妇联等群众组织开展工作。民族、宗教、侨务和对台工作取得新成绩。人防、人武、民兵预备役等工作积极开展，获得"全国双拥模范城"称号。

4.5.2 滨海新区"十三五"规划纲要的分析

"十三五"时期是天津市滨海新区率先全面建成高质量小康社会的决胜阶段，是实现新区功能定位和"三步走"战略目标的攻坚时期。天津市滨海新区以"四个全面"（全面建成小康社会，全面深化改革，全面依法治国，全面从严治党）战略布局为统领，按照市委、市政府和区委决策部署，围绕实现新区功能定位，统筹推进创新发展、协调发

展、绿色发展、开放发展、共享发展，坚定不移地实施"三步走"战略，落实"五大战略"举措，全面加强经济建设、政治建设、文化建设、社会建设和生态文明建设，全面打造经济社会发展升级版，率先全面建成高质量的小康社会，加快建设国际化创新型宜居生态新城区。

滨海新区"十三五"时期经济社会发展的主要目标是：按照天津市"一基地三区"的定位，围绕建设"经济发达之都、创新创业之都、绿色宜居之都、魅力人文之都、和谐幸福之都"的目标，充分发挥滨海新区的龙头带动作用，努力使各项工作走在全市前列。地区生产总值年均增长 10% 以上；一般公共预算收入年均增长 12% 以上；全社会固定资产投资 5 年累计 3 万亿元；城乡居民人均可支配收入年均增长 10% 以上。到 2020 年，基本实现国家赋予的功能定位，率先全面建成高质量的小康社会。

4.5.2.1 全面贯彻创新发展理念，构筑产业发展新体系

天津市滨海新区坚持把创新作为引领发展的第一动力，以科技创新引领提升产业能级和发展层级，率先实现增长动力转换。深入实施创新驱动战略，加快建设国家自主创新示范区和双创特区，实施科技小巨人升级版计划，建立京津协同创新体系，集聚创新型领军企业，打造具有国际影响力的产业创新中心。到 2020 年，科技型中小企业达到 3.5 万家，科技小巨人企业 1 800 家，高新技术企业 2 500 家。全面落实"中国制造 2025""互联网＋"行动计划，加快发展航空航天、新一代信息技术、新能源汽车、生物医药等战略性新兴产业，积极发展海洋工程装备、智能机器人、3D 打印设备等高端装备制造业，打造一批千亿级先进制造业集群。到 2020 年，先进制造业占工业总产值的比重达到 70%，突出发展科技服务、现代金融、现代物流和商务会展等生产性服务业，鼓励发展服务外包、电子商务和文化创意等新兴服务业。到 2020 年，服务业增加值占地区生产总值的比重达到

40%，金融业增加值比重达到 10%。

4.5.2.2 全面贯彻协调发展理念，拓展跨越发展新空间

天津市滨海新区坚持把协调作为持续、健康发展的内在要求，更加注重区域均衡、城乡一体和社会统筹，厚植发展优势。推进核心区与南北两翼协调发展，在全方位打造核心标志区的基础上，推动核心区资源向两翼辐射，增强两翼吸引力。优化功能区和街镇产业布局，推进产城互动融合发展，塑造更具核心竞争优势的五大产业板块格局。推进港城联动发展，加快构建国际一流枢纽海港、北方国际航运中心、区域门户枢纽机场和国际航空物流中心，到 2020 年，港口集装箱吞吐量达到 1 800 万标准箱，机场旅客吞吐量达到 2 500 万人次。完善港口集疏运体系，实施客货运输分离工程，化解港城矛盾。健全城乡一体化发展机制，深化"三区"联动发展，塑造精品高端都市农业，努力实现城乡要素配置均等化。推进法治建设与社会治理并重发展、精神文明与物质文明并行发展、安全保障与生产建设并举发展，全面增强发展的整体性、协调性和可持续性。

4.5.2.3 全面贯彻绿色发展理念，构建美丽滨海新格局

天津市滨海新区坚持把绿色发展作为永续发展的必要条件，推动形成绿色发展方式、生活方式和制度体系，共同建设宜居生态型新城区。加快发展清洁能源，完善能源保障体系。加强引滦、引黄、引江沿线水质保护，促进水资源循环利用，着力建设"海绵城市"。积极构建循环经济产业体系，创建国家循环经济示范城市。推动绿色低碳发展，实施大绿工程，高标准建设郊野公园、街心公园，建设好国家绿色发展示范区、中加低碳生态示范区、国家低碳工业园区和亚太经合组织低碳示范城镇。天津滨海新区实施生态修复工程，高标准整治海河下游两岸生态环境，加强湿地生态系统和海洋生态保护。完善铁路网络和公路交通体

系，加快建设轨道交通。推进智慧滨海建设和城市网格化管理，全面提升城市品质。

4.5.2.4 全面贯彻开放发展理念，增创改革开放新优势

坚持把开放作为繁荣发展的必由之路，充分发挥政策叠加优势，有效利用两个市场、两种资源，着力构建开放型经济新体制。天津市滨海新区加快建设自由贸易试验区，推进投资自由化、贸易便利化和金融国际化，建立与国际通行做法接轨的基本制度框架，努力建成国际一流的自由贸易园区。全面落实京津冀协同发展战略，加快推进交通一体化，积极承接非首都功能疏解，加强与河北合作，高水平建设天津滨海—中关村科技园、未来科技城京津合作示范区。

天津市滨海新区主动融入"一带一路"建设，面向全球组织资源要素搭建陆上合作平台和海上合作通道。面向跨国公司、央企、重点民企引进优质项目，5 年累计实际利用外资达到 900 亿美元、内资 8 000 亿元。积极开拓新兴市场，发展口岸贸易、离岸贸易和服务贸易，促进外贸转型升级，到 2020 年，天津市滨海新区外贸进出口总额达到 1 000 亿美元。进一步深化重点领域和关键环节改革，营造国际化、市场化和法治化的营商环境。

4.5.2.5 全面贯彻共享发展理念，实现民生改善新突破

天津市滨海新区坚持把增进人民福祉作为出发点和落脚点，提高公共服务共建能力和共享水平，让全区人民共享开发开放和改革发展成果。全面提升教育水平，促进教育公平，均衡教育资源，率先实现教育现代化。积极引进优质卫生资源，新建一批高水平医疗机构，提高全民健康水平。健全就业服务体系，促进创业带动就业，5 年累计新增就业60 万人。深化收入分配制度改革，多渠道增加城乡居民收入。落实全民参保计划，实现城乡居民基本医疗保险全覆盖。建立多层次养老服务

体系，完善城乡一体化社会救助体系，发展适度普惠、覆盖城乡的社会
福利事业。全面推进安全滨海建设，严格落实企业主体责任、部门监管
责任、政府属地责任，加强重点行业领域安全监管，持续开展危险化学
品企业安全治理，争创国家安全发展示范城市。

4.6 郑州市郑东新区 CBD 发展建设整体状况分析

4.6.1 发展背景

4.6.1.1 综合实力显著提升

"十二五"时期，郑东新区 CBD 生产总值快速增长，金融、高端商
务、总部经济和科技研发功能得到提升。2015 年，郑东新区 CBD 建成
区面积为 4.7 平方公里，主营业务收入 408 亿元，完成税收 102 亿元，
全年引进域外资金 45 亿元，完成服务业增加值 128 亿元，主要生产性
服务业增加值占增加值的比重为 98.6%，完成固定资产投资 30.1 亿元。

4.6.1.2 产业体系不断完善

"十二五"时期，郑东新区 CBD 以区域总部经济为特征、楼宇经济
为载体，以金融产业为龙头、高端商务为主导和会展服务产业等现代服
务业聚集发展的产业定位逐步明确。

（1）区域性金融中心建设进程不断加快，区域内有各类金融机构
193 家，目前区内已经涵盖银行、保险、证券、期货、财务公司、信托
公司、资产管理公司、要素市场和小贷公司等 10 余种金融商务产业
业态。

（2）高端商务服务、会展及文化等相关产业快速发展，引进商务
服务企业 455 家，包括戴德梁行、仲量联行等国际知名中介机构，涉及

会计、法律、咨询、设计等各个领域。上海合作组织政府首脑（总理）会议的成功举办极大地提升了郑东新区在国内外的知名度和影响力。累计入驻美盛、喜来登等高星级酒店 23 家，JW 万豪、永和铂爵等高星级酒店 13 家已投入运营；累计引进文化传媒项目近 100 家。

（3）高端商贸业集群发展较快，电商等互联网产业异军突起，累计入驻中钢网等电商企业 105 家，包括黑蜘蛛等上市企业 5 家。精品商场 G－Box 国际一线品牌 13 家进驻，入驻电商企业 49 家，累计入驻各类限额以上商贸企业（个体）111 家，年营业收入超亿元的商贸企业 50 家，超 10 亿元的商贸企业 12 家。CBD 商圈日趋繁荣，丹尼斯七天地、德国麦德龙等 9 家大型商业网点顺利运营，营业面积为 85.5 万平方米。

4.6.1.3 楼宇经济、总部经济快速发展

"十二五"期间，楼宇服务体系初步建立，制定出台了楼宇经济工作方案、考核办法和扶持政策，楼宇出租率达 72%，工商、税务双落地率达 82%。截至 2015 年 12 月，CBD 园区入驻企业和机构 1 0642 家，有 34 家世界 500 强、40 家国内 500 强落户发展，吸纳就业人员 8.01 万人，税收超亿元楼宇 18 栋。

4.6.1.4 项目持续推进、基础设施建设提速

"十二五"期间，建设完成并投入使用千玺广场、郑州国际会展中心等重点项目，成效显著。目前 CBD 现有商业综合体 5 处、68 栋商业楼宇总面积约 365 万平方米，新建（含改造）道路、供水、供电管网均达到 4.75 公里，为产业集聚提供了大体量高端发展空间，已经成为河南省高档写字楼最密集的区域。

基础设施投资 21.7 亿元，郑东新区 CBD 城市快速路、主干路和次干路等道路建设有条不紊，大型公共地下停车场建设、公共自行车网点

覆盖、微公交线路开设等工作部署顺利推进，基本路网和内部道路微循环业已形成，郑州东站建成通车。较为完善的基础设施和交通网络大大提高了 CBD 的通透性和便利性。

郑东新区 CBD 千玺广场、国际会展中心、河南艺术中心三大标志性建筑投入使用。千玺广场作为"中原第一高楼"，总建筑面积 24 万平方米，地上 60 层，总投资 22 亿元，已经成为河南省对外开放的重要窗口和中原经济区的商贸中心，北三环东延、综合管廊和湖心岛中心环路等一批重大基础设施加快建设，龙湖区域主干路网成型，龙湖金融中心内环 17 栋楼宇实现开工，6 栋金融楼宇实现封顶，7 个金融项目整栋签约。

4.6.1.5 生态文明、环境建设效果明显

5 年来，郑东新区新增道路通车里程 239 公里，新增绿地 1 550 万平方米、水域 800 万平方米，累计建成公共绿地面积达到 2 750 万平方米，水域面积达到 1 100 万平方米，建成区绿化率（含水面、小区绿化）达到 49.1%，人均绿地面积达到 33 平方米，一个具有国际水准的生态城市初步显现。提升园区景观环境，60 栋楼宇楼号指示灯照明系统维护优化，对商务区内环路段隔离带的绿化进行升级改造；建设绿色智慧交通系统，争做郑州市智慧交通建设先行示范区。

4.6.1.6 "双创"发展态势良好，科研创新高地初步形成

促进创业投资新型业态的发展，支持设立众筹咖啡等开放式、社交化创新和创投平台，多家创新创业企业在 CBD 运营，努力打造双创基地。园区入驻市级以上研发中心 77 家，引进院士 5 名、科技类企业 2 000 家。国家专利审查协作河南中心、国家技术转移郑州中心、国家质检中心郑州监测基地、国家互联网应急中心四大国家级平台集中入驻，为郑东新区 CBD 科技创新提供了强有力支撑。

4.6.1.7　对外影响力明显提升

借势经济全球化、中国经济推进中原经济区发展和"一带一路"战略，郑东新区 CBD 已经成为河南省乃至我国中西部地区的商务名片和中心交流窗口，也是跨国企业区域总部和金融机构入驻中原的首选之区。此外，郑东新区 CBD 与北京、上海、广州、天津等地 CBD 以及中国商务区联盟会员单位的交流合作日益深入，先后 7 次参加了北京 CBD 金融论坛、武汉中博会等具有影响力的大型活动，积极参加郑州国际会展中心、千玺广场等举办的国际展会论坛 13 场，中原 CBD 特色形象地位日益显著。

4.6.2　发展规划分析

4.6.2.1　总体思路

目前，郑东 CBD 正从初期阶段逐步进入中高级阶段，正处在从起步规划建设阶段进入快速集聚发展阶段的关键时期；郑东新区 CBD 应在近 3 年内充分抓住新形势下的发展机遇，瞄准国际前沿，以郑州国际商都建设、"一带一路"重要节点城市建设、自贸区建设等国家重大发展机遇为契机，坚持国际引领、高端聚集、联动发展、智慧先导、协同创新、绿色和谐的发展原则，通过总部经济和楼宇经济力推金融、高端商务等现代服务业发展，通过跨境电商贸易和国际化交流扩大国际影响，通过新型城镇化进程建设智慧城市中心区域，以创新性、全球化、国际化为特色，为建成在中国乃至亚太地区具有国际影响力的区域性金融功能区构筑基础，基本建成区域性国际金融城，形成产业高端、结构合理、环境优美、秩序优良、辐射中西部地区的高端商务功能集聚发展区。

4.6.2.2 发展定位

郑东新区 CBD 在立足于金融产业总部经济主承载区、企业上市挂牌集聚区、高端服务业集聚区、区域性会展中心和生产性服务业高地等高端商务集聚功能发展建设任务的基础上，聚焦"两个国际化"发展目标，培育提升高度集聚楼宇经济和总部经济两种形态，着力发展金融服务、高端商务、科技服务和会展服务业等重点产业，将郑东新区 CBD 打造成为服务郑州、面向中原、辐射中西部的区域性金融中心、总部经济中心、高端商务中心和综合会展中心的国际化中央商务区，并建成以郑东新区 CBD 国际金融城为主要支撑的国际化中央商务区、国际性经济发展增长极、和谐宜居的智慧城市。

4.6.2.3 总体目标

以"四二一一"为重点产业发展目标，着力提升"两个国际化"水平，基本建成与国际商都建设进程相协调、与国际市场贸易服务相对接、与居民社会需求相适应，总部经济国际化、楼宇经济高端化、金融业态创新化、电子结算国际化、要素流动全球化、文化会展交流常态化和区域环境智慧化的国际化区域性金融功能区和国际化中央商务区的雏形。

根据省定商务区考核指标、国内 CBD 发展指标等参照数据，在基本适应郑东新区 CBD 发展建设需求的基础上，提出 2016—2018 年期间郑东新区 CBD 要实现 3 个发展目标：

（1）经济总量与社会发展目标。到 2018 年，郑东 CBD 服务业增加值达到 174 亿元，年均增长 11% 以上，固定资产投资 35 亿元，税收收入达到 135 亿元，年均增长 10% 以上，服务业从业人员达到 11 万人（见表 4-2）。

表4-2 郑东新区CBD经济总量与社会发展三年计划

指标 \ 年度/目标	2016年目标	2017年目标	2018年目标
服务业增加值（亿元）	142	157	174
固定资产投资（亿元）	31	33	35
服务业从业人员（万人）	9	10	11
税收收入（亿元）	112	123	135

（2）产业集聚与商务环境建设目标。到2018年，郑东新区CBD主要生产性服务业增加值占增加值比重达到99.5%，实际利用域外资金53亿元，规模以上服务业企业270家，金融机构达到260家，租赁和商务服务业机构达到6 300家，税收过亿元楼宇24栋，跨境贸易企业1 200家（见表4-3）。

表4-3 郑东新区CBD产业集聚与商务环境发展三年计划

指标 \ 年度/目标	2016年目标	2017年目标	2018年目标
主要生产性服务业增加值占增加值比重（%）	98.6	99	99.5
实际利用域外资金（亿元）	47	50	53
规模以上服务业企业（家）	230	250	270
金融机构（家）	200	230	260
租赁和商务服务业机构（家）	5 000	5 700	6 300
税收过亿元楼宇（栋）	20	22	24
跨境贸易企业（家）	1 100	1 150	1 200

（3）文化活动与国际交流目标。基本形成创新开放、内容多元、活跃有序的文化活动与国际交流氛围。到2018年，国内500强企业达到49家，世界500强企业40家，国际文化交流活动每年15场，国际会展会议年举办8次以上（见表4-4）。

表 4 - 4　郑东新区 CBD 文化活动与国际交流发展三年计划

年度/目标 指标	2016 年 目标	2017 年 目标	2018 年 目标
国内 500 强企业（家）	43	46	49
世界 500 强企业（家）	36	38	40
国际文化交流活动（场）	10	12	15
国际会展会议年举办（次）	5	6	8

4.6.3　主要任务

4.6.3.1　国际化区域金融中心提升工程

（1）工作任务。引进培育金融机构，推动金融机构集聚；大力发展直接融资，完善多层次资本市场；做强郑州商品交易所，支持期货业发展壮大；大力发展科技金融、航空金融、贸易金融、普惠金融和绿色金融，积极发展互联网金融，助推金融开放；先试先行自贸区相关政策，积极推动自贸区申建工作，提高跨境投资便利化，创新中央商务区金融监管和金融安全，建设国际化区域金融中心。

（2）工作措施。

第一步，发展金融综合产业功能。

其一，建设中原金融大数据平台。引入金电联行等大数据金融服务商或社会征信机构，由政府与企业合作成立金融大数据公司，积极与省金融、信息管理部门沟通，争取整合工商、统计、税务、海关、交通及公安等网络数据；同时，利用 CBD 金融机构集聚优势，建立并完善互联网金融征信体系。建设大数据征信体系，为区内供应链金融、互联网金融企业提供信息服务，优化金融环境。

创建金融技术系统，创建全国金融数据中心，完善金融基础设施的建设。建立互联网金融风险管控技术系统，创造性地将集中在河南的互联网企业网络内的客户交易数据和海关与税务以及电力企业的外部数据进行整合处理，再利用信用评价模型计算出金融服务对象潜在的风险概率，从而搭建互联网金融风险管控技术系统，初步建设互联网金融基地。

其三，积极引进和培育各类金融机构，扩充金融产业实力。跟进和落实兴业银行、光大银行、浦发银行、太平洋保险、太平保险和安邦保险等金融机构在国际金融城的入驻；探索和联系天津金城、深圳微众、上海华瑞和温州民商等民营银行建立分行或办事处；加大外资金融机构的引进力度，与花旗、恒生、澳新、新韩、韩亚、大华、星展等银行沟通联系，推进外资银行、金融机构入驻设立分支或办事处、联络处。

围绕银行业务链，吸引与入驻郑东新区 CBD 银行业务相关联的建信、中银、广发、招商等基金公司设立专业子公司、事业部等机构；积极引进华夏、天弘、工银瑞信管理基金公司；大力争取全国性保险投资基金管理公司落户 CBD，提升汇集资源、配置资源和辐射服务能力；改善营商环境，逐步引导国内银行省级总部向中央商务区集聚。

其四，加强本地法人保险公司建设，建设综合金融集团。加强本地法人保险公司建设，积极促进中原证券筹建河南法人寿险公司，积极对接大型集团与企业，加快组建人寿保险公司、财产保险公司等法人保险机构并落户郑东新区 CBD，为区域和周边地区的居民及企业提供完善的人寿和财产保险服务。

积极建议河南省投资集团、中原证券或相关资金管理机构探索参股、成立基金管理公司或取得公募资格，打通金融行业上下游资金通道，完成金融控股集团的布局。

支持中原银行、中原农业保险公司、郑州银行、百瑞信托公司、万达期货公司和中原期货公司等金融机构加快发展，推动中原信托公司增资扩股。推动发起设立金融租赁公司、财务公司，支持加快设立消费金融公司，并积极推进符合条件的法人金融机构上市或挂牌，利用境内外多层次资本市场融资。

第二步，完善金融服务产业功能。

其一，提升 CBD 金融期货市场影响力。加快优势畜禽肉类和大宗资源性、战略性期货产品的研发和上市，加大已上市品种推广力度和特定产品对外开放力度，力争每年上市 2～3 个新品种，到 2018 年，交易量达到 16 亿手，交易额达到 45 万亿元。支持郑州商品交易所拓展交割库点布局，并在特定区域内试点开展保税交割业务。

发挥郑州商品交易所的龙头作用，支持期货业发展壮大。支持境外厂商和机构投资者进入郑州商品期货市场，或与本地金融机构成立合资期货公司。支持中原银行、郑州银行通过收购等方式建立期货公司，鼓励符合条件的机构投资者参股期货公司。支持万达期货公司、中原期货公司等证券期货经营机构探索开展期货创新业务。

鼓励与芝加哥商业交易所（CME 集团）、俄罗斯期货交易所（FORTS）、巴西证券期货交易所和印度多种商品交易所（MCX）联合，参与全球粮食、糖、棉花等大宗期货交易，争取国际定价话语权。

其二，丰富完善要素市场，创新发展交易业务。结合河南在大宗商品、电子信息产品等项目上的产销优势，建立各类商品的交易市场，如钢铁、农资大宗现货交易市场、贵金融、电子零（组）件、原料药和矿产品交易所等。在权益市场方面，积极申请开展碳排放权交易试点，着力建设知识产权交易平台，探索开展集体林权、土地承包经营流转等各类产权（经营权）交易，争取设立环境能源交易所。

加强与沪深交易所、"新三板"深度合作；支持设立金融资产交易中心和股权众筹交易服务平台；加强与全国性交易市场的交流合作，逐步形成要素市场富集区。

其三，发展特色金融，创新金融体系服务业态。紧跟国际商都建设和"一路一带"战略进程，推进贸易金融快速发展。以中原银行等中原系金融机构为核心，推动银行、交易所等金融机构拓展贸易金融业务。推动建立全球化贸易客户关系管理平台，建立全球统一的客户信息平台，实现全球客户信息在平台内部的集中共享。

加大金融对循环经济、企业转型和生态环保等生态金融发展的支持力度，积极引导金融机构创新绿色金融产品和服务模式，探索发行绿色金融债券。

争取推动成立上合开发组织银行并落户郑东新区 CBD；支持上级有关部门的工作，积极申建上合开发银行，参与起草《申请成立上合组织开发银行的建议》；推进上合成员国经贸的互联互通和深入合作，对基础设施、支柱产业的实业投融资、贷款、股本投资等多种形式的金融功能提供支持。

第三步，提升金融核心产业功能。

其一，大力发展供应链金融。鼓励供应链核心企业与金融机构合作开展业务，支持以供应链核心企业及与其有紧密股权及业务联系的财务公司、融资租赁公司、保理公司及商业银行通过相互参股的股权交叉或互派董事的人事交叉形成金融生态圈，促进供应链金融业务的开展。

鼓励大型航空企业与金融机构联合成立金融租赁及融资租赁公司，探索开展大型设备、飞机等融资租赁业务，积极争取国家相关部委的支持，复制中国（上海）自由贸易试验区的保税融资租赁政策，开展保税融资租赁业务。

在省、市支持下，郑东新区、郑东新区 CBD 申请开展商业保理试点，鼓励大型集团或企业在 CBD 设立商业保理公司。

守住不发生系统性和区域性金融风险的底线，积极发展互联网金融，发展普惠金融和服务实体经济。争取到 2018 年年末，入驻郑东新区 CBD 第三方支付公司 2～3 家，初步形成集第三方支付、P2P、众筹等多种业态的金融创新集聚。

其二，发展直接融资渠道。加快发展投资基金，围绕河南重要产业集群，积极吸引产业投资基金。针对河南优势产业项目（通信手持机、基本乘用车、大型拖拉机、高端机床、家电制造和农副产品加工等），引入和设立一批企业重组投资基金和基础设施信托基金等，积极支持企业在生产技术更新、高端产品研发和国际市场开拓等方面的资金需要。同时，集聚品牌投资企业和基金管理人，吸引培育创业投资、产业投资和私募投资基金管理队伍。

鼓励在郑东新区 CBD 设立创业投资引导基金，吸引社会各类资金参与创业投资、天使投资，探索建立早期创投奖励和风险补偿机制。聚集产业引导基金和并购基金，推进重点产业转型升级和产业整合。

积极培育企业挂牌上市。成立专门工作小组，联合专业公司，在辖区内筛选一批有条件的企业，采取具体措施动员和辅导企业上市。制定和实施优惠政策，如申请上市经费补贴等，通过辅导期、预备期和申请期，促进一批具有产业特色、有较大影响力的企业到主板、中小板、创业板、新三板和地方股转系统等市场上市挂牌，使 CBD 区域金融实力有效增长。

4.6.3.2 高端商务服务培育集聚工程

（1）工作任务。按照国际标准培育高端服务业，确保短板补足和瓶颈突破，基本形成行业门类齐全、专业结构优化、机构集聚发展、综合竞争力强、市场环境规范有序的商务服务产业体系，逐步将郑东新区 CBD 打造成为立足中原、辐射西北部以至全国的区域性、国际化高端商务集聚区。

（2）工作措施。

第一步，集聚发展基础商务功能。

其一，吸引集聚商务高端服务业。到 2018 年，力争每年引进 10 家左右国内外知名商务知识密集型服务机构，培育扶持骨干机构进入省内十强或全国行业百强，18 家以上机构获市级及以上服务名牌或著名商标。积极引进目标机构，加快国际房地产咨询"五大行"其他 4 家尽快在郑东新区 CBD 设立分支机构，普华、德勤、安永、毕马威全球四大会计师事务所入驻 2 家以上，瑞华、立信、天健等国内八大会计师事务所入驻 3 家以上，益普索、零点、慧聪等市场调研公司入驻 3 家以上，北大纵横、上海基业昶青等管理咨询公司入驻 3 家以上，大成、中银、国浩等律师事务所入驻 3 家以上，中联、天健、银信等资产评估公司入驻 4 家以上，合益、翰威特、美世等人力资源公司入驻 3 家以上。通过引进会计、律师、咨询、企业管理、资产评估、市场调研和人力资源等商务机构集聚发展，形成高端商务服务集聚区；推进中介组织规范化建设，提升中介机构的服务质量。

其二，发展商贸支撑功能。鼓励和引导运营酒店参与星级评定，推动酒店业健康发展。落实和加快建设威斯汀、费尔蒙酒店等一批高星级酒店，发展经济型酒店，创建绿色饭店。大力引进国内外知名餐饮、住宿连锁企业和管理公司，提升行业整体经营管理水平，培育一批具有竞争力的餐饮、住宿骨干企业。

加强时尚消费零售业规划布局，围绕增强中央商务区的消费服务功能，扩大高端、时尚商业品牌引进规模，着力发展国际化、现代化、商务商业互动的城市商务区时尚消费圈；加快推进特色商业街区建设，重点做好丹尼斯七天地等商业街区的优化提升工作。

加快完善便民商业服务设施，打造"一刻钟社区服务圈"便民服务网络，满足社区居民的基本生活服务需求；紧密结合商贸业发展现状与发展规划，合理增加公交线路，增设公交站点，形成通畅、便捷的公共交通体系；为新老商业中心、特色街区扩大影响、集聚人气提供便利条件。

第二步，培育形成特色商务功能。

其一，布局"互联网＋商务贸易"，积极发展跨境电商。重点聚集"六体系"，即信息共享体系、金融服务体系、智能物流体系、电商信用体系、数据统计体系和风险防控体系；对焦"两平台"，即线上"单一窗口"平台和线下"综合园区"平台,利用信息高速公路这条新纽带帮助中原企业进入全球市场,抢占国际竞争高地。

引进重点电商企业,加大电商扶持力度,积极吸引国内外资本进入 CBD 电子商务市场,鼓励知名电子商务服务企业(含总部或区域性总部)入驻。

其二,积极发展"互联网+航空贸易"。紧扣金融服务、航空服务和贸易服务,瞄准重点,发展国际中转、国际配送、国际采购、国际转口贸易和出口加工业务等内容的航空服务业,对焦航食、航讯、航电、航材、航展、航游等相关内涵服务产业,借助现代网络技术超速发展,逐步承接发展全球性航空服务商务贸易产业集群,实现"买全球、卖全球"的商务服务态势。

协同发展新兴产业与传统产业。积极发展网上商城,建设电子商务展示体验中心,加快电子认证、电子支付、信用、标准和物流配送等电子商务支撑体系建设,支持第三方电子商务企业发展。

第三步,拓展辐射商务服务市场范围

其一,加快商贸产业发展,提升竞争力。积极对接中国黄金集团、银泰置地(集团)、深国投商用置业(集团)、招商局集团、复星集团等企业,争取 2~3 个商贸项目落地,提高规模化、组织化和信息化水平,增强国内外市场竞争力。

其二,培育跨境电子商务产业链,提高国际化水平。探索建立适应产业发展的新型外贸政策体系。依托郑州新郑国际机场、铁路集装箱中心站、干线公路物流港等设施,基本建成跨境贸易电子商务综合服务体系,拓展海外市场,逐步走向国际化。

加强电子商务专业人才培养,促进电子商务发展。充分利用龙子湖高校园区 15 所高校电子商务专业师资力量,联合进行专业知识系统化培训。

4.6.3.3 科技创新服务引领工程

（1）工作任务。依托中央商务区金融业、商务服务业发展基础，紧密结合龙子湖高校科技园区、白沙园区人才科技优势，基本形成覆盖科技创新全链条，创建和完善服务模式多样化、服务业态新型化和服务方式专业化的科技服务体系，使科技服务业成为促进科技经济紧密结合的关键环节和经济提质增效升级的重要引擎。

（2）工作措施。

第一步，搭建科技创新创业服务平台。

其一，搭建创新创业一站式综合服务平台。采用大数据、智能分析手段和强大的后台支撑系统，实现资源共享，融合发展。

其二，搭建公共技术支撑平台。建立专业技术支撑平台，整合高等院校、科研院所优势学科的国家级实验室、工程技术中心、检测中心，实现大型检测检验仪器共享，降低企业研发投入。

其三，建立技术转移服务平台。充分发挥国家技术转移郑州中心、国家专利审查河南协作中心的作用，积极引进中科院研究院、深圳先进技术研究院以及国内外知名的研究机构，加速成果转化和产业化进程。同时，持续集聚和汇集技术转移服务机构和从业人员，形成具有国内影响力的技术转移集聚区。

其四，完善科技创新金融服务平台。以科技创业投资引导基金、产业发展投资资金为引导，吸引各类社会资本入驻，设立运营专项产业基金，为企业提供投融资服务，搭建综合体科技创业投融资服务平台。

第二步，增强知识产权保护，扶持科技成果转化。

其一，建立专利技术攻防体系。增强企业知识产权保护和运营能力，加强科技型企业知识产权保护意识，鼓励企业利用知识产权导航企业产品研发和技术创新，积极通过知识产权服务外包形式，建立企业知识产权发展战略。

其二，协调推进科技成果转化。鼓励高校、科研院所及上下游配套企业资源，分领域构建国家、省、市级产业技术创新战略联盟。各成员单位联合攻关，协同创新，共同解决行业内关键技术、共性技术难题；同时，将研发成果在产业内进行示范推广和应用，对接多层次资本市场，促进技术成果转化进程；为促进科技服务业发展势头，鼓励和支持符合条件的科技型企业上市，积极进入各类资本市场。

其三，搭建创新创业资源交流平台。组建郑东新区 CBD 科技创新创业联盟，以政府为发起单位，以各类创新创业综合体、加速器、孵化器、众创空间、投融资机构、咨询服务机构、科研机构、各类科技服务中介机构、各类产业创新战略联盟和高科技企业为成员，搭建创客、创业项目和投资机构等各方资源的交流平台，激发创业创新热情，实现资源共享。

其四，建立科技创新金融服务平台。以科技创业投资引导基金、产业发展投资基金等为引领，吸引风险投资、私募股权投资机构和天使投资人等社会资本，设立运营专项产业基金，为电子商务、物联网等产业提供资金支撑，为企业提供投融资服务，搭建综合体科技创业投融资服务平台。

4.6.3.4 会展服务产业提升工程

（1）工作任务。突出中原大气度，挖掘能代表经济总体发展态势、消费前沿和政策导向的会议展览服务，积极申办国际性、全国性和区域性的商务会议。以郑州国际会展中心为主要依托，形成国际性会议中心、国际展览中心，争取成为 2～3 项国际性知名会议或国际性展览的常设地，初步树立中国中西部国际会展"第一品牌"，提升中央商务区会议展览服务的知名度和美誉度。

（2）工作措施。

其一，制定引导鼓励会展业发展的相关政策。组织申报引导支持品牌展会名录和商业会展业发展项目，积极帮助品牌展会争取市级和国家政策支持。引导商业会展业发展政策，包括对品牌展会的补贴、场馆改造的贴息、同质展会合并奖励等。鼓励会展协会与北京、上海、天津、武汉等会展业联合，在争取国内外大型展会中相互支持。

其二，加强联系国际会展组织和会展公司。加强与联合国及其附属机构、国际大会及会议协会（ICCA）和国际展览联盟（UFI）等全球与区域性国际组织的交流与协作，积极申办联合国气候大会和其他重要的国际组织年度大会；加强与国际网球联合会、国际设计协会（IDA）等非政府组织的沟通与交流，力争举办定期性的活动。

积极申办国际知名度高、具有全球影响力的展会，大力创办国家级展会。从展会场馆经营环节入手，延伸展会产业链，拓展展会经纪、展会策划、展会培训，加强与国际会展专业组织的联系，深化与国际性专业会展公司合作，如励展华百展览（北京）有限公司、北京领汇国际展览有限公司、北京中瑞环球会展服务有限公司、北京世纪鑫汇达国际会展有限责任公司、上海中世会展服务有限公司、上海毅展展览服务有限公司、上海泰英达会展服务有限公司和广州市博新展览服务有限公司等。

其三，积极申办举办有国际影响力的会展活动。定期举办郑东新区 CBD 全球航空贸易博览会，逐步实现"航、贸、商、会、展"五位一体联动发展，打造高品质、枢纽型、集约化的国际商品贸易服务中心和环境优美、设施完备、服务良好的国际会议服务中心，在郑州会展中心周边配套建设高档的会议型商务酒店，逐步形成以进出口贸易会展相互促进的贸易型、服务型、商务型国际会展服务业集群。

在 2015 年上海合作组织峰会、2016 年博鳌亚洲论坛秋季高峰会和第十届国际投资贸易洽谈会等国际活动举办的基础上，深入参与 G20、中拉论坛、世界园艺博览会等国际活动的筹备、服务和组织工作，充分利用 CBD 商务联盟、国际友好城市等各种国际平台，积极申办具有全球影响力的国际高端会议，力争引进 1~2 个国际会议活动落户，着力吸引金融、文化传媒和商务等行业性的国际活动在郑东新区 CBD 举办。

其四，深入推动国际会展机制管理。依托 CBD 区域内会展中心等场馆设施，逐步引进学术性、商务性、政务性会议，打造国际性高端会议中心。建立健全会展工作机构，完善会展业发展鼓励政策。以航促展、以商促展、以贸促展，以展带会、以会引商、以商招产，逐步吸引国际著名会展服务公司设立分支机构，并开展会议设施、人员培训、信息咨询和秘书服务等方面的合作与交流，为专业化、国际性会展奠定市场基础。通过依托国际协会联盟（UIA）和国际会议中心协会（AIPC）等国际性平台，不断深化全球性会展合作交流。

4.6.3.5　总部经济转型升级工程

（1）工作任务。以"金融业总部，高端商务、上市公司总部、高端制造业总部、现代物流业、现代商贸业总部"为目标，重点发展世界 500 强、国内 500 强企业、中原税收 200 强企业和各类上市公司的华中地区区域综合性总部、研发总部、结算总部、营销总部等，以掌控 CBD 重点产业链的核心环节为切入点，聚集世界级、国家级企业总部，培育全球型跨境贸易市场和吸引国际组织入驻，吸引金融、商务、会展文化等区域总部的总体发展思路，形成中原本土优势企业以及国内企业总部基地，形成跨国公司华中地区大型企业总部基地，形成立足河南、服务中西部、影响全国、面向世界的区域性国际化总部基地。

2016—2018 年，争取每年引进世界 500 强企业 1~2 家，国内 500 强企业 2~3 家，行业 50 强企业 5~8 家，到 2018 年，引进世界 500 强企业突破 40 家，国内 500 强企业突破 49 家。2016—2018 年，争取每年引进域外资金保持在 50 亿元以上，3 年累计引进域外资金超过 150 亿元人民币。

（2）工作措施。

其一，制定总部经济发展配套优惠鼓励政策。规划支持总部企业的财税政策，并设立专项发展资金，保障重点项目扶持、机构人才奖补、环境配套优化以及专项活动费用需求。

拓宽总部企业融资渠道，为入驻企业总部做大做强提供资金保障，支持总部企业利用资本市场进行融资，协调解决其在境内外上市融资过程中遇到的问题，鼓励总部企业设立产业投资基金，引导总部企业通过资产重组、合资合作、发行债券等多种方式拓宽融资渠道。

实施积极的土地支持政策，土地部门优先供应重点项目用地。在每年的新供用地中，提供一定比例的用地，满足经认定的大型总部企业的用地需求。

对总部企业的入驻，积极优化政务服务环境，继续简化行政审批流程，深入推进一次性告知、首问负责、绿色通道和限时承诺等制度，加强和改进"一站式"服务，营造一流的政务环境，为总部经济提供环境保障。

其二，吸引国内外总部机构集聚。重点跟进渤海银行、进出口银行、百瑞信托和中信集团等金融机构如期入驻龙湖金融城；着力吸引行业带动能力较强和发展相对成功的华夏、广发、中银、中信等基金管理公司区域性总部；着力引进影响力较大、税源建设贡献高的河南正高、平高集团、中源化学等高端制造业，中原税收 200 强的企业区域性总部；着力发展潜力大，具有职能型的惠普、贝宝等 IT 和电商类结算中心；着力发展基础较好、发展成熟的大型股份公司、中央企业财务集团；着力发展支撑中原经济区建设以及与郑州航空港经济综合实验区配套的骨干企业总部，形成蜂巢规模效应。

在如意湖及运河两侧主要布局金融企业总部，同时布局会展、文化等产业总部，以及会计审计、企业管理、人力资源、技术评估及律师等企业总部；龙湖主要布局大型金融机构总部或区域总部以及国际金融、国际商务组织和商务代办机构等。

其三，大力推进总部经济提档增速。积极挖掘、整理和积累金融、房地产、高端生产制造和会展业等企业总部经营、销售、资产、资本运作方式等多方面数据资料和信息，形成唯一性总部企业数据汇聚信息，对发达地区企业总部排名、税收贡献排名及行业进行细分，找准目标开展招商活动。围绕总部经济招商，按照"区域性总部基地"定位，大力实施"龙头＋配套＋协作"的招商模式，切实增强招商的主动性、针对性和实效性。突出金融、高端商务、高端制造业集群招商促集聚，按照郑州市"一个产业规划、一个专项方案、一个招商团队、一套支持政策"的"四个一"推进机制，以产业链整合提升为重点，扎实开展全链条集群招商，促进总部经济提档增速。

4.6.3.6 楼宇经济优化发展工程

（1）工作任务。围绕中央商务区以楼宇经济为载体、建设现代服务业强区的总体要求，坚持"国际、高端、特色、标准"的导向，积极鼓励各类特色楼宇加快发展，提高商务楼宇的入驻率和产出率，使楼宇经济成为中央商务区发展的有效载体和重要形态，成为中央商务区提升存量财源、培植增量财源、促进高端服务业加快发展、增强综合竞争力的重要支撑，把郑东新区 CBD 建设成为中原楼宇经济的标志性区域，打造中西部地区乃至全国有重要影响的楼宇经济高地。每年增加税收亿元楼 2 栋。

（2）工作措施。

第一步，打造目标产业特色楼宇。

其一，打造产业特色楼宇。在龙湖国际金融城跟进和重点打造基金、民营企业、保险、新兴金融、要素市场、证券期货、国际金融中心大厦等特色产业楼宇。

在如意湖区域，通过政府引导，鼓励经营业主引进相同或关联行业入驻，引导部分楼宇对一些不符合自身定位的企业进行置换和交流，着力培育一批金融大楼、能源大楼、总部企业楼和中介服务楼等专业楼宇，形成以商务内环路和商务外环路为核心的 CBD 商务楼宇产业集群以及以龙湖中环路为核心的高端商贸楼宇产业集群。

其二，发挥亿元楼的带动作用。根据不同楼宇的主导产业定位，做好现有千万元楼宇、亿元楼宇企业流动、运营情况预判与沟通，确保税收持续稳定增长。加强准亿元楼培育，引导相关行业项目向准亿元楼集聚，不断培育新的亿元楼。通过引进能够长期持有运营商务楼宇项目，并且具有丰富的优质商务楼宇运营经验的港资及外资房地产开发商，实现特色楼宇的形象和档次的快速提升。

以亿元楼为重点，优化楼宇产业结构。在亿元楼产业结构的基础上，合理拓展、完善产业链条，大力推进外向型、创新型商贸业，鼓励跨境电商发展；大力发展高端制造业、智能制造业总部，以创新和嵌入密集型知识机构推动传统制造业升级。

第二步，推进楼宇经济优化发展。

其一，加快优化楼宇经济。在巩固金融产业的基础上，扶持培养商贸、制造、文创产业规模，增加产业复合度，以龙头企业带动产业链延伸，形成"金融服务＋实体经济""龙头企业＋中小企业"的产业体系；合理拓展金融产业链条，依托 CBD 已有金融总部的优势，发展金融前台（传统金融、新型金融及互联网金融）和金融配套服务，推动和丰富产业体系；依托现有中介行业的基础，进一步丰富和延伸知识中介服务业链条，促进发展会计审计、资产评估、人力资源、企业管理、咨询服务、媒体广告、建筑设计和会展服务等行业，使产业内容丰富、知名企业聚集，促进楼宇经济有效升级。

其二，完善提升楼宇品质。重点新建一批高端智能化绿色节能商务楼宇，置换、转换一批非商务楼宇，培育发展一批专业商务楼宇，引导民间资本投入楼宇美化改造，探索建立区、办事处、楼宇物业三级改造机制，出台楼宇美化亮化工程推进方案，探索对楼宇停车场、楼宇电梯、商务中心等进行改（扩）建；推进世博大厦、农信大厦、原盛国际、绿地之窗等设置楼宇综合服务中心，逐步实现楼宇服务中心全覆盖，增设银行结算、手机业务等服务点，加大"无线东区"WiFi 覆盖范围，打造一批符合国际化标准的智能化商务楼宇。对接楼宇开发商，推进区内楼宇配置生活服务功能，在新建高端楼宇内规划配置高管公寓，引进餐饮、购物、休闲、健身和自助银行等生活服务业态，形成便利、舒适的生活服务体系。

第三步，优化楼宇租户行业规模结构。

其一，完善招商联动机制。创新招商方式，拓展招商途径，按照业态先进、特色突出、配套完善、效益显著的原则，对现有商务楼宇进行产业招商引导，常态化开展楼宇工作人员业务培训指导，按照"一楼五员"的配比要求，培养启用一批物业、社区、中介招商员，开展楼宇空置清查、企业入驻变更等日常服务和管理工作；对在谈项目要提供优质专业的服务，加快项目落地，对在建项目要关注进度，促使项目尽早投产，对落户项目要继续跟进，确保服务及时到位。

其二，优化企业行业结构。对产值贡献大、承租能力强的能源、金融、房地产类主力入驻大户实施重点政策，从楼宇环境、办公形象、租户结构、物管水平、交通条件及配套设施方面加强支持与管理，优化租户行业规模结构，保持其贡献的稳定性。针对占总租户 60% 的中小型企业的特点，在区域成熟度、租金、实用率和交通等方面实施楼宇招商政策，提高商务楼宇的入驻率。

第四步，建设楼宇经济发展管理平台。

其一，优化楼宇招商各项工作。梳理现有楼宇资源和建设潜力，引导资金注入楼宇经济薄弱环节与关键部位，优化楼宇经济的空间布局，对土地、交通、生态等各类资源的利用做出科学安排，严格把关新建项目的建筑形态、功能配套和绿化景观等要素指标，确保项目的高标准和可行性。

其二，建立楼宇经济信息平台。整合统计、工商、国税、地税等部门信息资源，统一数据口径，形成统一的楼宇经济数据采集源和动态监测，建立楼宇经济信息服务平台与微信发布服务平台，制定发布楼宇经济评价体系，开展商务写字楼等级评定，从楼宇经济发展水平和软硬环境等方面进行综合评价。

其三，完善楼宇动态监测机制。完善楼宇动态监测、楼宇联络员等制度，加强办事处楼宇企业信息汇总分析，完善楼宇企业数据库和"一楼一档"数据库等内容。组建楼宇物业联盟，研究制定楼宇物业行业规范，积极引进有成熟市场经验的楼宇管理机构。

4.6.3.7 智慧 CBD 建设工程

（1）工作任务。依托国家智慧城市建设系统规划，结合郑东新区 CBD 的发展实际，以智能交通工程建设、电子政务提升工程建设、应急指挥调度中心建设、信息化社区示范工程建设和综合服务平台建设为重点内容，建设发展智慧 CBD。

（2）工作措施。

其一，智慧 CBD 智能交通建设工程。

建设目标：建立城市交通监控网络，建设和完善智能交通系统（ITS）传输数据采集网络，搭建智能交通信息平台，完善道路交通管理及控制系统，动态监测交通流量信息，实现道路联网监控，提高交通监控和疏导能力。

建设内容：建设城市交通信息采集、传输、发布平台和公交出行导向信息系统；建立交通信号灯智能系统，实现干线交叉路口信号灯控制智能化，提高车辆通行效率；建设运输信息共享平台和交通数据库，为企业运营和市民出行提供便利服务，为运政管理和城市交通规划提供服务；建设公交计算机图文管理系统，推动公交电子站牌的应用，推广全球卫星定位系统（GPS）的应用；发布交通电子地图，提供准确的交通运行信息；建设停车诱导系统，覆盖重点商业区、公共活动场所和重点景区的停车场，布设车位检测器和停车诱导牌，缓解重点区域停车难问题。

运营模式：交通管理部分由政府出资建设，交通管理部门使用和管理；交通信息服务部分建议通过广告加载等商业模型创新的方式，政府出资引导，社会投资建设运营。

其二，智慧 CBD 电子政务提升工程。

建设目标：提升 CBD 政府管理部门在线服务办理率，在线办理全面覆盖行政审批、审核等监管和服务事项，实现各政府部门并联业务处理，形成"多个部门，一个政府"的一站式电子服务体系；打造立体的信息化服务渠道体系，使公众和企业可随时随地通过互联网、语音电话及手机短信等多种方式获取一致与整合的政务服务；深入推进政务信息资源交换共享的整合与开发利用，为科学决策提供支撑和依据。

建设内容：建设和完善网上办事大厅，搭建行政管理端接入系统，实现不同政府部门专业系统数据与系统接口标准化转化，建立公共平台与各部门专业平台的通道，打通业务并联处理和一站式服务的瓶颈，变多个部门分散服务为一个政府统一服务。建设统一的城市服务呼叫中心，包括建设呼叫中心业务系统、呼叫中心知识库系统和呼叫中心运营管理系统等。建设政务决策支持平台，包括建设决策支持信息资源库，采集整理政务信息资源，形成可供数据分析和挖掘使用的规范化数据信息；建设数据分析和挖掘系统，构建其不同主题和方向的数据信息分析模型体系；建设决策支持展示系统，将数据挖掘和分析结果转化为可供查阅的报表和分析报告。

运营模式：城市 CBD 网上办事大厅、决策支撑平台由政府出资建设和运营；统一的城市呼叫中心建设建议采用 BO 模式或服务外包模式，由社会第三方承担呼叫中心的运营工作。

其三，智慧 CBD 应急指挥调度中心建设工程。

建设目标：建设城市 CBD 应急指挥调度中心，建成与各政府部门应急管理系统对接的应急管理系统，形成"1 + N"的两级城市 CBD 应急综合指挥调度体系，支撑全市应急管理"纵向到底、横向协同"的应急流程对接与工作协同。

建设内容：建设应急指挥调度基础平台，包括基础通信网络、数据中心、GIS 平台和指挥中心硬件设施；建设信息采集系统，广泛采集气象、水务、防汛、地震、农林、民政部门应急数据；建设风险评估和隐患分析系统；建设预案管理系统，在紧急状态下预案自动生成；建设预测预警和综合研判系统，建立预测模型，对应急事件及时预警；建设应急指挥调度系统，打通与各政府部门应急系统的联系，实现对接全市应急资源及处置的综合协调和指挥调度；建设应急资源管理系统，对全市救援物资、设备和避难场所实施管理。

运营模式：政府出资建设，应急办使用和管理。

其四，智慧 CBD 信息化社区示范工程。

建设目标：信息化全面嵌入 CBD 各项社区管理和服务工作中，为社区居民提供高效便捷的衣、食、住、行智慧化服务，营造宜居、便捷、智能、安全的智慧 CBD 社区生活环境。

建设内容：大力推进光纤入户；建设社区综合信息服务平台，整合提供订餐、订票、购物、缴费、娱乐等社区便民信息服务；建设智能小区管理平台，发展门禁管理、停车管理、社区安全、环境卫生、智能电表、智能家居等智能化应用；搭建社区综合信息平台，为社区政务办公、社区综合管理提供支撑，并与上级公安、计生、民政、教育等部门信息系统实现互联互通，及时准确上报相关数据信息，获取各政府部门的服务信息，实现各政府部门服务进社区。

运营模式：加强政府协调，支持电信运营商推进光纤入户；支持开发商、物业管理公司等第三方运用市场化运作的方式，建设公共服务平台，提供智慧化服务；政府出资建设社区管理系统，供社区管委会使用。

其五，智慧 CBD 综合服务平台建设工程。

建设目标：搭建支撑智慧 CBD 信息和服务全面集成与共享的综合服务平台，实现智慧城市各部分的数据、功能等各种信息和服务的集成与共享，便捷组装各项智慧系统的应用。

建设内容：基于 CBD 政务信息资源交换和共享平台的核心模块与功能，加快建设智慧 CBD 公共信息平台目录管理与服务系统、数据交换服务系统、数据整合服务系统、门户系统、接口与服务系统、支撑数据和运营维护管理服务系统等核心子系统，快速构建起城市公共信息平台的基本框架，支撑智慧 CBD 信息资源库的数据构建和整合开发。建设信息资源数据交换体系，提供覆盖整个智慧 CBD 信息资源库，灵活、便捷、可拓展的跨域数据交互与共享能力；优先推进交通运输服务、城市管理服务、公众生活服务和城市应急指挥等当前需求迫切领域的服务力搭建；部署人工智能分析系统，依托智慧 CBD 信息资源库，对海量数据进行大数据挖掘，实现对政务信息资源、城市管理信息资源、社会民生信息资源和企业信息资源等的实时处理、灵活配置和智能分析。

运营模式：由政府出资建设，指定责任部门负责管理维护，按照权限向各政府部门免费开放使用。

4.7 重庆市渝中区发展建设整体状况分析

4.7.1 2015 年渝中区发展建设主要成绩

重庆市渝中区积极应对复杂困难的宏观形势，主动适应经济发展新常态，深入贯彻落实五大功能区域发展战略，统筹推进"五位一体"工作，顺利完成了"十二五"规划确定的主要目标任务。

第一，经济实力显著增强。2015 年，渝中区地区生产总值 958 亿元，较 2010 年增长 74%，年均增长 12.5%；社会消费品零售总额

637.9 亿元，较 2010 年增长 88.7%。累计固定资产投资总额突破 1 300 亿元，较"十一五"时期翻一番。

第二，产业能级稳步提升。现代服务业增加值占第三产业的比重达到 75%，较 2010 年提高 16 个百分点。2015 年，区域税收 194.4 亿元，较 2010 年增长 61%，亿元税收楼宇增加 16 栋，达到 28 栋。

第三，城市品质持续优化。一批重大基础设施项目相继建成，市政设施提档升级，居民生活环境不断改善。新标准空气质量二级以上天数由 192 天增加到 271 天。

第四，改革开放跃上新高度。16 项重点改革专项和 70 项重点改革任务深入实施。累计实际利用内外资分别达 1 014 亿元和 41.7 亿美元，分别是"十一五"时期的 4.2 倍和 1.8 倍。新增世界 500 强企业 22 家，总数达到 125 家。

第五，人民生活水平不断提高。财政投入民生领域累计 174.7 亿元，占区级一般公共预算支出的 60.6%，较"十一五"时期提高了 11.6 个百分点。2015 年，居民人均可支配收入 31 608 元，是 2010 年的 1.6 倍，城市调查失业率 4.38%，公众安全感指数达到 93.7%。

重庆市渝中区发展建设重点完成了以下七个方面的工作。

4.7.1.1　突出都市功能核心区建设，城市功能不断完善

重庆市渝中区深化城市总体规划、综合交通规划及各项专项规划，环球金融中心、海航保利、英利国际金融中心、国泰艺术中心、龙湖时代天街、大坪大融城和瑞安企业天地等一批高端载体投入运营，来福士广场、朝天门中心、白象街和湖广会馆历史文化街区等重大项目加快推进，累计竣工楼宇 700 万平方米，其中，商务商业载体 300 万平方米。改造老旧商业商务楼宇 26 栋，完善基础设施配套功能，轨道 1、3、6 号线建成通车，千厮门、东水门大桥通车，改建道路 15 条，新增停车位 3 万余个，红岩村、李子坝变电站投入运行。

4.7.1.2 突出产业结构调整，转型升级步伐加快

重庆市渝中区引进市级以上金融机构 74 家，总数达到 162 家，药交所等 7 家要素市场年交易额突破 1 000 亿元。引进国际知名品牌 125 个，新增百亿级商贸企业 5 家，较场口 30 度街吧等特色商业日趋兴旺。引进品牌商务服务机构 34 家，总数达到 101 家，以会计评估、法律服务、工程咨询、房地产顾问和广告策划等五大行业为主导的商务服务体系日益完善。中国民主党派历史陈列馆、化龙桥重庆天地建成 4A 级旅游景区，2015 年全区旅游收入 237.6 亿元，年均增长 14.3%。互联网产业园、跨境电商产业园等产业平台集聚能力不断优化，电子商务交易额达到 2 318 亿元。搭建重庆文化产权交易中心等产业发展平台，建成文化产业示范基地 8 个，王琦美术馆、周顺恺美术馆建成开放。化龙桥重庆国际商务区、重庆总部城等服务业集聚区加快建设，新增总部企业 35 家，总数达到 159 家。

4.7.1.3 突出体制机制创新，改革开放活力持续迸发

重庆市渝中区的国家服务业综合改革试点取得成效。商事制度、国资国企、房管、教育等领域改革深入推进。健全财政税收管理、重点项目建设等工作机制，保障各项重点任务扎实推进。增进国际合作交往，与美国圣地亚哥郡结成国际友好城区，新增荷兰、意大利、加拿大、丹麦和埃塞俄比亚驻渝领事机构 5 家，总数达到 10 家，境内外上市企业总数达到 9 家。优化招商引资机制，建成涉外项目服务中心，建立招商项目库，新增内资企业 1.7 万家、外资企业 100 家。累计实现外贸进出口 80 亿美元，是"十一五"时期的 3 倍。

4.7.1.4 突出生态文明建设，城市环境品质不断提升

重庆市渝中区持续实施"蓝天、碧水、宁静、绿地"环保四大行动，饮用水质、环境噪声稳定达标。单位地区生产总值能耗和主要污染

物排放强度逐年下降。通过了国家环保模范城市验收。健全源头保护与过程监管，辖区环境安全"零事故"。持续加强城市管理工作，深化城市环境综合整治，逐步改善社区环境。建成李子坝抗战遗址公园、化龙湖公园等景观亮点，启动山城公园建设，完成 222 个夜景灯饰项目，山水城市形象和半岛夜景更加精致靓丽。

4.7.1.5 突出社会民生改善，"幸福渝中"建设再上台阶

重庆市渝中区滚动实施年度民生实事项目，完成 179 万平方米危旧房和棚户区改造，改造"三无"老旧电梯 645 台，水表"一户一表"10.7 万户和弃管小区电力设施 5 085 户，全面完成辖区 35 处地质灾害隐患治理，解决 331 万平方米房屋"两证"遗留问题，500 万平方米老旧住宅物业管理实现全覆盖，新增养老服务床位 571 张，基本建成 6 个"10 分钟便民服务圈"。3 所中小学管理体制调整，优化校点布局规划，建成国家义务教育发展基本均衡区和特殊教育改革试验区。渝中区建成"四级文化圈层"，文化设施免费开放服务面积达到 2.6 万平方米，罗汉寺、若瑟堂等寺庙教堂和文物保护项目有序实施。实现社区卫生服务中心全面标准化。建成山城步道 4 条，总长度 12.8 公里，社区体育健身设施覆盖率 100%。渝中区新增就业 26 万余人，发展微型企业 5 711 户，吸纳就业 2 万余人。社会保障体系逐步完善，五大保险参保人数累计达到 1 210 万人次。投入 7.8 亿元深入实施"人生关怀"，惠及 284 万人次。大力实施文明提升工程，加强社会诚信体系建设，创新志愿服务活动，树立道德模范，激发向善力量。

4.7.1.6 突出安全生产和社会稳定，平安渝中建设深入推进

重庆市渝中区完善社会治安综合防控体系，强化视频监控建设应用，加强社区联勤联控，刑事案件发案总数较 2010 年下降 24.1%。全

面落实安全生产"党政同责、一岗双责",治理完成重点安全隐患项目 381 个,8 个街道创建成为全国安全社区。食品药品安全形势持续向好。成立婚姻家庭、物业纠纷和医患纠纷调处中心。发挥服务群众工作信息系统作用,解决群众反映的问题 5 449 件。化解疑难信访案件 692 件,完成区属企业改制 102 户,处置"四久工程"35 个。坚持并拓展"社区工作日"活动。深入推进应急管理和国防动员融合发展,民防 081 工程竣工投入使用。

4.7.1.7 突出政府自身建设,行政能力进一步提升

重庆市渝中区完成新一轮行政体制改革,政府部门数量减少 10%,形成了街道办事处主抓社会服务和城市管理、功能区管委会主抓经济发展的"双轮驱动"格局。清理和规范行政许可、审批、服务事项 368 项,建成网上行政审批管理和服务平台,星河城行政服务中心建成投入使用。严格执行中央"八项规定",坚决反对"四风","三公"经费逐年下降。认真落实党风廉政建设主体责任和监督责任,查处违纪违法案件 70 件。

5 年里,重庆市渝中区多项工作取得重大突破,获得全国文明城区、全国双拥模范城、全国首批公共文化服务体系示范区、全国和谐社区建设示范城市、国家电子商务示范基地和全国科技进步先进区等多项荣誉。与此同时,渝中区人口和计划生育、外事、侨务、对台、审计、统计、民族、宗教、普法、保密、物价和机关事务等工作取得新成效,妇女儿童、青少年、科普、地震、残疾人、档案和史志等事业取得新进步。

2015 年,重庆市渝中区按照中央宏观调控的要求,统筹稳增长、调结构、惠民生、促改革、防风险,着力推动全区经济社会平稳向好发展。

第一,发展的速度、质量和效益稳中向好,全年地区生产总值增长

10.3%，区级一般公共预算收入 52.3 亿元，增长 8.2%，居民人均可支配收入增长 8%。

第二，强化投资拉动、消费带动、开放促动，固定资产投资总额 330 亿元，增长 6.8%，商品销售额 2 620 亿元，增长 10.1%；利用内资 223 亿元，利用外资 5.1 亿美元。

第三，持续做优存量、做大增量，加快服务业发展，成功引进市级以上金融机构 11 家、品牌商务服务机构 5 家，解放碑、大坪商圈社会消费品零售总额分别突破 450 亿元和 100 亿元，接待游客 4 199 万人次，增长 13.2%，全年亿元税收楼宇增加 6 栋。

第四，围绕强化都市核心功能，推进解放碑中央商务区、历史文化街区、大石化新区、电子商务和创意产业园四大功能板块特色发展、联动发展。

第五，一批重大招商引资项目和重点建设项目功能效益凸显，五一路金融街初具形态，广发银行重庆分行开业，协信星光广场、国泰广场等高端商业载体投入运营；中山文化产业园、重庆渝欧跨境电商产业园等文化创意和电子商务产业项目发展迅速；化龙桥商务集聚区日渐成型，全球四大会计师事务所之一的德勤中国西区总部开业并取得喜人业绩；重庆欢乐海底世界、"舌尖上的中国"美食文化馆开业。

第六，实施年度 25 件重点民生实事，完成危旧房扫尾 4.5 万平方米，棚户区改造 38 万平方米，改造水表"一户一表"1.4 万户，解决 80 万平方米房屋"两证"遗留问题，新增就业 5.1 万人、微型企业 1 148 户、市级示范众创空间 7 个；安全生产工作取得显著成效，各类伤亡事故和死亡人数分别下降 28% 和 41%，创成为直辖市以来最低，群众安全感、幸福感稳步提升。

4.7.2 "十三五"发展目标的分析

4.7.2.1 "十三五"发展的总体目标

重庆市渝中区现代服务业核心区、历史文化展示区和山水城市形象区建设取得重大突破,实现经济发展质量更优、综合服务功能更强、社会文明程度更高,高水平全面建成小康社会。渝中区加快建成国内重要功能性金融中心的核心区、国家重要现代制造业基地和西部创新中心的高端服务区、内陆开放高地的重要窗口,重庆重要的贸易中心、文创高地和都市旅游目的地。

(1)经济发展提质增效。重庆市渝中区经济发展保持中高速增长,发展的平衡性、包容性和可持续性不断增强,转变经济增长方式和产业结构调整取得重要进展。渝中区地区生产总值年均增长 9% 左右,地区生产总值和常住居民人均可支配收入提前实现比 2010 年翻一番。社会消费品零售总额年均增长 10% 左右,服务消费总额年均增长 15% 以上,现代服务业增加值占第三产业的比重达到 80% 以上。区级一般公共预算收入年均增长 9% 左右。5 年累计实际利用内外资折合人民币 1 100 亿元以上。

(2)城市品质全面提升。尊重城市发展规律,坚持城市工作"五个统筹",城市更新走出新路,基础设施配套更加完善,城市功能显著提升,生态环境质量明显改善,山水城市风貌和特色更加鲜明。5 年累计固定资产投资总额 1 500 亿元以上,单位地区生产总值能耗和主要污染物排放总量持续减少。

(3)文化魅力充分展现。中国梦和社会主义核心价值观深入人心,文化要素有效激活,文化内涵和特质更加彰显,文商旅产业加快融合发展,历史文化与现代文明有机交融,城区文明程度和市民素质明显提高。

（4）社会民生持续改善。就业创业更加充分，公共服务更加优质，公共安全更有保障，社会治理体系和能力的现代化建设取得重大进展，人民群众的安全感和满意度显著提升。渝中区城市调查失业率控制在 4.5% 以内。最低生活保障户数减少 50% 以上。公众安全感指数保持在 90% 以上。

（5）民主法治更加健全。民主制度更加健全，民主形式更加丰富，居民自治水平更高、效果更好，人民群众权益得到充分尊重和切实保障，法治政府和服务型政府基本建成。

实现上述各项目标，重庆市渝中区必须牢固树立并严格遵循创新发展、协调发展、绿色发展、开放发展和共享发展的理念，用新的理念引领新的实践，推动新的发展，不断开拓发展新境界。

4.7.2.2 "十三五"发展的具体措施

（1）坚持创新发展，提高经济发展的质量和效益。重庆市渝中区始终将创新摆在发展全局的核心位置，加快形成以创新为引领和支撑的服务业发展体系，建成国家重要现代制造业基地和西部创新中心的高端服务区。

第一，促进消费升级。重庆市渝中区巩固传统消费，提升解放碑商圈品质能级和辐射能力，扩大大坪商圈消费规模和影响力。拓展消费新业态，推动文商旅深度融合，培育信息服务、健康服务和文化教育等新型消费业态，吸引新品牌、新产品、新业态加快落户。拓展消费新模式，大力发展综合性、体验式、多样化和个性化消费，建设主题消费中心、进口商品城、保税免税商品展销中心和综合型体验消费中心等，形成时尚与特色结合、商圈与街区互补、内贸与外贸并进、线上与线下融合的消费新格局。

第二，优化投资结构。重庆市渝中区加快产业发展投资，完善产业链条，提升产业集聚度，设立产业投资引导基金，鼓励支持社会资本扩大新技术、新产品、新业态和新商业模式投资规模，强化政府引导、社会资本主导，增强产业内生动力。加快基础设施和公共服务投资，结合功能完善和产业布局调整，加大交通、市政、教育、文化、卫生等领域投资，完善城市综合配套，提升公共服务能力。稳定房地产开发投资，有序推进重点楼宇开发建设，推动片区开发与功能完善同步。

第三，做大做强优势产业。重庆市渝中区着力于现代金融业发展建设，围绕建设国内重要功能性金融中心的核心区，着力引进银行、保险、金融控股公司等全国总部、区域总部和功能性总部，支持金融企业在服务区域经济社会发展中加快发展，支持扩大跨境人民币结算、金融要素市场结算及第三方支付结算规模，推动本地移动支付结算创新试点，努力发展新兴金融业态，引进市级以上金融机构 40 家以上。商贸流通业顺应消费需求结构变化的新趋势，加快业态调整，基本完成传统市场业态调整，支持商业综合体、百货商场优化业态，扩大商贸老字号品牌的影响力，鼓励传统商贸企业创新商业模式，巩固提升商贸中心地位。商务服务业强化品牌体系建设，集聚高端专业人才，重点培育会计评估、法律服务等十大行业，引进品牌商务服务机构 50 家以上，提升高端专业服务能力。深化国家服务业综合改革试点工作，加快服务业集聚区建设，打造一批主题特色楼宇，亿元税收楼宇力争达到 50 栋，重点商业商务楼宇企业入驻率达到 80%。

第四，加快发展新兴产业。重庆市渝中区的都市旅游业以全域旅游示范区创建为抓手，加快推动全域景观提升、全时业态配置、全业融合发展和全城氛围营造，深入推进文化艺术、商务会展和都市休闲等复合型旅游发展，提升重庆旅游窗口形象，突出旅游名城和国际知名旅游目的地窗口建设。文化创意业整合文创主题园区、剧院、历史文化街区和风貌特色街区等优势资源，加快文化产业空间布局和发展，促进文化与商贸、旅游、金融、科技等产业的深度融合，着力提升创意设计、文化博览、特色会展等产业，培育集聚一批龙头文创企业，打造一批文化品牌。健康产业瞄准国际国内健康养老服务高端业态和企业平台，充分整合辖区医疗卫生资源，发展特色医疗服务、高端健康养老、健康管理和健康保险等业态，发展特色健康产业区，建成西部特色健康产业高地。

第五，建设互联网经济高地。重庆市渝中区务实推动"互联网＋"和"＋互联网"行动，加快生产性服务业以及电子商务、大数据服务、智能硬件等互联网服务业发展，带动新兴产业发展和传统产业改造升级。鼓励传统企业、市场应用电子商务拓展发展空间，大力引进发展龙头跨境电商平台和企业，促进线上线下融合发展。引进和培育数据储存、加工、增值应用企业，加快大数据在民生服务、城市管理、行业应用及外包服务等重点领域的产业化和应用。鼓励和引导互联网企业整合科研院所技术力量、深度合作传统制造企业，引领带动智能硬件关键技术设计和研发的产业化运作，支持智能硬件技术研发。

第六，建设创新和科技服务强区。重庆市渝中区大力发展研究开发、技术转移、知识产权和科技咨询等专业科技服务，建立科研资源共享、技术交易、成果转化、实验室及孵化器等公共服务平台。围绕产业发展和集聚区建设，构建一批产业技术创新联盟，搭建创新平台，建设一批众创空间，推动创新成果转化，万人有效发明专利拥有量达到 15 件以上。新增国家高新技术企业 8 家、市级以上企业技术（研发）中心 6 个。加大创新投入，积极整合创新资源，改革科技投入方式，设立产业发展股权引导投资基金、服务业发展专项资金等，有效促进科技、管理和商业模式等创新。创新人才发展机制，完善教育、医疗等服务配套，着力引进创新创业型人才，以人才的汇集推动产业的集聚。

（2）坚持协调发展，强化都市核心功能。重庆市渝中区着眼旧城活化、基础完善与产业转型升级、城市功能和形象提升相协调，板块发展协同，经济建设与文化文明相促进，推动产城融合、同步提升，加快建设国家中心城市都市功能核心区的先行区。

第一，坚持科学规划。深入贯彻五大功能区域战略部署，转变城市规划发展观念，突出都市核心功能，疏解非核心功能，优化生活居住配套，增强中心区的产城融合度和活力。避免大拆大建，努力降低城市开发建设容积率和建筑总量。推进低效用地再开发，努力完善公共设施和公共服务功能。深化城乡规划全覆盖，修订完善控制性详细规划。重点做好解放碑和朝天门区域城市环境规划设计。强化城市更新规划发展的理念，突出历史、文化风貌特色和人文关怀内容与程度，提升城市品质和活力。

第二，提高解放碑中央商务区发展水平。突出现代金融、国际商务、高端商贸和国际化都市风貌等核心功能，加快形成集聚辐射力强、现代化水平高的中央商务区。加强"十字金街"业态调整引导，强化金融、商贸、商务集聚，优化完善支次道路的业态、景观、设施，加快老旧商业商务楼宇改造和业态调整，打造繁荣繁华、经典现代的高水平特色步行街。加快推进五一路金融街等重点项目建设，集聚现代金融及关联产业，形成国家功能性金融中心的标志性区域。完成戴家巷—魁星楼—国民参政院旧址—中华巷—鲁祖庙—30 度街吧—得意世界—八一路—铁板巷—洪崖洞沿线的环境综合整治和业态布局，形成文商旅深度融合、快慢生活节奏相互协调的慢行圈。完善周边高端生活居住功能配套，突出创意引导，统筹营销推介，营造消费氛围，增强区域客流吸引力，着力建设功能复合的中央活力区。

第三，加快历史文化街区建设。强化旅游休闲、文化创意、特色商业和品质居住等高端功能，打造重庆母城文化核心区。完成来福士广场项目建设、朝天门港区环境综合改造，重点集聚国际高端现代服务业，突出高端商务、国际交流和文化旅游功能，打造都市区商务服务新高地。加快十八梯、湖广会馆、白象街、老鼓楼遗址公园等传统风貌街区项目建设，形成重庆文化和旅游名片。深度做好朝天门市场业态的调整改造，推进水市巷、财信渝中城、罗宾森广场等项目，完善生活、产业综合配套功能。

第四，完善大石化新区一体化功能体系。强化总部运营、国际商务、科技服务和体验消费功能，将其打造成为主城新核、渝中新极。加强龙湖时代天街、大坪大融城等重大商业项目的功能联系，突出特色，形成引领体验消费、适宜大众创新创业的新商圈。全面完成瑞安化龙桥项目群开发建设，集聚结算金融、品牌商务、跨境电商和国际贸易等机构，建成服务内陆开放、展现国际形象的新高地，完成重庆总部城建设。加快化龙桥商务区与大坪商圈之间以及高九路周边区域的互联互通交通体系建设，提升区域整体功能。

第五，提升电子商务和创意产业园能级。强化政务商务、互联网服务和文化创意等核心功能，打造创新创业活力区。依托上清寺—两路口互联网产业园、大溪沟设计创意产业园、中山文化产业园等园区，增强电子商务、创意设计、互联网等企业的集聚辐射能力，建成滨江创意产业集聚走廊。以人民广场为中心，联动中山四路、学田湾等周边街巷，整合三峡博物馆、中国民主党派历史陈列馆及市文化宫等文化资源，加快大田湾体育场地区环境改造，打造休闲观光、文化旅游和体育健身的特色区域。加快重庆中心、新加坡城等项目建设，加快菜园坝铁路客运枢纽及片区改造工程建设，提升区域基础设施和综合服务功能。

第六，加快城市更新发展。坚持民生改善、城市更新、活力再造与文化弘扬的统筹协调，完成 60 万平方米棚户区改造。保留具有一定规模和整体形态风格的连片老旧房屋建筑，以更新改善方式保护片区风貌格局和街区特征，促进棚户区改造与文化创意、旅游、商业等产业的有机融合。完成 100 栋老旧商业商务楼宇改造，推动一批老旧厂房特色改造，带动周边及沿线区域发展。持续推进重点商圈、景区周边、旅游线路沿线街区综合整治，开展社区规划，实施一批老旧社区更新改造，精心规划社区综合功能、环境景观和导向标识，注重细节、形成特色。

第七，加强基础设施建设。加快轨道和桥梁建设，优化轨道交通与公交线路及其接驳，打通对外通道。推进支次道路网络化完善，优化内部交通体系。提升地下空间综合利用水平，发展特色交通，完善山地慢行系统，新建一批人行天桥，打造山城步道体系。加强商圈、景点、轨道站点、学校和医院等周边停车配套，提速停车场（库）建设，新增停车位 4.5 万个。完善电网体系，新建一批变电站及配套设施，推进老旧居民小区电力设施改造。优化给排水、燃气管网布局，完成水表"一户一表"改造，全面整治燃气安全隐患。新建一批垃圾站、公厕。

第八，激活释放文化活力。保护传承历史文化，打造"一圈一廊"文化主线，重塑"巴渝母城、二战名城"的传统风貌。串联下半城重点区域，复原、保护古城历史遗存，引入特色文化旅游等内容，构建环古城历史文化圈；以曾家岩、中山四路为核心，联动李子坝、红岩村等重点区域，构建抗战文化长廊。活化利用红色遗址、名人旧居及优秀近现代建筑等资源，规划建设一批特色突出的文博场馆。繁荣发展文化事业，深化国家公共文化服务体系示范区建设，优化文化资源配置，建立区域社会文化资源共享机制；深入实施文化惠民工程，满足市民多元文化需要；加强物质与非物质文化遗产的保护、传承和利用，支持创作一批具有全国影响、深受群众欢迎的文艺精品。提升城区文明程度，深化全国文明城区建设，践行社会主义核心价值观，凝聚社会文明力量；加强爱国主义教育，弘扬中华民族优秀传统文化和红岩精神；提升市民文明素质，推动精神文明建设与社会治理、城区管理、基层基础建设紧密结合。

（3）坚持绿色发展，提升山水城市的形象品质。重庆市渝中区牢牢把握"五个决不能"（①决不能以牺牲生态环境为代价；②决不能以牺牲青山绿水为代价；③决不能以影响未来发展为代价；④决不能以破坏人与自然关系为代价；⑤决不能对突发问题无所作为）底线，推动形成绿色低碳的生产生活方式和城市建设运营模式，实现生产空间集约高效、生活空间宜居适度、生态空间山清水秀。

第一，建设美丽山水城市。充分依托半岛丰富的山系、水系、绿系资源，构建"一脊两江多绿廊"的山水格局，形成依山就势、山水交融的生态空间体系。以枇杷山—鹅岭—虎头岩一线为轴，优化提升城市阳台、步道、缆车、索道、扶梯和灯饰等要素构建的特色景观体系。开展渝中半岛城市形象设计和两江四岸规划设计评估与优化工作，加快推进两江滨江区域的绿化与环境综合改造工作，改造朝天门经洪崖洞、黄花园、上清寺至化龙桥重庆天地一带的嘉陵江滨江休闲旅游亲水环境，提升滨水岸线景观品质。

第二，建设生态园林城区。优化园林绿地系统专项规划，提高规划的质量和水平。建成山城公园、老鼓楼遗址公园，改造提升人民公园、枇杷山公园、滨江公园、珊瑚公园，精致建设社区游园，因地制宜实施屋顶绿化和垂直绿化。建设飞机码头、十八梯、戴家巷、化龙湖、嘉陵新村等区域的绿色通江廊道，优化提升林荫大道及城市慢行系统的绿化景观，精细化改造提升全区植被绿化的景观艺术水平。整合园林绿地、体育休闲、文化活动和旅游服务，形成功能复合的特色活力园林绿化体系。

第三，市桥级建设低碳环保城市。深入实施"蓝天、碧水、宁静、绿地"环保四大行动，加强环境风险隐患排查，着力解决群众反映强烈的扬尘污染、污水直排及复合型噪声等问题，保障环境安全。加强生态文明制度建设，完善环境风险防范全过程管理、生态环境损害责任追究等制度，建立权责统一、运行高效、保障有力的生态文明建设体制。推动绿色低碳发展，倡导绿色生产方式、生活方式和消费模式，大力推广低碳交通、低碳建筑，推动形成勤俭节约、绿色环保的社会风尚，降低资源消耗强度。

第四，建设智慧城市。围绕国家智慧城市试点目标，加快推进光网建设，实现重点商务楼宇和小区"千兆到楼、百兆到户"；依托物联网、云计算、大数据，提升智慧政务水平，完善人口、地理、企业基础信息数据库，实现智能交通、应急联动、市政管理和公共安全等平台互联互通；强化智慧城市项目建设的推广应用，大力发展智慧旅游、智慧教育、智慧科技和智慧医疗，加快推进智慧商圈、智慧社区和智慧楼宇建设，提升城市运行管理智能化水平。

第五，加强城市精细化管理。着力推动城市管理常态化、长效化，扎实开展环境卫生、市政设施、街面秩序、城市景观和违法建筑等专项整治，持续强化商圈广场、支次道路、商务楼宇周边、老旧社区和待建地块等重点部位的环境综合整治，实现城市环境干净整洁、规范有序、设施完善、提档升级，城市管理水平公众满意率达到90%以上。优化社会参与城市管理机制，形成社会协同、综合施策、市民参与、共建共享的城市管理新格局。

（4）坚持开放发展，提升城区国际化建设水平。重庆市渝中区主动对接全国、全市重大开放战略，充分利用国内外市场和资源，拓展开放空间，增强开放功能，强化区域合作，加快形成开放、发展的新优势。

第一，在开放大局中加快发展。深入对接国家"一带一路"、长江经济带、西部大开发等国家战略，加快建设国际化城区。抢抓中新（重庆）战略性互联互通示范项目建设机遇，建立政府间、政企间对接合作机制，大力推进金融、航空、物流、信息、教育、医疗和基础设施建设等多领域的引资和合作。努力争取国内自由贸易试验区政策试点，提高对外开放水平。深化拓展与"一带一路"沿线国家和地区、港澳台地区、国际友好城市的深度合作交流。

第二，大力发展开放型经济。利用全市"三个三合一"（三个交通枢纽、三个国家一类口岸、三个保税区）开放平台的优势，优化进出口结构，转变进出口方式，搭建进出口服务平台，鼓励区内企业开拓国际市场，拓展"一带一路"沿线国家产品进口渠道，培育形成进出口贸易新的增长点。落实全市五大服务贸易专项，大力发展服务贸易、转口贸易、总部贸易，到2020年，全区货物贸易进出口总额达到50亿美元，服务贸易进出口总额达到350亿元。加快布局电子商务线下展示体验销售平台，协助解决企业在交易、物流、支付、通关及退税等方面的关键问题。加强专业化、集成化、社会化的招商引资工作，大力引进国际领先的企业、机构、项目、技术和人才，促进引资、引技、引智相结合，新增总部企业及功能型、平台型机构 50 个，新增世界 500 强及中国 100 强企业 25 家。

第三，实施国际化城区建设行动。推动产业国际化，鼓励有条件的企业扩大对外投资，实施跨国并购，拓展国际市场。促进交流国际化，利用外国驻渝领事馆集聚的优势，拓展文化、商务、节庆、赛事等方面的合作交流，推动中外文化交流融合发展。推进服务国际化，在政务服务理念、工作标准和运行体系等方面加快与国际接轨，加强窗口单位、公共场所的外语信息服务，增强市民的国际交流能力。加快配套国际化，布局建设国际学校、国际医院，建设满足涉外机构办公需求的智能化楼宇，打造适宜外籍人士居住、休闲的国际化社区。

（5）坚持共享发展，建设民生幸福之区。重庆市渝中区认真落实民生工作"五个坚持"（坚持既尽力而为、又量力而行；坚持既当期可承受、又长远可持续；坚持既解决民生实际问题、又持续提升民生水平；坚持既抓实具体民生项目、又建立民生工作长效机制；坚持不断增强民生工作的针对性、实效性和可持续性），大力发展社会事业，提升公共服务水平，加快推动"保障型"民生向"发展型"民生转变。

第一，加强创业就业和社会保障。坚持劳动者自主就业、市场调节就业、政府促进就业、鼓励创业带动就业，实施更加积极的就业政策，支持服务行业和中小微企业发展。全面实施全民参保登记，城乡职工养老保险、城乡医疗保险参保率均达到 96% 以上。切实解决特殊困难群体生活困难，完善最低生活保障、住房保障、特困人员供养、受灾人员救助以及医疗、失业、法律援助、临时救助等社会救助体系。鼓励引导社会力量发展慈善事业，加强扶老、助残、救孤、济困等福利保障。

第二，健全基本公共服务体系。以公共资源配置均衡化为导向，完

善 "10 分钟便民服务圈" 功能，扩大公共服务范围，提升公共服务质量。深化教育综合改革，发挥优质学校示范引领作用，稳步推进中小学集团式、联盟式一体化办学，促进义务教育均衡优质发展；加快中小学校点布局规划实施，加强教师队伍建设，推动学前教育、普通高中教育、中等职业教育、特殊教育和继续教育协调发展，支持和规范民办教育。完善医疗健康服务体系，利用三甲医院资源，提升社区卫生服务中心容纳能力和诊疗水平；积极防治重大传染病、慢性病、精神疾病和职业病，提高基本公共卫生服务均等化水平；蓬勃开展全民健身运动，特色发展竞技体育，不断增强群众体质。改善人口管理服务，全面实施一对夫妇可生育两个孩子政策；推动养老服务多元化、社会化发展，探索医养结合模式，完善多层次养老服务体系建设；大力发展妇女儿童事业，加强未成年人保护。

第三，维护公共安全和社会稳定。完善立体化治安防控体系，依法严厉惩治违法犯罪，严密防范暴力恐怖案件、极端恶性事件和重大政治事件的发生。健全公共安全体系，加强人员密集区域、道路交通、建筑施工、消防、食品药品和寄递物流等重点领域的安全监管，预防各类安全事故发生，降低单位地区生产总值生产安全事故死亡率。加强矛盾纠纷排查预警，完善司法调解、行政调解和人民调解相结合的化解机制，推行信访代理制度和信访问题法定途径分类解决。深化实施 "社区工作日" "服务企业日" 活动。完善应急管理体系，有效预防、高效处置突发事件。健全国防动员体系，加强国防后备力量和人民防空建设。

第四，加强和创新社会治理。全面推进社会治理网格化管理和社会化服务，加强信息资源整合和共建共享。完善社区、社会组织、专业社会工作联动发展模式，结合实际逐步建设集公共服务、文化、医疗、养老等功能于一体的综合服务中心。探索以社区党组织为核心，居民委员会、社会组织、驻区单位和居民群众共同推进的社区自治模式。落实社会组织改革和发展政策，促进社会组织发挥作用。提高社会工作专业化和职业化水平。

4.8　成都市武侯区发展建设整体状况分析

4.8.1　2015 年发展建设主要成绩

2015 年，成都市武侯区克难奋进、创新突破。一年来，武侯区认真落实市委、市政府和区委的系列决策部署，以争创一流为目标，以改革创新为动力，以惠民利民为根本，以崇廉尚实为保障，积极谋划了一批关系长远的大事，着力推进了一批发展急需的要事，倾力办成了一批群众关切的实事，较好地完成了全年主要目标任务。武侯区全区实现地区生产总值 795.2 亿元，同比增长 7.6%；实现财政总收入 204.1 亿元，同比增长 15.5%；实现一般公共预算收入 55.8 亿元，同比增长 9.1%；实现地方税收收入 33.5 亿元，同比增长 6%；实现社会消费品零售总额 699.5 亿元，同比增长 11%；城镇居民人均可支配收入达到 35 991元，同比增长 7.6%。

成都市武侯区深入实施"改革创新、转型升级"的总体战略，紧紧围绕"一二三四"发展思路和工作目标，主动适应经济发展新常态，积极迎挑战，加快转方式，深入促改革，着力惠民生，圆满完成了"十二五"规划确定的主要目标任务，实现了高起点上的新发展，开创了全区科学发展、领先发展的新局面。

第一，综合实力迈上新台阶。2015 年，武侯区实现地区生产总值795.2 亿元，人均地区生产总值达到 1.2 万美元，分别比"十一五"末增长 68.7% 和 76.6%；一般公共预算收入 55.8 亿元，社会消费品零售总额 699.5 亿元，分别是 2010 年的 1.8 倍和 1.05 倍。5 年累计完成全社会固定资产投资 1 739.3 亿元，比"十一五"期间增长 59.7%。

第二，结构调整取得新进展。2015 年，武侯区三次产业结构由 2010

年的 0.03:28.29:71.68 调整为 0.001:21.269:78.73；"3 主导 + 1 特色"现代产业增加值占 GDP 的比重为 86.4%，服务业增加值年均增长 9.8%。民营经济综合实力在全省持续领先。

第三，开放合作取得新成效。5 年来，武侯区累计引进到位内资 1 154 亿元，利用实际到位外资 43.43 亿美元，分别是"十一五"的 2 倍和 1.9 倍；世界 500 强总数达到 78 家，引进中航安盟保险中国总部项目等市级重大项目 185 个。

第四，深化改革实现新突破。社区治理机制改革领跑全国，投融资体制改革破冰前行，行政审批制度改革持续深化，政府机构改革稳步推进，行政综合执法体制改革有序推动。获评"全国行政服务标准化示范区""全国社区治理和服务创新实验区"等称号。

第五，宜居品质得到新提升。5 年来，武侯区新建道路 61 条，改建道路 4 条；对 11 个街区的建筑外立面进行整治；改造棚户区（危旧房）31 个、面积共 37 万平方米；整治黑臭河道 43 条，新建游园 10 个，绿化覆盖率由 2010 年的 41.04% 提升到 45.01%。

第六，群众生活实现新改善。武侯区城镇居民人均可支配收入年均增长 8.3%，高于同期 GDP 增速；新增就业 6.85 万人，城镇登记失业率始终控制在 3% 以下；城乡居民养老保险参保覆盖率和基本医疗保险参保率分别达到 92% 和 98%；最低生活保障人均补差标准和医疗救助水平均高于市级民生目标；残疾人"量体裁衣"式个性化服务全面推行；开办"长寿食坊"助餐点 22 个、慈善惠民超市 14 家；率先开展社区"医养结合"养老服务。

第七，社会建设开创新局面。武侯区教育事业领先发展，卫生事业加快发展，文体事业蓬勃发展，获评"全国义务教育发展基本均衡县""全国基层卫生综合改革重点联系区""四川省全民健身先进区"。

2014 年，在市对区考核的 14 项主要经济指标中，武侯区生产总值等 10 项指标位列五城区第一，2 项指标位列五城区第二。武侯区发展建设取得成绩是重点完成了以下 5 个方面的工作。

4.8.1.1　全力稳增长，积极应挑战，经济保持稳中向好

成都市武侯区鲜明突出"稳增长"的重要地位，主动适应经济发展新常态，积极应对转型发展新问题，全力推动经济稳中向好、稳中提质。

（1）项目建设力度加大。坚持把项目作为撬动经济增长的重要支点，完善项目引进和促建机制，健全区级领导联系重点项目制度，举行重大项目集中签约仪式，创新项目服务方式，确保早日形成更多实物量。保利花园五期等 49 个项目顺利开工，汇点广场等 32 个项目实现竣工，泛悦国际等 50 个项目加快建设，全年实现固定资产投资 353.6 亿元，同比增长 3.4%。强化项目建设要素保障，全年拆迁各类土地 164.33 公顷、上市土地 75.67 公顷。

（2）产业结构持续优化。坚持以调结构促转型、提质效，着力构建高端集约、多元支撑的产业发展格局。一是服务业提升发展。加大服务业重大项目建设力度，首信·红星美凯龙等项目顺利开工，中粮·大悦城、龙湖·金楠天街等大型主题商业综合体相继开业。加快旧商业（市场）调迁改造，启动永丰汽配商城等 4 个项目改造，完成众合汽车销售、乘风二手车市场 2 个项目调迁。"3 主导 + 1 特色"现代产业实现增加值 686.9 亿元，同比增长 7.8%。二是工业转型步伐加快。坚持"优二强三"的产业发展路径，改造提升传统工业，加大对研发型、科技型工业总部的引进力度；制定《规上工业企业稳增长促发展扶持政策》，开展区级领导联系走访重点工业企业活动，积极帮助企业解决实际困难，规模以上工业增加值同比增长 4.8%；完成工业投资 42.8 亿元，同比增长 12.4%。全区获评"国家级出口工业产品质量安全示范区"。三是楼宇经济特色发展。强化楼宇综合服务，完善楼宇信息管理平台，新建楼宇服务站 7 个，楼宇服务点 30 个；举办大型楼宇招商活

动 8 次，培育专业特色楼宇 3 栋、税收亿元楼宇 1 栋。

（3）"三大区域"突破发展。武侯新城完成 266.67 公顷土地资源规划调整，拆迁土地 48.46 公顷；引入明兴金汇等重大项目 7 个，首信汇等 7 个项目加快建设，世纪百合等 7 个项目竣工。一是火车南站北片区完成城市规划设计方案，私产户签约完毕，公产户原则上达成协议。二是环城生态区南片区起步区拆迁土地约 9.33 公顷，加快完善江安河都市休闲旅游街区规划方案，近 70 公顷的赏花基地建设进入招商阶段。

（4）开放合作成效显著。武侯区紧盯高端产业和龙头企业开展投资促进活动，党政主要领导带队招商 22 次，在北京、香港、新加坡等地举办专题招商活动 13 次，开展小分队招商 103 批（次）。全年新签约引进市级重大项目 46 个，新增境外世界 500 强企业 3 家，实际到位国内省外资金 259.97 亿元，利用实际到位外资 7.12 亿美元。加大对省内白玉县的对口援建力度，落实援建资金 2 560 万元，续建援建项目 7 个，实施崇州市贫困村帮扶项目 12 个。

4.8.1.2 致力强创新，着力添引擎，切实增强发展动能

武侯区坚持把创新驱动发展作为推动城市转型发展的核心动力，大力推进大众创业、万众创新，着力打造经济社会发展新引擎。

（1）创新创业突破发展。武侯区以辐射、引领中西部为目标，以校（院）地协同为抓手，积极推动磨子桥创新创业街区建设，央视新闻联播对开街盛况进行了报道；四川大学等 16 所高校和科研院所与街区结成"创新创业联盟"；先期设立 1 亿元创新创业投资基金，首批 2 万平方米载体已投入使用，"成都以色列孵化器""中欧工业 4.0 研究院"等 20 余家创新创业服务机构和泼克文化等 126 个创业项目入驻街区。以创新创业者实际需求为导向，制定《武侯区促进创新创业若干政策（试行）》，积极为创业者清障搭台。

（2）企业创新深入推进。武侯区加大对企业创新发展的支持力度，

"成长贷""壮大贷"为 30 家企业融资近 2 亿元；新增市级企业技术中心 6 家、市中小企业服务平台 2 家、院士专家创新工作站 1 家。加快国有资产证券化进程，大力推动工投、卫投等区属政府性投资公司向类金融、投资性公司转型；积极支持区内民营企业进入资本市场，2 家企业在创业板上市、10 家企业在"新三板"挂牌。

4.8.1.3 大力促改革，积极探新路，深化改革纵深推进

武侯区紧扣发展大势，聚焦重大问题，有力有序推进改革工作，形成了一批具有鲜明武侯特色的改革"实物量"，多项改革走在全市、全省乃至全国前列。

（1）投融资体制改革破冰前行。武侯区成立科技产业发展股权投资基金，9 家金融机构首批授信额度达到 300 亿元；出台《关于政府和社会资本合作模式暂行管理办法》，鼓励和引导社会资本以 PPP（公私合作）模式参与全区建设；率先采取 BLT（建设—租赁—移交）模式开展"拨改租"融资试点，引入社会资金 5.1 亿元建设区内两条快速通道。

（2）行政审批制度改革不断深化。武侯区加快推动区政务中心标准化、规范化建设，积极打造政务服务"升级版"，区本级行政许可审批集中率达 95% 以上，现场办结率达 100%。积极推动"互联网＋政务服务"，依托政府官网、微博、微信等互联网平台，着力构建 B2G、R2G 新型政企政民关系，切实提高政务服务的针对性和及时性。武侯区被确定为"全国相对集中行政许可权试点区"。

（3）政府机构改革稳步推进。武侯区有序推动新一轮政府机构改革，新组建工作机构 7 个，撤销机构 19 个。改革后区政府组成部门由 26 个减少到 23 个，较好地解决了部门职责边界模糊、职能交叉重叠、行政资源浪费等问题。整合执法机构和职能，积极探索跨部门、跨行业、跨层级的综合执法。

（4）社区治理机制改革领跑全国。武侯区不断深化"社区、社会组织和社工人才"三社联动机制，在全市率先取消社区公益性服务类社会组织前置审批；加大政府购买服务的力度，全年用于购买社会组织服务的资金达到 5 200 万元，"一核多元、合作共治"社区治理新格局基本形成。首届中国社区治理论坛在武侯区举行。

（5）社会事业改革成效明显。一是不断深化教育综合改革。武侯区探索建立以扩大学校办学自主权为核心的现代学校制度，启动校长职级制改革，积极探索经费包干制，规范校聘教师管理；实施名师、名校、名校长培育工程，获评"全国教育综合改革实验区"。二是积极推动卫生服务社会化改革。武侯区大力推进区域卫生信息化建设，在全国率先建立以"互联网＋"为支撑的分级诊疗运行机制，探索建立社区卫生筹资机制，全面实施药房托管和检验外包，积极推动全科医生能力实训项目。

4.8.1.4 深入抓治理，切实提品质，城市环境不断优化

成都市武侯区坚持城为民建、市为民享，建管并重、标本兼治，着力提升城市宜居品质。

（1）城市功能不断完善。一是道路基础建设加快。启动建设武侯新城和万兴路两条出入城快速通道，新建主要道路 15 条，完成 42 条道路"黑化"，积极配合红星路综合整治等市级重点项目建设。二是公建配套不断完善。建成 18 个地下停车场，启动建设 4 座封闭式垃圾转运站，新（改）建公共厕所 14 座，凉水井变电站完工并投入使用。

（2）城市管理创新推进。一是完善城市管理指挥体系。武侯区在全市率先建成街道数字化城管综合指挥平台；编制《城市管理标准体系》，建立城市管理联席会议制度。二是深化城市管理市场化改革。积极推行光彩工程市场化管护、生活垃圾分类"政府购买服务"，完成桐梓林片区城市建设管理转型升级示范区建设。

（3）专项整治强力实施。一是深入开展"四改六治理"。投入资金 3.4 亿元，在全市率先完成 43 条、146 公里的黑臭河道治理，拆除违法建筑 13.4 万平方米，新增城市绿化面积 9.5 万平方米。二是大力开展涉农区域环境专项整治。以"硬件提升、软件优化"为重点，对武侯大道新苗段等 8 条道路进行提升改造，对重要节点进行景观美化提升。

4.8.1.5　大力办实事，着力增福祉，惠民实效更加充分

成都市武侯区围绕发展需要，紧贴民生需求，重点实施 195 项民生事项，努力让群众有更多获得感、幸福感。

（1）"五难"问题加快解决。武侯区全年共安排涉及民生资金 50.96 亿元，占地方公共财政支出的 75.1%，群众关切、社会关注的"五难"问题正在加快解决。一是着力解决"入学难"。拟投入资金 8.8 亿元，启动新建、迁建和改扩建中小学、幼儿园 24 所，可新增学位 12 450 个，将有效解决学位供需矛盾。二是着力解决"养老难"。在全省率先开展养老服务公益创投活动，启动 12 个养老服务公益项目，为 3.4 万名 70 岁以上的武侯籍老人购买意外伤害和重大疾病保险，为近万名 80 岁以上老人提供"颐居通"社区居家养老服务。三是着力解决"出行难"。加快实施老川藏路、科华路等主通道改造提升工程，太平园东路等 15 条"断头路"建成通车，完成晋阳路等 32 条道路路灯安装。四是着力解决"宜居难"。2013 年 8 月确定的 14 个棚改项目已基本完成，提前兑现了"三年消除棚户区"的庄重承诺；新增的 10 个点状棚户区改造项目全部达到生效条件；完成 100 个老旧院落硬件改造和 7 万平方米政府主导建设的老旧房屋屋顶、山墙渗水维修工程；投入资金 43 亿元，集中启动 8 个、共 133 万平方米安置房建设，可安置 15 290 人，建成后将彻底解决拆迁过渡群众的安居问题。五是着力解决"办事难"。西部地区规模最大、信息化水平最高的区政务中心（新市民中心）建成投入运行，较好地解决了群众多头跑路、办事不便的问题。

（2）社会保障切实加强。一是城乡就业更加充分。武侯区积极开展在岗职工技能提升培训，新增就业 1.14 万人，动态消除"零就业"家庭；实施"大学生就业创业促进计划"，扶持大学生创业项目 262 个。二是保障水平持续提升。在全国率先探索"社保银行一体化"经办服务模式，全年新增各类保险 12 万人（次）；最低生活保障人均补差标准和低保对象医疗救助水平高于市级民生目标。获评"全国第一批创建社会保险标准化建设'先行城市'"。三是助残扶残力度加大。在全省率先探索建立轻度智障和精神残疾人支持性就业项目，新建 6 个助残社工分站，获评"四川省量服工作示范区"。

（3）社会事业领先发展。一是教育事业加快发展。武侯区投入资金 3 600 万元，全面实施"教师关爱计划"；教学质量不断改善，高考综合本科上线人数稳步上升，中考一次合格率居中心城区首位，小学、学前教育优质发展；在全国率先实行"每天一节体育课"，获评"全国学校体育联盟示范区"称号。二是医疗服务水平不断提升。组建 84 支全科医生团队，完成签约 13.4 万户；持续深化与区内大中型医院双向转诊、资源共享。三是文体事业提升发展。大力发展都市休闲旅游业，积极推动浓园文博产业园、中国女鞋之都、国家 4A 级旅游景区等重大文旅项目建设；举办惠民演出 60 余场（次）；区文化馆创建国家一级馆通过省级验收。

（4）社会保持和谐稳定。大力推动平安武侯建设，健全社会治安立体化防控体系，重拳打击街面暴恐等各类违法犯罪，加快大联动指挥中心建设，强化流动人口服务管理，警情总量同比下降 2%，是"一圈层"唯一警情下降的区域，群众安全感不断上升；加大对建筑工地、大型超市和专业市场等重要场所的安全监管力度，强化对危化品、食品药品、老旧电梯等的隐患排查，全区安全生产形势总体平稳；坚持领导包案和定期接访，积极预防和妥善化解社会矛盾，专项清理拖欠农民工工资问题，依法有序处置非法集资案件。

武侯区民族、宗教、侨务和对台工作进一步加强，审计、档案、机关事务、地方志、老龄、物价、统计、人防、双拥、兵役、计生、工会、青年、红十字会、妇女儿童、残疾人以及关心下一代等工作取得新成绩。

4.8.2 "十三五"规划纲要分析

成都市武侯区"十三五"时期经济社会发展总体目标是：争当全面建成小康社会示范区，争做西部经济核心增长极领先区，争创宜居宜业美丽幸福典范区。武侯区提出了"十三五"时期经济社会发展的具体目标。

4.8.2.1 建设高端产业集聚区

三次产业结构持续优化，以"3 主导 + 1 特色"为支撑的现代产业体系全面建成，产业效益和经济发展质量显著跃升。到 2020 年，力争人均 GDP 比 2010 年增长 2 倍，达到 18 000 美元，三次产业结构调整为 0:15:85，地方公共财政收入比 2010 年增长 2 倍，达到 90 亿元。

4.8.2.2 建设创新创业首选区

自主创新能力切实增强，经济发展动力实现由要素拉动向创新驱动转型。到 2020 年，切实形成"两核共振""四区联动""多点支撑"的创新创业格局。

4.8.2.3 建设开放合作先导区

紧抓"一带一路"和向西开放的战略机遇，对外开放的广度和深度持续拓展，国际品质亮点加快形成，招商引资质量全面提升，开放型经济体制机制进一步完善。到 2020 年，引进世界 500 强企业力争达到 100 家。

4.8.2.4 建设品质优美精品区

现代化智慧城市形态初步形成，魅力型城市生态文明全面彰显，生态宜居品质进一步提升，公共功能布局全面优化，城市功能品质更加多元。到 2020 年，全面完成旧城、城中村和老旧院落更新改造，改造面积达到 60 万平方米。

4.8.2.5　建设现代治理先进区

全面深化改革任务如期完成，重点领域和关键环节的改革取得决定性成果；法治武侯建设深入开展，城市治理的科学化、法治化、现代化水平不断提升，初步建成治理体系和治理能力现代化先进城区。

4.8.2.6　建设和谐包容宜居区

中国梦和社会主义核心价值观深入人心，公民素质和社会文明程度普遍提升。居民收入切实增加，就业、教育、社保、医养等公共服务供给能力和质量持续提高，全区人民共建共享改革发展成果机制更加完善，人民群众的获得感、幸福感不断增强。到 2020 年，城镇居民人均可支配收入力争比 2010 年增长 1 倍以上，超过 50 000 元。

为完成"十三五"时期经济社会发展的各项目标，武侯区提出四项基本要求：一是坚持创新发展，增强经济发展动能；二是坚持协调发展，推进区域统筹平衡；三是坚持绿色发展，建设生态文明家园；四是坚持开放发展。

4.9　武汉市江汉区发展建设整体状况分析

4.9.1　2015 年发展建设主要成绩

2015 年是"十二五"收官之年，也是"十三五"谋篇布局之年，江汉区预计全年地区生产总值增长 10%，固定资产投资增长 15%，社会消费品零售总额增长 9%，地方财政收入实际增长 12%，综合经济实力继续位居中心城区前列。江汉区围绕城市更新、产城融合，继续强力推进"三旧"改造和重大项目建设，同步实施旧城改造项目 14 个，当年动迁 7 449 户、面积 76.5 万平方米，实施重大楼宇建设项目 51 个，拆迁规模和建设规模均创历年之最。江汉区着眼于城区功能提升，全区大力推进路网、绿道和停车场建设，开通道路 17 条，建成绿道 14 公里，新增停车泊位 2 804 个，城建攻坚任务完成情况处于全市前列。江汉区以"大民政"理念统领民生事业的创新发展，构筑应保尽保的民生保障体系，建立基本适当的社会救助系统，养老服务水平全省领先。江汉区继续深化突出问题承诺整改，建立健全改进作风常态化机制，推动行政效能进一步提升、干部作风进一步好转，圆满完成国家服务业综合改革试点各项工作，全面完成区十四届人大四次会议确定的各项目标任务。

"十二五"时期，江汉区主动适应经济新常态，以国家服务业综合改革试点为抓手，统筹实施"12345"发展战略，即以加快建设服务武汉、武汉城市圈乃至中部地区的现代服务业中心区为目标；强力推进国家服务业综合改革试点、全省社会管理创新综合试点的实施；重点培育提升王家墩商务区、省级金融服务业集聚示范园区、江北民营科技园三大功能区；大力提升金融业、现代物流业、信息和中介服务业、现代商贸业四大支柱产业的集聚与辐射能级；努力发展现代服务业，完成"城中村"改造、推进旧城改造，和谐社区建设和"两型"社会建设，科学管理城市，改善民生、提高市民幸福感五个方面走在全市前列。扎实推进"四个江汉"（富裕江汉、活力江汉、美丽江汉、幸福江汉）建设，圆满完成了"十二五"规划的主要目标任务，首次连续三年荣获全市绩效管理立功单位，推动江汉区经济社会发展步入新征程。

4.9.1.1　经济发展实现重大跨越

（1）经济规模成倍增长。武汉市江汉区地区生产总值每年跨越一个百亿元台阶，预计 2015 年达到 935 亿元，年均增长 14.3%；公共财政总收入达到 178 亿元, 5 年翻一番; 地方财政收入 68.7 亿元, 是 2010 年的 3.3 倍; 社会消费品零售总额 929.4 亿元, 是 2010 年的 2.1 倍。固定资产投资 5 年累计完成 1 586 亿元, 是"十一五"时期的 2.7 倍。经济总量、财政收入和商品贸易等指标连续多年稳居全市城区首位。

(2) 发展质量持续提升。武汉市江汉区现代服务业快速发展, 2015 年服务业增加值达到 850 亿元, 5 年翻了一番, 占地区生产总值的比重超过 90%。武汉市江汉区金融业、现代商贸业、现代物流业、信息与中介服务业等支柱产业产值占服务业的比重超过 70%。"退二进三"基本完成, 传统制造业陆续外迁, 转型发展文化创意、研发设计和科技服务等生产性服务业。成立武汉金融街管理委员会和武汉中央商务区社会事务管理服务中心, 区域配套服务功能加速提升。

(3) 产业集聚优势凸显。武汉市江汉区 5 年新增市场主体 4.7 万户, 占现有市场主体的 63.8%。招大商、引大企成果显著, 渣打银行、渤海银行、浙商银行、中海油、延长石油、中化石油、苏宁云商和中国铁塔等企业区域总部纷纷落户。商务商贸功能快速提升, 武商国际广场、菱角湖万达商业广场、泛海城市广场购物中心等商业综合体以及泛海喜来登酒店、万科君澜大酒店等五星级酒店先后开业。

武汉市江汉区产业进一步向园区集聚, "金十字"金融集聚区汇聚金融机构 300 余家, 获批全省唯一金融业集聚发展示范园区, 被授予"湖北省现代服务业示范园区先进单位"称号。华中地区首条民间金融街建成, 华中互联网金融产业基地、国家自主创新示范区江汉科技创新产业园等专业园区获批, 中国武汉人力资源服务产业园建设高标准启动。

(4) 发展后劲显著增强。武汉市江汉区不断开拓发展空间, 大力发展楼宇经济。5 年实施总投资 10 亿元以上重大楼宇项目 26 个。广发银行大厦、江汉国际金融中心、泛海国际 SOHO 城和泛海城市广场等一批商务楼宇投入使用。越秀国际金融汇、世纪江尚、长江航运中心、中国银行省分行营业楼、环球贸易中心和红人财富中心等写字楼开工建设。江汉区在全市率先建成楼宇经济信息系统，形成管理科学、服务精准的江汉楼宇经济特色。

（5）中央商务区初具规模。武汉市王家墩中央商务区正式更名为武汉中央商务区，各项工程建设驶入快车道，5 年累计完成投资 395 亿元，建成和在建项目面积约 670 万平方米，核心区在建百米以上高楼 145 栋，建成 81 栋。武汉中心主体结构封顶，刷新华中第一高度；亚太地区规模最大、最高的武汉世贸中心破土动工。市政道路和配套设施不断完善，开通地铁线路 2 条，建成道路 25 条，核心区地下交通环廊主环路全面建成，黄海路隧道、江汉大道商务区段高架项目开工建设。招商银行和平安银行、邮储银行和中国移动等区域总部相继在商务区定制业务大楼。商务区入驻企业超过 800 家，以总部经济和金融业为主导的产业特色初步彰显。

4.9.1.2　城区功能品质日益提升

（1）规划引领作用不断增强。武汉市江汉区统筹产业升级与城区转型，以规划引领城市建设。编制完成江汉区城市土地集约利用、长江大道沿线产业与城市设计和武汉中央大道等总体规划，实施城区"三旧"改造（2014—2020）、菜市场布局、垃圾收运体系布点、中山大道景观提升等专项规划，对全区土地利用、功能分区、空间布局和交通网络等进行全面研究，成为指引城区建设和经济转型的先导。

（2）城区综合交通功能全面强化。武汉市江汉区立体交通体系基本形成。江汉区在全市率先完成地铁 2、3、6、7 号线全部 24 个站点和汉孝城际铁路用地征收，确保辖区轨道交通建设按时全面开工。二环线、长江大道、机场二通道等城市干道江汉段建成通车。微循环路网日益完善，市区两级财政累计投入 81 亿元，新建、改建江发路、前进四路、万国路等道路 29 条，全区路网规划实现率达到 79%，位居城区之首。

（3）城市更新步伐加快。武汉市江汉区抓组织领导、大员领衔、精兵上阵，创新完善动迁指挥模式；抓规范征收，强化审计全程跟踪、协议审核等机制，公平阳光依法征收，维护群众合法权益；抓房源储备，筹集房源 21 处、9 246 套，开工建设"江汉人家"限价安置房 3 400 套，定向用于征收安置，极大地改善了困难群众的居住条件；抓难点突破，筹集 407 亿元，大力推进旧城、旧厂、城中村改造，先后实施沿江一号二期、西北湖片、电器集团片、紫竹片等旧城改建项目 25 个，动迁居民 1.8 万户，征收房屋 189 万平方米；在全市率先完成城中村改造任务，唐家墩村、皎子湖村、贺家墩村和航侧村累计拆除房屋 766 万平方米，城市更新加速，城区面貌改善，发展空间拓展。

（4）城市综合管理不断改善。武汉市江汉区"城管革命"深入推进，城市综合管理成绩连续三年居全市前三名。深化环卫体制改革，落实定边界、定职责、定标准、定费用的"四定"原则，战线统筹、部门街道共责、社区社会联动、"大城管"机制不断完善，城市综合管理能力不断增强。累计投入城市管理工作经费 21 亿元，环卫机械化水平全市领先。武汉市江汉区在全市率先编制小学城管校本教材，整治楼顶垃圾，取缔炭烧烤，建设工地文化围墙及景观花街，市容面貌明显改观。健全完善汉口火车站、金家墩客运站等窗口地带站区综合管理模式，环境管理机制良性运行。

（5）美丽江汉魅力逐步彰显。武汉市江汉区建设绿地 29 公顷，建设绿道 34 公里，完成三环线和张公堤森林公园绿化工程，园博园周边绿化景观全面提档升级。推进公园维修改造，完成老旧社区绿化提升，园林绿化考核连续两年居中心城区第一名。综合治理菱角湖、小南湖、西北湖，湖泊水质显著改善，湖泊保护管理考核连续三年居中心城区第一名。武汉市江汉区新建排水、污水管网 60 余公里，疏捞大型管涵 100 余公里，完成 16 个社区雨污分流工程。基本淘汰黄标车，拆除燃煤锅炉 168 台，改造居民油烟装置 5 000 户。圆满完成武汉市政府下达的节能减排、碳减排和主要污染物减排任务。

4.9.1.3　改革创新不断纵深推进

（1）服务业综合改革创造全国经验。武汉江汉区把发展现代服务业作为统领全区经济工作的一条主线，深入开展国家服务业综合改革试点，获得国家发改委重点支持。实施服务业 3 年攻坚计划，建立战略性新兴产业引导基金，累计争取国家、省、市服务业发展引导资金 3 960 万元。通过 5 年改革试点，服务业实现集聚发展、重点发展、带动发展，产业体系日趋完善，功能区建设取得重大进展，龙头企业带动引领作用显著增强，投融资、统计监测和服务创新等领域的经验多次在全国、全省交流。

（2）加快发展创新型经济。武汉市江汉区积极推进"大众创业、万众创新"，创新驱动能力显著提升。建成科技企业孵化器 16 家，其中国家级 2 家，省级众创空间 1 家，培育高新技术企业 52 家，投入科技研发资金 1 亿元。新增"新三板"挂牌企业 8 家，发展驰名商标 7 户，填补了"十一五"时期的空白。

（3）对外开放呈现新局面。武汉市江汉区 5 年实际利用外资 10 亿美元，年均增长 18.4%。康德乐、中意、任仕达等多家世界 500 强旗下企业落户江汉区。2015 年外贸出口达到 5.1 亿美元，是 2010 年的 2.4 倍。香港特区政府武汉经贸办事处在江汉揭牌，武汉中央商务区国际化社区加速形成，连续 4 年成功举办武汉国际时装周。①

4.9.1.4　民生事业持续蓬勃发展

（1）教育事业均衡优质发展。武汉市江汉区全面完成第一轮、启

---

① 数据来源：武汉市江汉区 2016 年政府工作报告，www.jianghan.gov.cn.

动第二轮学前教育 3 年行动计划，通过"省级学前教育示范区"评估
认定。江汉区投入 1.6 亿元，完成 13 所初中和 24 所小学标准化建设，
在全市率先完成标准化学校建设任务。完善教育基础设施建设，新改扩
建幼儿园 5 所、中小学 2 所。促进和维护教育公平，5 年累计资助困难
家庭学生 2 万余人次，资助金额 1 880 万元，妥善解决进城务工人员随
迁子女入学问题。教育质量稳步提升，从 2013 年起，中考成绩、高考
各批次上线比例均进入全市前三。拓宽职业教育就业、升学双渠道，建
设社区教育终身学习网。

（2）卫生计生事业融合升级。整合医疗养老资源，江汉区在全市
率先开展"医养融合"康复养老服务。全区 13 家社会办养老机构共享
医疗团队签约服务，面向养老机构的远程医疗列入全国试点。建设街道
居家养老服务中心 12 家，新建、改建社区养老院 17 家，新增床位
1 880 张。市十一医院扩建启动，提档升级街道社区卫生服务中心 10
家，成功打造 15 分钟社区卫生服务圈。出生人口性别比保持合理水平，
人口与计生服务体现人文关怀。深入推进幸福家庭创建，连续两年组织
10 244 名困难家庭成年女性开展"两癌"免费筛查。

（3）文化体育事业日益繁荣。江汉区投入近千万元，升级改造区
文化馆和图书馆。连续成功举办两届"非遗"文化节，顺利通过"全
国文化先进区"复查。推进基层文化体育阵地建设，升级改造街道文
体站 12 个、社区文体活动室 93 个，改建社区群众体育运动场地 12 个。
群众性文体活动蓬勃开展，每年组织的万名群众进剧场、金桥书评、六
湖联动金秋健身旅游节等活动成为江汉品牌，涌现出十二中足球队、武
汉宏兴队等水平较高的青少年和民间足球力量。

（4）社会治理水平明显提高。深化平安江汉建设，江汉区投入 1.8
亿元建成城市视频监控系统，建设完善网格管理中心、联合调解中心和
综治维稳中心。综合治理医院、学校、商场、火车站周边等重要点位，
"一感两度两率"（一感：群众安全感；两度：社会治安满意度、政法机关

公正执法满意度；两率：平安创建活动知晓率、参与率）测评排位稳步提升。重点整治华安里、东汉正街地区重大安全隐患，各类事故明显减少。强力化解信访积案，国家、省、市信访部门高度认可区"阳光信访信息系统"建设运行水平。安全生产管理、食品药品监管工作进一步加强。

（5）创建工作持续加强。武汉市江汉区举全区之力，扎实开展国家卫生城市和全国文明城市创建，国家创卫暗访考核成绩位居全市前列，文明程度指数"双月测评"成绩多次排名中心城区第一。志愿服务工作持续推进，连续 3 年获得中国青年志愿者奖励。坚持治城育人，开展"感动江汉"人物评选，弘扬崇高的道德风尚，犟妈、长江救援志愿队等典型辈出，展现出全区人民共建和谐的精神风貌。

（6）各项社会事业协调发展。武汉市江汉区认真做好对口援建帮扶工作。积极推进国家安全、民防、消防、国防动员和民兵队伍建设等工作，档案、保密、双拥、民族、宗教、侨务、地方志、消费者权益保护和机关事务管理工作得到加强，妇女、儿童、共青团、老龄、残疾人等方面的工作取得新成绩。

4.9.1.5　人民生活水平明显提高

（1）财政对民生投入力度显著提升。民生保障由补缺兜底向适度普惠转型，财政对科教文卫、社会保障、城市建设和住房保障的支出比"十一五"分别增长 161.6%、72.8%、396.2% 和 37.6%。

（2）居民收入较快增长。城市居民人均可支配收入 2015 年达到 40 590元，继续保持全市前列，是"十一五"末期的 1.9 倍，5 年年均增长 14%，增速与经济增长基本同步。

（3）就业社保水平不断提高。武汉市江汉区建立人力资源信息服务平台，在全市率先配备 30 台社区就业自助服务终端机，5 年扶持全民创业 2.3 万人次，新增城镇就业 12.7 万人次，城镇登记失业率控制在 3.2% 以内。"五险扩面"新增 49.3 万人次，低保实现进退有序的动态管理，获批开展全国"救急难"试点。

（4）困难群众住房条件逐步改善。武汉市江汉区 5 年投入 1.8 亿元，购买保障性住房 2 796 套，完成保障性安居工程 48 641 套。江汉区投入 5 398 万元，排除、修缮危房 15.2 万平方米。2015 年，城市居民人均居住面积达到 36.6 平方米，较 2010 年增加 4.7 平方米。

（5）社区建设深入推进。武汉市江汉区积极探索社区治理新模式，加大社区基础设施改建力度，创新基层治理组织架构，构建便捷高效的治理平台。投入 3 亿元改善社区办公、服务和活动场所条件，1 000 平方米以上的社区党员群众服务中心达到 62 家。武汉市江汉区持续推进幸福社区创建，投入 1.4 亿元提档升级 77 家老旧社区基础设施和公共环境。江汉区在全区 159 个有物业公司的居住小区筹建业委会，推动社区居委会、物业公司、业委会三方联动，社区物业管理工作连续 3 年名列全市第一。各街道切实担负起基层治理和服务群众的重任，推动社区建设不断取得新进展。

（6）紧贴民心办实事、解困急。坚持共享发展，真情关怀困难群体，每年为市民办理实事。投入 2 900 万元，建成全市最大的区级老年活动中心；投入 2 600 万元，建成全市一流的区级职工服务中心。积极为全区"三无老人"、失独老人、低保困难家庭和高龄老人开展配送餐服务，实现 80 岁以上老人高龄津贴全覆盖。新建 10 个小餐饮便民服务区，436 户小餐饮实现提档升级。更换、清洗"三无"水箱 2 838 个，安装老旧社区路灯 1 312 盏，新建、改建公厕 46 座。积极落实政府为民办实事事项，有效解决一批群众呼声最强烈、要求最迫切的民生问题。

4.9.1.6 政府自身建设全面加强

（1）服务型政府建设不断强化。武汉市江汉区深入开展党的群众路线教育实践活动和"三严三实"专题教育活动，干部队伍建设成效显著。深化行政机构改革，组建城管委、城改办、卫计委、工商局、食药监等机构，推进区纪检监察派出机构和事业单位分类改革；改革公务用车制度，节约行政开支；进一步精简行政审批事项，行政收费项目由 48 项减少到 11 项，清理审核 2 808 项行政权力和政务服务事项，并全部公开运行；推进商事制度改革，全面实行"三证合一"，行政效能不断提高。

（2）法治政府建设全面深化。武汉市江汉区认真执行江汉区人大及其常委会的决议，自觉接受区人大的法律监督、工作监督和政协的民主监督；人大议案、代表建议和政协建议案、委员提案全部办结；圆满完成"六五"普法，在全市率先推行政府及部门法律顾问制度，初步形成区、街、社区三级公共法律服务体系；建立健全政府依法决策机制，坚持"三重一大"决策制度；在全市率先编制权力清单、责任清单和程序清单，强化对权力运行的监督制约，规范政府投资和采购，加强公共资金、国有资产、国有资源和领导干部经济责任监管及财政资金审计。

4.9.2 "十三五"发展目标和主要任务分析

江汉区有着辉煌的历史，是老汉口发祥地，通江达海、南连北达、商贾云集、交易频繁，有"楚中第一繁盛处"的美誉。新中国成立以来，江汉区始终站在改革开放和建设发展的潮头，从商业贸易先行区到武汉现代服务业中心区，辖区面积最小，单位产出最多，财政贡献最大；高端楼宇最密，产业结构最优，服务配套设施最齐全。这些成果成为江汉未来迈上更高台阶的坚实基础。作为武汉的核心城区，江汉区必须在城市经济社会发展中有更大担当，发挥更大作用。江汉区有基础、有条件、有能力、有信心承担起全域中央商务区建设的历史使命。

建设全域中央商务区，是在加快推进武汉中央商务区建设的基础上，按照中央商务区的发展理念，高标准规划、高质量建设、高水平发展江汉区全部 28.29 平方公里国土，使整个江汉成为资源配置更加高效、高端产业更加聚集、配套功能更加齐全、文化特色更加凸显、人民生活更加幸福的现代化、国际化商务区，成为引领武汉国家中心城市建设、迈向 2049 国际城市的核心引擎。

建设全域中央商务区，是全区上下登高望远、主动谋划的思考和共识。建设全域中央商务区任重道远，需要举全区之力、聚全区之智，机不可失，时不我待，全区各级部门、领导必须以高度的历史责任感和强烈的使命感，团结带领全区人民，从现在开始，就朝着全域中央商务区的目标迈进。

未来 5 年，江汉区的发展目标主要是：

经济实力更强：地区生产总值预期增速高于全市平均水平，更强、更足、更优、更佳、更高、更美、更好、更实；地区生产总值和财政收入"双过百亿"。

发展动力更足：创新创业环境优化，建立自由、高效的现代市场体系。

产业结构更优：实施"互联网＋"行动计划，巩固提升支柱产业，大力发展新兴产业。

城区品质更佳：推进一批"三旧"改造项目，建成一批优质市政基建工程，打造一批高端商务楼宇。

文明程度更高：社会主义核心价值观深入人心，市民文明素质普遍增强，形成一批具有特色的文化品牌。

生态环境更美：城市管理标准提升，园林绿化水平稳步提高，湖泊水质总体稳定。

社会治理更好：社会化服务体系高效便捷、公共安全体系健全完善，群众的安全感、满意度显著提升。

民生保障更实：基本公共服务高水平全覆盖，人民生活质量和健康水平不断提高。

为确保上述目标顺利实现，全区要引高精尖产业、建高大上新城、创净绿美环境、聚两才（财）洼地、促发展共享，着力完成以下四大任务。

4.9.2.1 打造经济升级版，以全域中央商务区带动综合经济迈上新台阶

（1）建成核心功能区。武汉中央商务区要坚持投资建设和产业培育"两翼齐飞"，创新建设管理体制，加快完善与国际一流中央商务区相匹配的综合服务功能，入驻一批中外 500 强企业，形成以总部和金融业为核心，以信息服务、商贸流通、商务服务和文化创意等为重点的现代服务业体系。

（2）优化空间布局，形成"一核两纵三区四带"。突出武汉中央商务区"一核"；推进长江大道江汉段、武汉中轴线"两纵"建设；促进"金十字"金融集聚、江汉经济开发区、汉正街中央服务区"三区"产业升级；推进解放大道高端商业集聚带、中山大道历史文化风貌带、沿江大道旅游休闲带、京汉大道动感时尚商业带"四带"发展，再造中心之城，重塑复兴之路。

（3）建设十大片区。着力推进东汉正街片区、六渡桥片区、武商片区、汉口饭店片区、精武路片区、妙墩片区、西北湖片区、菱角湖片区、范湖片区、常青路片区建设。

（4）完善产业体系。大力发展楼宇总部经济，推动主导产业高端化，不断壮大金融、现代商贸、现代物流、信息与中介服务业；大力发展新产业、新业态，促进商务服务、文化创意服务、人力资源服务、房地产服务、健康服务及社区服务业蓬勃发展。

4.9.2.2 打造城区升级版，实现全域中央商务区宜居宜业新发展

（1）推动空间集约节约开发利用。坚持产城融合，提高土地利用效益，重点推进长江大道沿线、汉正街中央服务区片、武汉中央商务区片整体改造。

（2）构建高效便捷的交通网络。支持汉孝城际铁路、江汉大道、轨道交通 6、7 号线加快建设，建成区域路网系统。到 2020 年，新建道路 42 条，加快停车场建设，缓解交通拥堵。

（3）创新城市管理体制机制。着力建设法治城管、创新城管、智慧城管和服务城管，提升城市综合管理能力。

（4）建设美丽江汉。巩固创建成果，深入推进控规绿地建设，加大文化主题公园、花街、果园及绿道建设，保护利用好"两江七湖"。到 2020 年，全区绿地率达到 32%，绿化覆盖率达到 35%。

4.9.2.3 打造民生升级版，在保障和改善民生方面取得新成果

（1）完善就业创业服务体系，健全人力资源信息服务平台，激活全民创新创业热情和能量。到 2020 年，全区新增就业岗位 6.5 万个，服务业从业人员占比达到 70% 以上，城镇调查失业率控制在 4.5% 以内。

（2）提高社会保障水平，扎实开展"救急难"试点，落实各项保障政策。健全养老服务体系，扩建一家区级福利院，实现养老服务设施社区全覆盖，全区每千名老人拥有床位 50 张以上。

（3）基本实现教育现代化，推进学前教育普惠优质、义务教育优质均衡、高中教育优质多元、民办教育多元规范发展。新、改、扩建中小学 22 所，优化教育布局。到 2020 年，在全市率先建立结构合理、开放多元、特色鲜明、充满活力的现代化教育体系。

（4）提高公共医疗服务水平，建设"健康江汉"，推进基本公共卫生服务均等化。到 2020 年，辖区卫生资源总量和总体医疗卫生服务、医学科技创新、居民健康等指标达到全市先进水平，建成全国首批"健康城区"。

（5）改善居民居住条件，完善住房供应与保障体系，加大危房治理力度，加强保障性住房管理，建立健全物业管理机制，持续提高小区居民幸福指数。

（6）健全公共文化、体育、旅游体系，打造文化地标，建设文体场馆和街道、社区文体阵地，推进人均公共文化设施、健身场地面积达到全市平均水平，精心组织文体惠民工程，推动区级非物质文化遗产项目进入国家级名录，建设具有江汉特色、符合国家标准的综合档案馆及数字化档案馆。

4.9.2.4 全面深化改革开放，在增强城市发展活力上实现新突破

（1）建设创新型城区。深化服务业改革，建设国家自主创新示范区——江汉科技创新产业园；创办"众创、众包、众扶、众筹"平台，建成 1~2 个在全市具有影响力的创客空间；实施"城市合伙人"计划，健全人才引进培养体系，加大人才激励。

（2）推进法治江汉建设。简化行政审批事项，完善"三单联动"；推进依法行政，健全依法决策机制；创造良好政务环境，加强预算管理、审计监督，严格行政效能监察；推进"七五"普法，坚持政府法律顾问制度，完善公共法律服务体系。

（3）加强对内对外开放。完善招商引资机制，加大龙头企业、新兴业态的引进力度；深化区域合作，强化对武汉城市圈、江汉生态经济带及长江中游城市群的辐射带动；提高国际化水平，构建与国际接轨的政务、市场、法治、人文环境。

（4）健全社会信用体系。建设区级信用信息公共服务平台，建立失信惩戒机制和失信"黑名单"发布制度，开展"信用江汉"创建，推进诚信意识教育。

（5）提高社会治理能力。落实全市创新社会治理、加强基层建设的要求，推动部门服务资源向街道聚集；推进网格管理中心、联合调解

中心和综治维稳中心建设；深化基层党组织领导下的居民自治，创建全国社会组织建设创新示范区，健全社区志愿服务网络。

（6）推进"平安江汉"建设。加强安全监管，完善公共安全事件预防预警和应急处置体系；加强社会治安综合治理，完善法律援助、流动人口服务管理和阳光信访机制。

4.9.3 武汉市中央商务区建设概况

将江汉区 28.29 平方公里全部区域建设成为武汉市的中央商务区（CBD），引领和支撑武汉市、长江中游城市群乃至中部地区现代服务业发展。武汉建设国家中心城市，需要一个中央商务区，江汉区具有地理、产业、资源、环境等诸多优势，最有条件成为武汉市的中央商务区。建设全域中央商务区，必须发挥武汉中央商务区核极功能，加快长江大道沿线旧城改造，以此为纽带，将江汉经济开发区、省金融业集聚发展示范园区和武商商圈有机连接，"十三五"时期基本形成全域中央商务区雏形，在此基础上加快南部中山大道、东汉正街地区旧城改造，基本建成全域中央商务区。

"一区"即建设全域中央商务区；"六中心"即打造区域性金融中心、商贸中心、商务服务中心、石油调配中心、通信信息中心和汉派服饰研发中心。金融业集聚发展，辖区内有 300 多家金融机构，其中，全国性金融总部 8 家，金融业注册资本、增加值和财政贡献度均位居全市首位，金融资源全市第一；金融业态完善，拥有全省唯一的省金融业集聚发展示范园区，并被评为"湖北省现代服务业示范园区先进单位"、全国第三条民间金融街和华中互联网金融产业基地，是武汉名副其实的金融中心。商贸业集聚了武商、中百、新世界、苏宁等商业龙头企业，新建了武商国际广场、菱角湖万达商业广场、泛海城市广场等一批综合商业体，武商商圈成为全省时尚消费中心，全区社会消费品零售总额稳居全市首位，是区域性商贸中心。商务服务业集聚了安永、德勤、戴德梁行、世邦魏理仕等一批世界知名中介机构，是全市高端商务服务业最密集的区域。现代物流业集聚了中石油、中石化、中海油、延长石油、中化石油全国五大石油巨头区域总部，年销售额占全省 60% 以上，是华中地区石油调配中心。信息服务业集聚了省移动、省电信、省铁塔等一批"省"字龙头企业，是区域性通信信息中心。连续成功举办四届武汉国际时装周，汉派服装的知名度和影响力不断扩大，打造集时尚创意、设计、研发、展览展示与营销于一体的综合平台，形成汉派服饰研发中心。

到 2020 年，全区公共财政总收入突破 200 亿元，地方财政收入突破 100 亿元。夯实全区 107 个社区建设基础，健全网格管理机制，显著改善社区环境。加大投入，做好绿化、修路、视频监控、便民服务等惠民实事，创建幸福社区。加强公共设施管护，完善硬件设施，提高社区网格化、精细化管理水平，改善社区人居环境。抓好业委会组建和换届工作，群团组织进一步根植社区，组织群众、教育群众、服务群众、凝聚群众。

在社区建设中，转变政府职能，突出社区自治功能，建立转型的政府行政资源与社区资源整合、行政调控机制与社区自治机制结合、政府管理功能与社区自治功能互补的城市社会治理体制。以社会治理社区化和社区治理社会化为路径，实施社工给力工程、社团助力工程和社区活力工程，建立居民参与和居民自治的"四微"机制——微社团、微项目、微公益、微自治。

充分发挥社区、社会组织、社会工作人才队伍在社会治理中的积极作用，逐步形成以社区为平台、以社会组织为载体、以社会工作人才为骨干的联动融合发展格局。将市场主体工商营业执照、组织机构代码证、税务登记证等需由工商、质监、国税、地税部门分别办理的事项，实行"一站受理、同步审批、限时办结、统一发证"模式，在产业结构调整中，缩小第二产业，发展第三产业。

4.10　西安市碑林区发展建设整体状况分析

4.10.1　2015 年发展建设主要成绩

2015 年，西安市碑林区牢牢把握改革创新、依法行政、稳健提升的政府工作基调，全力稳增长、调结构、促改革、惠民生，区域经济社会保持平稳健康发展，积极适应经济发展新常态，转变作风抓落实，持续推进转型优化升级，经济社会发展取得了显著成就。碑林区获得国家级荣誉 102 项、省级荣誉 259 项，连续 7 年荣获全省"经济社会发展五强区"称号，迈入了建设国际化大都市核心城区的新阶段。

4.10.1.1　经济综合实力明显增强

西安市碑林区坚持稳中求进，在稳增长的同时更加注重调结构、转方式，推动形成了经济规模扩大、结构优化、动力转换的良好态势。

（1）经济总量跃上新台阶。碑林区牢固树立"不唯 GDP 不是不要 GDP"的理念，强化底线思维，紧盯主要经济指标，集中精力稳增长，保持了经济在合理区间运行，经济总量持续攀升。5 年来，碑林区地区生产总值保持了年均 11.9% 的增长速度，相继突破 400 亿元、500 亿元、600 亿元大关，2015 年完成 676.65 亿元，是 2010 年的 1.9 倍。地方财政一般预算收入年均增长 15.9%，2015 年完成 45.33 亿元，是 2010 年的 2.09 倍，财政总收入年均增长 13.36%，2015 年完成 93.97 亿元，是 2010 年的 1.87 倍。城镇居民人均可支配收入年均增长 12.2%，2015 年完成 41 050 元，是 2010 年的 1.78 倍。①

（2）产业发展迈向中高端。碑林区大力发展三大主导产业和三大经

---

① 数据出自《西安碑林区 2016 年政府工作报告》，http：//beilin. china－xa. gov. cn.

济形态，促进了业态转型、层次升级，创建国家级服务业试点聚集区
2 个、市级 6 个，服务业增加值年均增长 11%，2015 年完成 542.41 亿元。
积极应对网购冲击，创新营销方式，发展电子商务，商贸服务业健康发
展。坚持文化旅游业融合发展，旅游业总收入年均增长 13.96%，2015 年
完成 270.23 亿元。累计投入科学研究与发展资金 7 525 万元，培育市区
科技企业小巨人 85 家，专利授权 13 249 件，技术交易额 399.78 亿元。新
增商务楼宇 9 栋，总数达 53 栋，平均入驻率为 90% 以上。加强历史文化街
区基础设施建设，调整商业街区业态，街区经济繁荣发展。碑林区科技产
业园动漫、服务外包等文化创意产业发展迅速，技工贸年收入过百亿元。

（3）长动力更加均衡可持续。碑林区坚持项目带动战略，狠抓项
目建设和招商引资，实施重点建设项目 231 个，完成投资 680.45 亿元，
固定资产投资累计完成 1 886.75 亿元，是"十一五"时期投资总额的
2.15 倍，实际利用外资 3.19 亿美元，引进内资 107.35 亿元，投资对经
济增长发挥了关键作用。坚持多措并举促消费，社会消费品零售总额年
均增长 14.5%，2015 年完成 561.46 亿元，是 2010 年的 1.97 倍，消费
拉动作用明显增强。认真落实"三证合一、一照一码"商事制度改革，
大力推进大众创业、万众创新，新设立企业年均增长 43.86%，非公经
济增加值 2015 年预计完成 348 亿元，占 GDP 的比重达到 51.4%，比
2010 年提高了 4.05 个百分点，经济发展更具活力。新三板后备企业达
23 家，在 13 个区县中率先实现挂牌。

4.10.1.2 三项重点工作不断突破

西安市碑林区着力推进事关碑林转型发展的三项重点工作，不仅打
开了工作局面，更激发了全区上下干事创业的信心和激情。

（1）环大学创新产业带建设。碑林区"三区一轴多园"（三区：工程
科技服务产业聚集区、创意设计产业聚集区、研发服务产业聚集区；一
轴：友谊路轴线；多园：多个科技创业园、大学科技园、各类专业园、

众创空间）的发展框架基本形成，市区共建、校地合作工作机制更加健全，国家现代服务业综合试点工作进展顺利，成为西安市国家创新改革实验区的重要内容。总投资 15.36 亿元的 7 个项目建设进展顺利。西安创新设计中心启动建设，引进腾讯（西安）众创空间和陕西省青年创业联盟，成立西安设计联合会，建成市级众创空间 11 个，创新创业活力迸发，2015 年技术交易额突破百亿元。

（2）长安路中央商务区建设。碑林区确定了"龙脉核心区——西安 CBD"的发展定位，拥有商务楼宇 23 栋，聚集世界五百强、中国百强企业及分支机构 33 家，入驻金融机构 59 家，成为全市唯一一家中国商务区联盟会员。加强城墙——南门历史文化街区周边环境提升整治，陕西文化中心等 12 个重点项目建设进展顺利，珠江时代广场、中贸广场等项目建成运营，王府井百货、西部网购等知名企业相继落户，长安北路公共区域实现免费无线网络全覆盖，环南门商业新格局逐步形成，商贸核心区影响力增强。

（3）东关地区综合改造。碑林区按照"规划先行、产业支撑，市区联动、区级实施，连片改造、分步进行"的改造思路，以"两宫一市"为重点进行综合改造整体策划，加大政府主导力度，初步包装项目用地 66.67 公顷，5 个项目已经取得前期计划批复。八仙宫周边改造、中铁十五局棚改项目启动实施。

4.10.1.3 城区环境日益改善

西安市碑林区始终把管理城市作为一项基础工作来抓，综合施策，标本兼治，城市面貌展现新形象。

（1）解决了一些打基础、利长远的问题。加强规划引领，基本完成分区规划修编和三大片区城市设计，调整落实了用地性质、结构及公共设施用地布局，积极实践"多规合一"，稳妥推进城市管理体制改革，组建了城市管理局，统一行使城市管理职能。在全市率先编制实施

《城市精细化管理标准》，将全区划分为 35 个管理网格，数字化城市管理指挥中心建成运行，日均处置各类问题 800 件左右，属地化、网格化、数字化管理体系不断健全。

（2）城市建设全面推进。碑林区东大街综合改造收尾工程进展顺利，重心向管理转移，人气商气加快恢复；全面完成 24 个城改项目回迁安置，15 个城中村完成撤村建居；朱雀东坊棚改项目安置楼封顶，大学东路西段、曹家巷棚改项目房屋征收稳步推进；地铁 3、4 号线碑林段 7 个站点房屋征收补偿全面完成，打通断头路 5 条，提升改造背街小巷 26 条，完成环城南路等 3 条主干道城市夜景点亮工程；智慧社区管理服务系统等智慧城市试点项目顺利推进。

（3）城市管理水平持续提升。碑林区积极开展城市精细化管理"百日整治""夏季攻坚"等专项活动，加强联合执法，着力解决脏、乱、差等顽疾，顺利通过国家创卫复审和创文验收；圆满完成缓堵保畅 3 年行动计划，配合完成东门立交等三项重大缓堵工程，新建公共停车场 20 个，新增停车泊位 3 551 个，建成公共自行车站点 129 处；强力推进治污减霾，空气质量优良天数逐年递增，2015 年达到 253 天，较上年增加了 45 天；全区绿化覆盖率、绿地率分别达到 49.5% 和 35.6%，提前一年完成国家森林城市创建任务。

4.10.1.4　群众得到更多实惠

西安市碑林区认真落实财政用于民生两个"80%"的要求，5 年共计投入 91.41 亿元，年均增长 22.6%，承担的市级惠民实事和公开承诺的区级惠民实事全部完成。

（1）基本公共服务全面加强。认真落实就业优先战略，举办招聘活动 376 场次，免费培训 354 期、1.44 万人次，发放小额担保贷款 6.79 亿元，建成各类就业创业基地 15 家，西安丝绸之路经济带人力资源服务产业园落户碑林区，全市首家创业大学启动建设，新增就业 7 万人，城镇登记失业率控制在 4% 以内；全民参保登记计划顺利实施，

5 项社会保险累计参保 56.53 万人次；全国首批"救急难"综合试点扎实推进，城市困难家庭帮扶体系不断健全，累计发放低保金 2.95 亿元，救助金 3 457.38 万元；建成社区居家养老服务站 81 个，发放高龄老人保健补贴 2.02 亿元；廉租住房租金补贴 2 213 户，收储配租公租房 2 335 套。

（2）社会治理创新深入推进。碑林区强化社区管理，社区办公经费大幅提高，办公服务用房全面达标，招录社区工作者 512 人，服务水平不断提升，荣获"全国和谐社区建设示范区"；建成全省首家区县社会组织培育中心，制定《政府购买服务目录》，推动专业社会工作进社区，荣获"全国社会组织建设创新示范区"；深入开展矛盾纠纷排查化解，努力化解疑难积案，信访总量持续下降；坚持安全生产"党政同责、一岗双责、齐抓共管"，大力开展打非治违等专项整治，强化安全社区和信息化建设，夯实企业主体责任，安全生产形势平稳向好；食品药品安全监管体制改革顺利完成，扎实推进国家食品安全城市创建，监管能力有效提升；加强社会治安综合治理，专群结合，加大防范打击力度，圆满完成重要时期、重大活动安保维稳任务，社会大局和谐稳定。

（3）社会事业取得长足发展。大学区管理制等教育领域综合改革稳步推进，实施校园建设项目 14 个，新晋省级标准化高中 3 所、示范性高中 2 所，教育教学质量持续领先，荣获国家级义务教育均衡发展合格区；省"双高双普"合格区。深化医药卫生体制改革，不断加强社区卫生服务内涵建设，组建医疗联合体 5 个，看病难、看病贵问题呈缓解趋势；认真落实"单独两孩"等人口政策，生育水平基本平稳，人口自然增长率控制在 4.5‰以内；建成全民健身路径 170 条，开展各类文体活动千余场次；残疾人"两个体系"（社会保障体系和社会服务体系）建设力度加大，综合服务中心建成运行；"两联一包"① 3 年行动

---

① 即副省级以上现职领导干部联系一个扶贫开发工作重点县，包扶一个重点村；省级各部门、各单位联系一个扶贫开发工作重点县，帮扶一个贫困乡（镇），包扶一个扶贫开发工作重点村，规模大、实力强的单位要包扶 2~3 个重点村；县（处）级单位联系一个贫困乡（镇），包扶一个重点村。

计划圆满完成；荣获"陕西省双拥模范区"八连冠；人事、物价、档案、交通、人防、粮食、妇女儿童、人民武装、民族宗教等工作也取得了新成绩。

4.10.1.5　行政效能持续提升

西安市碑林区加大简政放权力度，承接省市下放事权 116 项，对全区 33 家行政主体和 328 项执法依据进行核查，《区级部门行政许可项目汇总目录》公开发布，严格落实"法无授权不可为"。碑林区新一轮政府机构改革顺利推进，撤销政府部门 6 个，新组建政府部门 5 个。公务用车制度改革基本完成，公务卡制度改革扎实推进，"三公"经费年均下降 15.24%。机关事业单位工作人员养老保险制度改革启动实施。认真落实"营改增"等结构性减税政策，区政府财政预算和区级部门预算全面公开。

4.10.2　"十三五"发展目标的分析

"十三五"时期是全面建成小康社会的决胜阶段，也是西安市碑林区建设现代化美丽城区的关键时期。"十三五"期间，碑林区作为西安建设国际化大都市的核心城区，区位交通、产业发展、科教实力和人文环境等方面的优势将更加明显，潜能更加巨大。同时，碑林区经过十多年的快速发展，打下了坚实的发展基础，具备了新常态下加快发展的条件和能力。碑林区发展的机遇远远大于挑战。西安市碑林区紧紧围绕建设现代化美丽城区的目标，紧扣"五大"发展理念，不断破解发展难题、增强发展动力、厚植发展优势、加快转型发展。实现"十三五"时期的发展目标，碑林区重点要做好以下 4 个方面的工作。

4.10.2.1 推进动力转换，激发经济增长新潜能

随着经济总量持续增大，增速趋缓是一项基本规律。"十三五"时期，稳增长将成为碑林区经济发展必须面对的新常态，必须抓好供给侧结构性改革，通过改革创新，推动供需再平衡、资源再配置，培育发展新动力，确保经济平稳较快增长。积极化解土地、资本等要素制约，深化投融资体制改革，引导各类资本投向产业升级、城市改造、公共服务等领域，强化投资对增长的关键作用。创新扩大有效供给，优化完善消费环境，充分发挥消费对经济增长的基础作用。大力发展实体经济，通过科技研发实现创新驱动，提升企业核心竞争力和国际化水平，培育行业领军企业。

4.10.2.2 加快优化升级，拓展转型发展新空间

"十三五"时期，转型依然是碑林区发展不变的主题，必须更加依靠转型开拓发展新空间。牢牢把握3项重点工作：①探索体制机制创新，聚焦重点项目建设，推动资本、技术和人才密集型服务业发展，优化城市功能板块布局，拓展区域发展新空间。②做强做优三大主导产业、三大经济形态，推动生产性服务业向专业化和价值链高端延伸，生活性服务业向精细和高品质转变，提升产业发展层次，拓展产业发展新空间。③积极实施智慧城市、综合管廊等重大公共基础设施工程，强化地下空间利用，拓展城市发展新空间。

4.10.2.3 提升治理能力，打造城市环境新优势

"十三五"时期，碑林区坚持"精心规划、精致建设、精细管理"，发挥规划引领作用，积极实践"多规合一"，提升规划实施和管控能力。以棚户区改造为重点，以片区改造为方向，推进城市综合改造，加强配套设施建设，传承历史文化特色，鼓励货币化安置，疏解人口密

度，优化土地资源配置，着力改善人居环境；创新城市管理方式，健全责、权、利相统一的属地化、网络化、精细化管理体制机制；培育提高居民群众文明素养，全面提升城市内在品质。

4.10.2.4　坚持共享发展，增进居民群众新福祉

碑林区的发展首先要惠及生活、工作和创业在碑林区的居民群众。"十三五"时期，必须坚持用居民群众的感受改进政府工作，细化共享发展目标任务，从解决群众最关心、最直接、最现实的利益问题入手，坚守底线、突出重点、完善制度、引导预期，进一步加大财政投入力度，创新政府购买、社会资本合作等公共服务提供方式，建立更加公平、更可持续的社会保障制度。认真办好涉及群众利益的各项社会事业和民生实事，加强对特定人群特殊困难的帮扶，抓好城市安全的各项工作，努力让居民群众在共建共享中有更多获得感。

4.11　福州市鼓楼区发展建设整体状况分析

4.11.1　2015 年发展建设主要成绩

2015 年，福州市鼓楼区实现地区生产总值 1 132.6 亿元，增长 11.2%；一般公共预算总收入 61 亿元，增长 10%；地方一般公共预算收入 37.5 亿元，增长 10.2%；社会消费品零售总额 918.6 亿元，增长 14%；规模以上工业增加值 74.4 亿元，增长 11.1%；城镇以上固定资产投资 449.1 亿元，增长 12.1%；实际利用外商直接投资 2.8 亿美元，增长 8.7%；外贸出口 316.6 亿元，增长 0.35%；城镇居民人均可支配收入 4.1 万元，增长 9%。福州市鼓楼区主要工作和成效表现令人瞩目。

4.11.1.1 积极应对、精准发力，发展态势稳中有进

紧抓发展第一要务。福州市鼓楼区全面贯彻中央、省、市推动稳增长的一系列政策措施，及时出台加快发展现代服务业和对接福州新区、自贸区等政策举措，为经济发展注入政策红利。鼓楼区坚持稳中求进的工作总基调，积极应对经济下行压力和各种困难，加强研判、精准施策，经济运行总体平稳，地区生产总值保持全省第二，地方一般公共预算收入在全省实现争先进位。

（1）积极扩大有效投资。福州市鼓楼区认真落实加快产业转型升级的实施意见，将现代服务业作为主攻方向，建立 11 大门类龙头企业库，促进商务、金融、软件及信息服务等重点行业加快发展。狠抓投资拉动，突出城市建设、民生等重点领域，加大项目投资力度，加快培育新的投资增长点，全年共安排重点项目 101 个，累计完成投资 120 亿元；市级重点项目完成投资 69.6 亿元，超序时 13.2 个百分点。

（2）加大企业帮扶力度。福州市鼓楼区健全完善经济工作联席会议等制度，深入开展"企业服务月"等活动，全年发放服务业引导资金 5 600 万元，及时解决经济运行中存在的困难问题；有力有效防控风险，财政出资 3 000 万元与福建海峡银行联合建立企业应急周转保障专项资金，有力支持了实体经济的发展。

4.11.1.2 优化结构、转型升级，发展效益好中向优

（1）楼宇经济高质高效。福州市鼓楼区建成福晟财富大厦、恒力创富中心等一批 5A 级智能化商务楼宇，改造中福广场、中山大厦等 14 栋旧商务楼宇，全面优化楼宇经济网格化管理，以优质载体强化招商引资，全年对接"三维"项目 203 个，总投资 495 亿元。三峡集团福建总部、孩子王福建总部、希尔顿欢朋酒店等一批项目落户鼓楼区，鼓楼区跻身全国楼宇经济十大潜力城区。

（2）园区经济势头强劲。福州市软件园全面建成海峡软件新城，引进南威软件、华扬盛鼎等 65 家企业，榕基软件、瑞芯微电子等 9 家企业跻身全国软件企业综合竞争力 200 强，34 家企业年产值超亿元，园区全年实现技工贸总收入 432 亿元，增长 20%；洪山科技园完成先进技术服务产业园一期征迁，引进润土电商总部等 8 家企业，园区全年实现技工贸总收入 218 亿元，增长 30.5%。

（3）商旅联动促进消费。福州市鼓楼区顺应个性化、多样化的消费趋势，华润万象城等一批综合体加快建设，全面建成五洲佳豪美食园、中瑞省体美食城。大东街口商圈改造稳步推进，聚春园二期、东百 B 楼改扩建进度加快，津泰智慧街区优化提升，安泰河商务休闲带启动招商运营。质量强区取得新成效，19 家企业通过省著名商标初审，辖区著名商标、知名商标双双破百。旅游产业发展驶入快车道，基本建成温泉博物馆、闽都旅游服务中心，完成朱紫坊芙蓉园保护修复工程，三坊七巷成为福州市首个国家 5A 级景区，被授予联合国亚太地区"文化遗产保护奖"。

（4）新兴经济提速增效。福州市鼓楼区大力实施"互联网＋"行动计划，推动永辉与京东合作建立物流"O2O"众包模式，金牛山互联网产业园建设、招商有序推进，引进牧科物联、博智成等一批互联网企业，全区入驻"正统网"电商企业 586 家，线上交易额突破 300 亿元。文化创意产业规模壮大，建成乌山、怡山文创园，福建影视文化基地等一批文创园优化提升。神画时代原创卡通"逗逗虎"斩获国际动漫节"金猴奖"最具潜力动漫形象奖。

4.11.1.3　深化改革，创新驱动，发展活力不断增强

（1）市场资源有效配置。福州市鼓楼区深化工商登记制度改革，积极推行"一照一码"和"商务秘书"等措施，市场主体户数和注册资本总额居全市首位；鼓励社会资本参与基础设施建设和基本公共服

务，以 PPP 模式建设观风亭及南营地下立体停车库，居家养老、文化服务等市场化运作有序实施；企业上市融资步伐加快，共 21 家企业在新三板挂牌，42 家企业列入省、市上市企业后备名录。

（2）创新驱动成效初显。福州市鼓楼区加强科技创新公共服务平台建设，省邮电规划设计院列入福州市院士（专家）工作站，福州大学科技园被授予第一批省级科技孵化器；大力引导企业加大产、学、研投入，21 家企业被评为省级创新型企业，联迪商用获得第十六届中国专利优秀奖，新东网电信电子渠道软件等 12 个项目获评市科技进步奖；启动软件园创客谷等一批项目建设，凤凰谷咖啡、云端创咖、华泰众创等获评省级众创空间。

（3）管理体制日趋健全。福州市鼓楼区全面完成新一轮政府机构改革，事业单位分类改革稳步推进；建立权力清单、责任清单制度，梳理公布 68 项区级行政职权、89 项行政许可项目、51 项公共服务事项；认真落实"营改增"等结构性减税政策，实现全口径预算，区、街财税管理体制进一步优化；双下、晨光等经合社股份制改革稳妥推进。

4.11.1.4 注重宜居，提升品质，城区面貌明显改观

（1）旧城改造稳步推进。福州市鼓楼区坚持以人为本，推进旧屋区改造，强化地块设计与运营谋划，全面启动于山北坡、西洪路沿线等 23 个项目共 27.5 万平方米的旧屋区改造；攻坚完成江厝西路、国防工办宿舍、省农业厅宿舍等 12 个项目征迁扫尾，有效推进空间盘整与项目实施；持续改善群众居住条件，扎实推进安置房建设，基本建成国棉厂、福大一号地、陆庄柳桥等共 24.8 万平方米的安置房，1 133 户居民顺利回迁。

（2）生态环境有效提升。福州市鼓楼区高标准实施环境综合整治，完成二环路、六一路等 11 条道路沿线及省体育中心、福州大饭店周边等 4 个节点 180 多栋楼体景观整治，完成文林路、杨南街、古乐路等 8

条道路建设，改造提升华林横巷等 20 条小街巷；大力实施"四绿工程"（绿色城市、绿色村镇、绿色通道、绿色屏障），全面建成黎明湖公园，左海—金牛山城市森林步道部分区段建成开放；加强环境保护监管，有序淘汰黄标车，城区优良空气天数比率达到 95%，原厝水源保护区水质保持 100% 达标，顺利通过国家级生态区技术评估。

（3）城市管理持续加强。福州市鼓楼区坚持常态长效抓文明创建，测评成绩居五城区之首；在全省率先开展"循环积分"垃圾分类试点，垃圾直运、固体废弃物无害化处置等市场化运作全面推行；改造甘洪、天泉、福大 3 座垃圾转运站，综合整治 50 个老旧小区，推进 113 个老旧小区长效管理；"数字城管"全年办理批转件 12.7 万件，按期办结率达 96.2%；深入开展"城市管理百日行动"，有效治理夜间大排档、"两车"乱停放等问题；拆除"两违"11.4 万平方米，成功创建省级无违建示范区；智能交通出行服务平台优化提升，新增 200 多个公共停车泊位，一定程度上缓解了停车难问题。

4.11.1.5　民生为先，普惠共享，社会事业协调发展

（1）教育优质均衡发展。福州市鼓楼区建成杨桥中学教学综合楼，模范小学、铜盘小学等一批教学综合楼加快建设，基本完成花园小学、达明小学等教育预留地征迁。在全市率先成立家庭教育讲师团，"少年好习惯"推广计划列入全省学校德育改革重点项目，鼓实小学、林则徐小学等多所学校推行"走班制"，师资队伍和教学质量实现双提升，新增 30 名区级教学名师，教师校际交流率达 10% 以上。学前教育加快发展，改造提升 7 所幼儿园，9 所公办幼儿园 30% 的招生名额首次实行电脑随机派位。鼓楼区高分通过省、市"两项督导"评估考核。

（2）卫计事业加快发展。改造提升萧治安中医外科医院和南街、华大社区卫生服务中心，完成鼓东社区卫生服务中心新址建设。新增 6 个公立卫生服务站，提升 30 个民办卫生服务站，新建 4 家社区卫生

服务中心中医馆。全面推行全科医生服务，家庭医生签约服务超过 12
万人。"单独两孩"政策稳步实施，人口自然增长率为 8.36‰，鼓楼区
被列入全国计划生育家庭科学育儿试点单位。

（3）文体事业蓬勃发展。福州市鼓楼区强化公共文体活动场所建
设，建成左海城市社区多功能运动场和 17 个全民健身示范工程运动场。
加强文化传承，成功举办第二届闽台城隍文化节，完成林纾故居纪念
馆、龙峰泰山庙保护修复，名人名城展示馆建成开放，高爷庙 3 个项目
入选市级非物质文化遗产传承示范基地。积极做好第一届全国青运会各
项工作，圆满承办网球单项比赛，广泛开展"百人骑行迎青运"和
"福聚鼓楼——爱在社区"文化公益行等文体活动。

4.11.1.6　完善服务，增进福祉，社会保持和谐稳定

（1）社会保障持续改善。福州市鼓楼区全面落实就业惠民政策，
春风行动、就业援助月等活动深入开展，全区新增就业人员 3.5 万人。
城镇居民社会养老保险实现全覆盖，城市低保对象实现应保尽保。住房
保障力度加大，积极帮助 635 户低收入住房困难家庭申请保障房、公共
租赁房。居家养老服务能力持续增强，新增洪山、鼓东、南街等老年人
日托所，全区居家养老服务站面积增至 1.3 万平方米。政府购买养老服
务提标扩面，投入 190 万元，将家庭人均月收入 1 800 元以下的特殊困
难老人纳入服务范畴。

（2）社区基础不断夯实。鼓楼区 69 个社区用房面积均达 500 平方
米以上，实现"一老一少一普"全覆盖，十街镇均建成一所公立少儿
托管中心；全面完成社区组织换届，实现队伍结构优化、层次提升；创
新服务模式，建成凤湖社区家庭综合服务中心，北江、观风亭等社区试
点政府购买专业社工服务；联合高校开办"社会工作班"，多种方式培
养社区人才。福州市鼓楼区被列入"全国社区治理和服务创新实验
区"。

（3）社会治理日趋完善。健全"党政同责、一岗双责"的安全生产责任体系，企事业单位安全生产标准化提升工作完成率达 83.7%，安全生产形势保持总体稳定；积极防御"苏迪罗"等强台风和暴雨袭击，应急保障和防灾减灾体系进一步健全；坚持按照法定途径处理信访事项及矛盾纠纷，排查矛盾纠纷 1 301 起，调处成功率达 99%，人民群众安全感达 93.7%，鼓楼区荣获全省第三轮首批"平安县市区"称号。

4.11.1.7　转变职能，依法行政，自身建设切实增强

（1）政务服务优化提升。福州市鼓楼区加快政务服务标准化建设，区级审批及服务事项办理时限压缩到法定时限的 30% 以内，一般性审批事项实现 100% 即办；成立智慧鼓楼管理服务中心，福州鼓楼区区政府门户网站实现全省政府网站绩效考核五连冠，"12345"便民呼叫中心拓展企业诉求服务通道，全年共受理政务服务及诉求 8.9 万件，及时办结率达 100%。

（2）依法治区深入推进。福州市鼓楼区自觉接受区人大及其常委会的法律监督、工作监督和区政协的民主监督，认真办理 114 件人大代表建议和 130 件政协提案，满意率分别为 100% 和 99.2%；拓展公共法律服务，建成区公共法律服务中心，成立全省首家驻街道"人民法官工作室"，以政府购买服务的方式设立"律师进社区"工作室，鼓楼区获评"全国法治县市区创建活动先进单位"。

（3）作风建设持续加强。福州市鼓楼区扎实开展"三严三实"专题教育和作风建设年等活动，严格落实"八项规定"，政府系统"三公"经费支出下降 22.7%；大力弘扬"马上就办、真抓实干"精神，深入开展"三比一看"（比落地、比促销、比服务，看绩效）、"四个万家"（进万家门、知万家情、解万家忧、办万家事）等活动，全区领导干部帮助企业、居民解决 8 900 多个问题，积极开展效能建设、绩效管理等工作，坚决整治"为官不为""庸懒散拖"等问题；行政监察、

审计监督力度持续加大，反腐倡廉工作有效加强。

过去 5 年，福州市鼓楼区产业结构优化升级，全方位推进国家服务业综合试点改革，三次产业结构由 2010 年的 0:22.9:77.1 调整为 2015 年的 0:20:80。商贸强区地位巩固提升，大东街口商圈改造全面启动，相继规划建设华润万象城、恒力博纳广场、恒力城等一批综合体，引进路易威登、杰尼亚、星巴克等一批国际知名品牌。楼宇经济、总部经济蓬勃发展，新增 92 万平方米商务楼宇，现有税收超千万元楼宇 93 栋、超亿元楼宇 19 栋。市级总部企业数占全市的 48%，国内外上市企业数居全市首位。高新技术产业依托两大园区发展壮大，福州软件园、洪山科技园技工贸总收入年均分别增长 20% 和 30% 以上。文化产业方兴未艾，主营业务收入达到 200 亿元，总量居全市首位。

过去 5 年，福州市鼓楼区改革开放提速增效。坚持问题导向抓改革，在全省率先开展楼宇经济标准化建设、服务业专项统计，环卫保洁、绿化管养、市政维护等市场化改革全面推广，BT、PPP 等投融资模式稳妥推行，义务教育九年一贯制学校、养老机构"公办民营"、老旧小区长效管理等改革举措惠及百姓。对外开放水平进一步提高，外贸出口年均增长 10.7%，累计完成实际利用外商直接投资 12 亿美元。招商引资成效显著，相继引进"三维"项目 355 个，总投资 747 亿元，在福州市鼓楼区投资或设立机构的世界 500 强企业增至 77 家。对外合作取得突破，先后与马来西亚诗巫市、纽约布鲁克林区等缔结友好关系，港澳台交流合作进一步深化，对口帮扶、山海协作取得新成果。

过去 5 年，福州市鼓楼区宜居品质明显提升。累计实施 267 万平方米的旧屋区改造，配建 129 万平方米的安置房；"点线面"攻坚计划全面开展，56 条道路沿线约 740 栋楼体景观焕然一新，打造军门等 4 个完整社区和乌山等 3 个宜居新村，221 个老旧小区旧貌换新颜；城区慢行系统初步形成，闽江廊道、元帅—卧湖慢行道全面建成，整治后的 19 条内河实现水清、河畅、路通、景美；改造 5 万平方米道路，提升 77

条背街小巷，公共便民自行车网点遍布辖区，全区新增绿地及植树造林 30 万平方米；在全市率先推行"数字城管"、网格化社会服务管理，智慧社区综合服务平台实现全覆盖，城区管理水平和市民文明素质稳步提升，鼓楼区蝉联"省级文明城区"称号。

过去 5 年，福州市鼓楼区社会事业长足进步。坚持以民生需求为导向，累计兴办 175 件为民办实事项目；成功入选国家知识产权强县、工程试点县，荣获"福建省知识产权强区"称号；率先建成省级教育强区，新建、扩建 12 所中小学教学综合楼，适龄儿童入学率达 98.9%；公共卫生工作考核连续 5 年居全市前列，基本建成区、街、社区三级公共卫生服务体系，"智慧医疗"信息系统建设步入全国领先行列，通过全国基层中医药工作先进单位和省级慢性病综合防治示范区考评验收；公共文化服务不断拓展，建成 10 个省图社区分馆和 11 个 24 小时自助图书点，实现街镇、社区文化服务场所全覆盖；社会保障体系不断健全，养老服务水平居省市前列，居民低保和医保补助标准持续提高；累计新增城镇就业 14.6 万人，城镇居民人均可支配收入年均增长 12%。与此同时，统计、物价、档案、人防、爱卫、老龄、残疾人、民族宗教、妇女儿童等工作均取得新进步，荣膺全国和谐社区建设示范城区和省级平安县区、双拥模范城等称号。

4.11.2 "十三五"发展暨 2016 年发展目标的分析

福州市鼓楼区"十三五"时期的发展目标主要有 6 项。

第一，主动融入省市发展大局，全面把握"四区叠加"和"一区毗邻"的重大历史机遇，加强与福州新区、福州自贸区对接合作，以新的发展理念引领新的发展实践，倍加珍惜国家服务业综合改革试点区域等一系列"国字号"招牌，发挥省会核心城区综合优势，用好、用足、用活各项政策。

第二，加快推进产业转型升级，抓好新一轮国家服务业综合改革试点，推动服务业集聚发展，着力形成"三轴三园"（三轴：八一七北路、五四路至五一北路、白马路；三园：福建软件园、高新区洪山园、金牛山互联网产业园）产业空间布局；进一步做大做强商贸、商务、金融、信息等主导产业，加快发展休闲旅游、现代物流、文化创意、服务外包和人力资源等新兴服务业，大力实施"互联网＋"行动计划，力争服务业增加值占全区的比重达到83%以上。

第三，深入实施创新驱动战略，大力推进自主创新，加快推进福州软件园、洪山科技园建设提升；深化与院校、科研机构合作，推动产、学、研一体化，促进资源、信息、成果的有效共享，大力培育具有自主知识产权的高新技术企业；建设人才高地，创新体制机制，优化创业环境，打造专业平台，加强创新融合，推动大众创业、万众创新。

第四，拓展改革开放的广度和深度，全面推进服务型政府建设和供给侧结构性改革，激发市场主体活力；拓展与"海丝"沿线国家和地区的交流、协作，推动对外开放再上新台阶；以建设两岸服务贸易与金融创新合作示范区为契机，密切对台经济往来和产业合作。

第五，打造生态宜居精品城区，全面落实"一尊重、五统筹"（尊重城市发展规律；统筹空间、规模、产业三大结构，提高城市工作的全局性；统筹规划、建设、管理三大环节，提高城市工作的系统性；统筹改革、科技、文化三大动力，提高城市发展的持续性；统筹生产、生活、生态三大布局，提高城市发展的宜居性；统筹政府、社会、市民三大主体，提高各方推动城市发展的积极性），加快疏解老城，完善功能配套；实施150万平方米旧屋区改造，基本完成成片旧屋区改造；系统推进"三山两塔两街区"保护修复，传承闽都文化基因；健全完善文明城市创建长效机制、城区防灾减灾体系，提升城市管理效能。

第六，统筹推动社会事业发展，加快推进基本公共服务均等化，力争"十三五"期间构建完善的现代教育、公共卫生、文化服务、就业创业、社会保障和公共安全等一系列体系，稳步提高居民获得感和幸福感。

为了实现上述发展目标，福州市鼓楼区需重点抓好以下 7 个方面的工作。

4.11.2.1 做强优势产业，抢占服务业发展新高地

（1）推动商贸、商务服务业集聚发展。福州市鼓楼区把握地铁一号线即将开通的契机，全面实施大东街口商圈改造工程，加快安泰中心、冠亚广场、先施商场资源整合，推进八一七路中轴线业态提升、南街地下商业空间招商，着力引进高端大型百货、大型购物中心，打造地下地上相融合的立体化商圈；鼓励屈臣氏、OLE 精品超市等企业发展品牌连锁、特许加盟等现代营销业态，加快打造环西湖吧文化、善化坊寿山石、达明路美食街等特色街区，着力构筑多层次商贸格局；加快发展商务服务业，实施新一轮楼宇经济提升行动，引导中介、会计、法律等商务服务产业集聚发展；加快香开观海、海西商务大厦、三盛国际中心等一批 5A 级智能化商务楼宇建设，一楼一策改造提升 12 栋旧商务楼宇，鼓励探索"租税联动"和"只租不售"模式，培育一批特色楼宇；强化停车场、绿地等配套设施建设，完善生活服务、社会服务功能，吸引国内外大型企业地区总部、研发、营销和财务结算中心入驻，再造一批税收超千万元楼宇，增强中央核心商务区的发展活力。

（2）促进金融业、信息服务业高质发展。福州鼓楼区巩固提升湖东路、五四路金融集聚区和古田路金融街区，吸引银行、保险、证券等传统金融机构区域总部和新型金融机构落户，鼓励发展融资租赁，提升对实体经济服务的保障能力。大力发展信息服务业，以创建"中国软件名城"为契机，福州软件园加快提升创业创新新城，强化集成电路设计中心、软件公共技术服务中心等平台建设，推进海峡软件新城招商，形成 IC 设计及智能制造、重点行业应用软件等 5 大产业集群，打

造国家现代服务业产业化基地。洪山科技园加速建设先进技术服务产业园，大力推进华润城市综合体建设，做好天棣互联、恒锋信息等 8 家企业上市服务，推动电子信息等产业链延伸。

（3）引导新兴服务业规模壮大。福州市鼓楼区大力实施商、旅、文融合发展行动，全力构建闽都核心区旅游目的地。发挥丝路国际电影节、海丝国际旅游节等平台的作用，以"三坊七巷、都市温泉"为核心，着力打造历史坊巷、温泉金汤、闽都民俗等一批精品旅游路线，精心策划休闲养生、创意文化等主题节会。引进安珀、璞璟等一批高端酒店，推动温泉大饭店、闽都大酒店改造重建，提高旅游接待能力。规划建设白马河传媒港，打造以漆艺为特色的朱紫坊文化创意街区。紧抓福州建设国家电子商务与物流快递协同发展试点的契机，大力发展第三方和第四方物流、智慧物流、电子商务物流，扶持邮政速递、福州外轮代理、飞远城市配送等一批大型物流企业。积极推进福州软件园服务外包中心建设，以信息技术、动漫游戏、工程设计等外包领域为重点，培育一批具有自主知识产权和自主品牌的服务外包企业，着力打造特色鲜明的服务外包基地。降低准入门槛，鼓励非公资本进入人力资源服务领域，吸引知名高端人才中介公司和服务机构入驻，建设中国海峡人力资源服务产业园。整合辖区医疗、养老服务资源，鼓励多元市场主体举办健康、养老服务机构，扶持培育中医保健、体育健身、健康咨询等养老、健康服务业。

4.11.2.2 致力创新引领，打造区域发展新引擎

（1）提升创业创新活力。福州市鼓楼区建立多层次的创新服务平台，建设改造一批孵化器，支持中科院海西研究院申报国家级技术创新中心，加快福州软件园国家创业创新新城公共服务平台、洪山科技园创新人才超市等建设；大力推动大众创业、万众创新，打造阿里云创客＋、梅峰创客镇、36 氪孵化器、3W 咖啡等众创空间，培育金牛山互联网创

业社区等一批创业孵化基地；加强与银行、风险投资等金融机构的战略合作，支持天使投资和创业投资发展，建立有利于创新创业的科技投入体系；落实省、市各类人才计划，加强与国内外知名高校、科研院所合作，积极引进和培育科技创新人才及研发团队。

（2）加快发展互联网经济。福州市鼓楼区将"互联网＋"作为服务业转型升级的新引擎，加快福州软件园、洪山科技园、金牛山互联网产业园的重点产业招商，引导国内外电子商务、物联网、智慧云服务、互联网金融、互联网基础服务等企业入驻集聚，力争互联网产值增长25%；大力发展电子商务，支持中国网库、众事达、易栈社区等公共服务平台建设，培育扶持华博在线教育、海虹医药电商等 10 家本土电商品牌，力争线上交易额突破 350 亿元；加快传统商贸与电子商务融合发展，鼓励永辉、新华都等企业应用电子商务拓展营销渠道，打造名师路时尚体验中心，实现线上线下有效融合；积极引进中国电子科技集团、上海斐讯数据通信等基于大数据开发利用的互联网龙头企业，深化大数据与各领域的研发应用，衍生一批新型大数据服务企业；大力发展互联网惠民服务新业态，鼓励校企合作打造在线教育，拓展远程医疗、康复照料及智能养老等服务。

（3）强化有效投资拉动。福州市鼓楼区大力实施科学发展、跨越发展行动计划，把投资重点放在调结构、补短板、惠民生上。2015 年全年安排重点项目 106 个，总投资 751.1 亿元，年度计划投资 155.9 亿元；加快旧屋区改造及保障房建设，完成投资 92.1 亿元；引导扩大产业投资，完成投资 43.8 亿元；加大社会事业投资力度，完成投资 14.3 亿元；强化城建环保领域投资，加快公共停车设施、地下综合管廊等建设，完成投资 5.7 亿元；积极运用政府与社会资本合作模式和产业股权投资基金模式，带动更多社会资本参与基础设施和社会事业等领域的投资，有效增加公共产品和公共服务。

4.11.2.3 抢抓发展机遇，增强改革开放新动力

（1）构筑联动发展格局。福州市鼓楼区主动借鉴福州自贸区体制机制改革成果，推动部分制度在鼓楼试点，建立"一站式"办结审批机制，减少外资项目前置审批，探索服务业领域负面清单管理；积极参与自贸区专业分工，设立跨境电子商务服务平台，引导企业建立"海外仓"，鼓励总部企业整合贸易、结算等功能，支持企业开展技术创新和商业模式创新，承接自贸区外溢效应；全面对接福州新区开放开发，主动参与产业分工，加强与优质企业对接，扩大经贸往来，强化创新金融、专业服务、社会服务和人才服务等保障。

（2）深化重点领域改革。福州市鼓楼区加强供给侧结构性改革，扩大有效投资，提升全要素生产率，提高供给体系质量和效率；启动新一轮国家服务业综合试点改革，实施产业集聚区建设工程，着力构建商贸、商务金融、文化创意、信息服务、科技服务、互联网经济6大产业集聚区；对接省、市简政放权，推进审批事项负面清单管理，推行33项审批服务事项"市区同权、多点办理"；全面推广"一照一码"登记制度改革，深入推进财税体制改革，完善政府预算体系，规范政府性债务管理，扩大政府购买服务领域，推动政府购买棚户区改造服务试点建设，进一步推广文化、养老、市政等市场化运作；推进"诚信鼓楼"建设，构建市场主体信用平台；开展降低实体经济企业成本行动，进一步落实各项税费优惠政策，规范中介服务，营造公平发展的环境。

（3）深度拓展开放合作。福州市鼓楼区主动对接"两岸产业搭桥计划"，鼓励企业赴台设立研发基地与贸易窗口，加强文化创意、电子信息、服务外包、养老服务等高附加值产业合作；创新两地金融协作机制，吸引台资设立各类金融机构；深化两地乡镇交流，拓展科技、教育、卫生等各领域合作空间；强化招商引资，围绕重点发展的服务业11大门类，引进培育一批龙头项目，形成以龙头项目带动产业链发展

的格局；大力实施"回归工程"，密切与侨团、商会的联系，做好新华侨华人和华裔新生代工作；深度开拓出口市场，以优势企业为龙头，以延伸产业链为纽带，加大优势产品的宣传推介，向东南亚等新兴市场拓展；加强与长三角、珠三角先进城区的协作，抓好对口援疆援藏等工作；主动参与福莆宁岚大都市区建设，共建福州软件园永泰园，推进挂钩帮扶、精准扶贫。

4.11.2.4　强化建管并举，提升城区宜居新品质

（1）加快推进城区有机更新。福州市鼓楼区坚持规划引导、产城联动，集中连片推进义井村、白马河沿线等 6 个项目共 50 万平方米的旧屋区改造，推动柳河路以南、杨桥新村二期等 7 个地块出让，加快加洋巷周边等地块的整体开发建设，试点推进城区零星危旧住房自建改造工作，新建、续建六一新苑、五一新城、永安街北侧、华大村下后营、元庚公寓等一批安置房；高标准实施宜居环境建设行动，推进八一七路、鼓屏路、铜盘路西侧 4 条道路沿线及中山片区环境综合整治，提升杨桥路省文化厅总工会大楼、原省地矿厅大楼等 11 个重要节点，改造太平街、观巷、秀冶里等 20 条小街巷。

（2）完善城区基础设施配套。福州市鼓楼区提升路网承载能力，重点打通断头路，结合旧屋区改造完善陆庄柳桥、龙峰里山头角等安置房配套道路建设，建成泉塘支路、梅峰路，改扩建西洪路等 6 条道路，优化城区路网微循环能力；探索推进商业街区人行天桥通道试点建设，提升商圈连通性、可达性；采取 PPP 等模式引入社会资本参与建设经营，加快推动智能交通系统、地下停车场、立体停车场的规划建设，优化商圈、景区、医院等重要节点周边停车场布局，新增公共停车泊位 500 个以上；全面实施道路沿线强弱电箱柜设施美化整治，改造 15 个地下室配电房；积极推进温泉公园等"海绵城市"试点工程建设，加强五四排涝泵站改造，实施 5 处地质灾害隐患点整治，提升防灾减灾

能力。

（3）全面提高服务管理能力。鼓楼区扎实推进城市综合执法，形成高效能、精细化、全覆盖的城市管理服务模式；积极开展市容环卫严管示范街创建达标活动，试行"街长制"模式，进一步推广政府购买环卫保洁服务，提高市容管理精细化水平；持续推进 25 个老旧小区整治及 50 个老旧小区长效管理扩面工作；加强环卫配套设施建设，建成大凤地下垃圾转运站，改造一批公厕；加快垃圾收运模式改革，推进垃圾分类回收试点；深入开展无违建示范创建活动，打造一批无违建示范小区，推动"两违"治理常态化。

4.11.2.5　注重生态和谐，彰显魅力鼓楼新风貌

（1）传承历史文脉。鼓楼区深入挖掘闽都文化底蕴，以保护性开发的理念推进历史文化名城保护修复；注重延续"三山两塔两街区"的肌理和尺度，推进朱紫坊、乌山历史风貌区二期、于山北麓、冶山历史风貌区的保护修复工程，彰显历史真实性、风貌完整性；在片区及街巷整治中注重吸收传统建筑的精髓，凸显特色人文，展现闽都元素。

（2）打造绿意城区。积极做好国家森林城市创建工作，大力实施公园、道路、重要节点、小区、单位园林绿化提升工程；启动温泉公园二期改造提升，建设梅峰山地公园，力争左海—金牛山城市森林步道主轴全线贯通；以重要节点和主干道两侧为重点，积极实施一批立体绿化试点工程，推进绿色建筑及建筑节能，加快见缝插绿、拆墙透绿步伐，持续推进街头绿地、内河绿地和行道树等园林绿化的社会化养护，完善"15 分钟绿色生活圈"。

（3）提升生态水平。福州市鼓楼区全面完成国家生态区创建工作，严格执行生态保护红线管控制度，强化原厝水源地等重点生态功能区保护；建立环保网格化监管体系，实现环境监管区域全覆盖；持续深化餐饮油烟、施工扬尘等大气污染防治工作；严格实行"河段长"制，推

进湖前河、大庆河等河段的截污系统改造，加速树兜河、芳沁园河等内河清淤，推进梅峰河黑臭水体整治。

4.11.2.6　完善公共服务，提高人民群众获得感

（1）坚持优先发展教育。福州市鼓楼区启动西峰小学、开智学校等一批教育预留地征迁，加快建设屏山小学、温泉小学、琼河小学等 9 所学校教学综合楼，建成模范小学、梅峰小学、铜盘小学教学综合楼。深入实施第二轮学前教育发展三年行动计划，加快改建旗汛口幼儿园，在软件园规划建设配套幼儿园，探索以政府购买服务的方式扩大普惠性幼儿园的覆盖面。规范发展民办教育，创新义务教育"学区共同体"，推广学前教育片区管理模式。强化师德教育和专业培养，打造 20 个名师工作室，提升"教研训"一体化平台。建立与宝塔区教育结对帮扶机制，对口援助杨家岭福州希望小学。加强青少年爱国教育、校外教育、安全教育、道德教育和心理教育，抓好社区教育、老年教育、继续教育和终身教育。

（2）着力建设健康城区。福州市鼓楼区大力推进公共卫生综合服务大楼和洪山、安泰、水部、温泉社区卫生服务中心新址建设。深化基层卫生体制改革，试点实施分级诊疗和双向转诊服务，健全医疗资源合作联动机制。巩固提升"全国基层中医药工作先进单位"创建成果，推广中医适宜技术进社区，提升"萧氏中医诊疗"品牌效应。广泛开展爱国卫生运动。推动体育事业和体育产业发展，新建一批全民健身路径，办好区第十一届全民健身运动会，广泛开展全民健身活动。

（3）提升城区文化软实力。福州市鼓楼区大力开展以中国梦和社会主义核心价值观体系建设为引领的精神文明建设，常态化推进群众性精神文明创建活动。以创建国家公共文化服务体系示范区为契机，建成开放区演艺中心，改造提升区文化馆，建设 3 个国家二级标准的街道综合文化站，打造区数字图书馆及公共文化服务电子信息平台。加强三山

艺术团等特色文艺团体建设，鼓励民间民俗文化团体加快发展，打造一批群众性文化活动品牌，抓好地方志和年鉴编纂。

（4）健全社会保障体系。福州市鼓楼区积极促进就业创业，发挥区公共就业和人才服务中心的作用，加快公益性岗位开发，鼓励大众创业，动态消除零就业家庭，全年新增就业创业 2 万人。全面实施全民参保登记，落实社会保险转移接续政策，积极稳妥推进机关事业单位养老保险制度改革。扩大公共租赁住房保障覆盖面，加快配租工作步伐。大力实施低保边缘户提标扩面，完善临时救助和医疗救助制度，统筹推进助残、救孤、济困等福利事业发展。加强养老服务机构建设管理，加速推进区养老护理培训中心建设，强化居家养老服务站精细化管理，建设以居家养老为基础、社区养老为依托、机构养老为补充的多层次养老服务体系。

4.11.2.7 创新社会治理，构筑和谐稳定的新局面

（1）优化社区服务。福州市鼓楼区积极推进第三批"全国社区治理和服务创新实验区"建设；加快提升社区"一老一少一普"等基础服务设施，建设芍园家庭综合服务中心，拓展老年人日托所、青少年科学工作室等服务内涵；加大政府向社会组织购买服务的力度，建成社会组织孵化基地；推行双轨并行的社区人才"培养成长链"，建立健全分级培训制度，加强社区工作者队伍建设。

（2）强化智慧管理。福州市鼓楼区积极融入福州新型智慧城市标杆市建设，高起点建设智慧城区，加强智慧鼓楼管理服务中心、街镇分中心运行管理，加快推进城市治理、智能停车、智慧商圈等 12 个重点工程，优化"数字城管"平台，促进物联网、云计算和大数据等新一代信息技术与城市管理服务融合；全面优化社会网格化服务管理，加强社会管理工作网等社区信息网络建设，推动社区治理向智慧化升级；推进行政审批和公共服务事项网上审批，提高居民生活便利

化水平。

（3）深化平安建设。鼓楼区深入实施"七五"普法，推广"律师进社区"工作室，打造"一街镇一特色"的法治文化长廊；依法处理信访事项，完善人民调解、行政调解、司法调解等多元化联动体系；落实安全生产责任制，强化重点领域监管和专项整治；积极治理"餐桌污染"，建设"食品放心工程"；依法严厉打击各类违法犯罪活动，完善警民协作、高效联动的立体化社会治安综合防控体系；依法管理宗教事务，促进民族团结和宗教关系和谐；加强国防教育、国防动员、国防后备力量建设和人防等工作，推进军民融合深度发展。

4.12 长沙市芙蓉区发展建设整体状况分析

4.12.1 2015 年发展建设主要成绩

2015 年，长沙市芙蓉区发展质效稳步提升，全年预计完成地区生产总值 1 020 亿元，增长 10%；财政总收入 102 亿元，增长 10.1%；固定资产投资 435 亿元，增长 20%；社会消费品零售总额 710 亿元，增长 10%；工业总产值 479.8 亿元，增长 6.4%；规模以上工业总产值 426 亿元，增长 6.5%；城镇居民人均可支配收入达到 42 700 元，增长 10%。各项主要经济指标增幅位居省市前列，实现经济总量、质量、均量"三量齐升"。2015 年长沙市芙蓉区发展建设的主要成绩表现在以下四个方面：

第一，发展结构更加合理。长沙市芙蓉区以"互联网＋"引领产业转型，产业结构加快调整，聚集放大效应持续提升。掌钱电子等互联网金融创新企业竞相发展，K＋影像、湘茶等创业创新平台挂牌运行，湖南省金融创新特色产业园成功落户，获评全国十佳金融创新示范区。苏宁云商现代产业园完成总部建设并启动运营，物产中拓、沁坤农产等电商龙头加快发展，隆平高科技园获批国家电子商务示范基地。楼宇入驻企业品质提升，楼宇经济对税收的贡献率接近 60%。总部工业快速发展，英氏孕婴童产业园、隆平高科研发总部基地等项目加快建设，华智水稻、泓春奥克等高新技术企业成功落户，园区转型步伐明显加快。

第二，发展平台坚实有力。长沙市芙蓉区全年铺排各类重点项目 150 个，其中 97 个续建新建项目完成投资 213.6 亿元。浏阳河文化旅游产业带进入高速建设阶段，"一带一园两馆两桥三中心"（一带：浏阳河文旅产业带系列配套项目，即两岸风光带建设与提质及与风光带相关的景观建设、两岸夜景工程及灯光秀；一园：隆平中央公园；两馆：水稻博物馆、龙舟文化馆；两桥：两座跨河人行天桥——汉桥、鹊桥；三中心：种业会展中心、分子育种中心和种业电子交易中心）等核心项目稳步推进。长沙国金中心刷新湖南地标新高度，万家丽国际 Mall 建成开业。天津渤海交易所、平安银行、湖南铁塔等企业相继入驻，全年实际利用外资 5.9 亿美元。隆平新区水稻博物馆主体完工，种业交易中心、分子育种中心等项目实现战略签约。

第三，发展空间有效拓展。长沙市芙蓉区大力推进棚户区、城中村改造和拆违控违等工作，为区域发展腾出空间。全年实施 103 号令征拆项目 26 个，腾地 143.4 公顷。启动棚改三年行动计划，实施黄土塘、友谊东、迪马、金朝阳、火炬村等 7 个棚户区改造项目，完成房屋征收改造 69.9 万平方米，都正街有机棚改被列为全省棚改示范项目，火炬村城中村改造启动 4 栋安置房建设，新桥、农科等"城中村"启动改造，芙蓉生态新城及东屯渡高层安置房主体竣工。深入实施"五个同步"（机关单位与事业单位同步改革；职业年金与基本养老金制度同步建立；养老保险制度与完善工资制度同步推进；待遇确定机制与调整机制同步完善；改革在全国范围同步实施），全面推进违法建设整治行动，拆除违法建设 290 万平方米，提前实现"基本清零"。

第四，发展成果惠及全民。长沙市芙蓉区大力实施"十大民生工程"（安居工程、畅通工程、食品安全工程、饮水工程、生态环境治理工程、公共卫生工程、电力工程、教育工程、社会福利工程、文化工程），加速改造水电气路等基础设施，居民生活环境显著改善。大同小学扩地重建工程完成拆迁并启动建设，育英西垅小学、农园路幼儿园竣工交付，大同瑞致小学、东湖路幼儿园主体完工。推荐 89 家企业申报市级以上科技计划项目。完成湖南和平解放史事陈列馆建设并对外开放。区医院改革稳步推进，建成文艺路社区卫生服务中心，成功创建母婴保健优质服务示范区。社保体系更加完善，累计发放低保、救助、优抚、助残等各类资金 7 200 余万元；建立慈善救助机制，发放救助金 355 万元，救助低保对象 5 914 人次。房产办证遗留问题取得重大突破，60 号令农民安置房产权证基本办结，国有土地房产证遗留问题办结 9 800 户。

4.12.1.1 推进经济转型升级

长沙市芙蓉区以促转型、提质量、增效益为主线，集中力量发展高端服务业，全力构建具有芙蓉特色的现代产业体系。

（1）做大"互联网＋"，挖掘经济增长点。长沙市芙蓉区围绕"互联网＋"催生新业态，加快互联网与传统产业的深度融合，形成倍增效应。大力扶持小微企业，建立发展基金，创新融资方式，完善服务体系，推动小微企业与"互联网＋"融合发展。长沙市芙蓉区全面完成湖南省金融创新特色产业园顶层设计和平台建设，引进公共服务平台，开辟中小企业集群式注册试点。做大做强苏宁易购、掌钱电子、沁坤农产、觅茶会等电商平台；加快完善三湘南湖市场、朝阳电子科技街等传统市场线上交易，构建完整的互联网经济生态链。

（2）做强优势产业，夯实经济支撑力。长沙市芙蓉区发展现代金融，发挥金融产业集聚优势，举办银企专场对接会；完善金融监管服务体系，严厉打击非法集资，实现案件总量持续递减，促进金融业规范发展；发展高端消费，激发生活、文化、旅游等领域的消费潜力，促进消费升级；引导传统商场、市场提质改造，推动肉菜流通追溯体系规范运行；依托交通优势，提高物流业信息化、专业化水平，构建现代物流体系；发展楼宇经济，动态掌握楼宇空间资源，突出打造专业楼宇，大力培育楼宇产业链；发展都市工业和总部工业，壮大现代服务业，为工业转型升级提供强力支撑；引进电子信息、先进制造、生物技术和现代农业等高新技术产业，重点推进特格尔、湘粤先进技术产业园等重大项目，将隆平高科技园打造成为综合性的精品园区。

（3）做精招商引资，提高经济外向度。长沙市芙蓉区实施更加积极和精准的招商引资策略，主动参与区域合作，推动开放型经济发展取得更大突破；健全招商引资责任和奖励机制，建立高品质招商引资项目库，支持互联网金融、电子商务、文化娱乐、旅游休闲等产业发展；转变对外贸易发展方式，搭建内外贸一体平台，全面完成外贸进出口任务；大力引进企业总部、金融机构，新增市场主体 1 万家以上。

4.12.1.2 加快建设"一带两区"

长沙市芙蓉区以"一带两区"为发展重心，即大力建设浏阳河文旅产业带，促进中央商务区转型升级，加速开发隆平新区，全面提升城市承载功能。

（1）立足文旅产业，建设浏河之心。对照国家 5A 景区标准，长沙市芙蓉区利用名河资源丰富、产业聚集优势，协调推进浏阳河两岸景观营造、文化塑造和产业打造，重点引进文化创意、时尚餐饮、民俗体验、水上娱乐等业态，加快建设水稻博物馆、龙舟文化馆、分子育种中心、种业交易中心等重点配套项目；促进产业带沿线基础设施完善，大力开发两厢地标商务楼宇、特色主题酒店，全面实现"一河两岸五功能"核心布局，打造长沙的旅游集散区。

（2）推进旧城改造，建设商务硬核。长沙市芙蓉区落实"四增两减"（增加公共绿地、增加公共空间、增加配套设施、增加支路网密度；减少居住人口密度、减少开发强度）新要求，全面推进旧城棚户区改造，为中央商务区转型发展"腾笼换鸟"；筹集棚改资金 20 亿元，完成棚户区改造 12 万平方米、1 280 户，腾地 18.67 公顷；完成黄土塘、友谊东、火炬村等项目腾地并全面启动建设；启动蔡锷中路两厢、火星、五里牌肉联厂等项目征收；加快都正街、迪马、九如巷等项目地下停车场和配套设施建设；实施新安村、望龙村、东岸村、合平村等城中村改造；鼓励引导货币化安置，扩大政府购买棚改服务的力度；加快楼宇建设，推动擎天广场、泰贞中心、友阿总部、文化大厦等项目建成，新增商务楼宇 150 万平方米。

（3）加快跨河东进，建设隆平新区。长沙市芙蓉区围绕"种业硅谷"定位，加快隆平新区开发速度，实施项目带动，启动隆平高科技产业园、新安小学、泉坝路等项目拆迁，动迁房屋 800 栋，腾地 100 公顷。加快推进安置小区建设，建成安置房 6 300 套，回迁安置 3 500 人，继续推行团购、统购、定向等商品房安置模式，多种方式加快农民安置进度。完善基础配套，加快远大二路、白竹坡路、龟山路、红杉路、大河路等道路建设，构建园区路网体系；完成区交巡警大楼、东岸派出所、东湖消防站等公共服务项目建设；加快长善垸污水处理厂二期建设，完善沿河泵站及污水管网体系，推进高压下地、弱电共沟等工作，提升市政设施保障能力。

4.12.1.3 全力打造精品城区

长沙市芙蓉区以建设更高水准的文明城市为方向，深度践行最严城管、最严环保，全面提升城区品质。

（1）狠抓生态文明，推动发展两型化。长沙市芙蓉区推进"两型"（资源节约型、环境友好型）示范创建和节能减排，引导两型发展，促进转型升级。继续实施 3 年造绿，加快立交桥、人行天桥立体绿化，启动绿色示范社区和标志性景观建设，全面完成第三批老旧社区、农安小区绿化提质改造，新增绿地 30 公顷，提升城区绿化覆盖率。

长沙市芙蓉区持续开展"清霾""碧水""静音""净土"等污染防治行动，加大环保执法力度，完善应急能力建设；全面推广清洁能源，实现隆平新区雨污分流，配合完成万家丽高架桥隔声屏建设，开展浏阳河水域综合治理，确保在污染减排和改善环境质量工作中走在全市前列。

（2）严格综合执法，推动整治常态化。长沙市芙蓉区坚持"城管为民、城管从严"的理念，促进最严城管执法常态化，全面加强城管队伍建设，完善城管装备，实现城管执法快速反应和高效处置，不断提升城管执法水平；巩固拆违控违成果，构建控违拆违常态长效机制，确保违法建设零增长；强化综合执法，依法对违法违规广告招牌等城市乱象进行整治；严把市场准入，保持高压态势，重点打击非法货运等经营活动。

（3）加强日常维护，推动管理精细化。长沙市芙蓉区提升城管工作水平，探索城市管理新模式，进一步推动重心下移，加大城管与天网视频、数字化平台、互联网媒体的对接，实现城市管理网格化、信息化；建立完善"社区、社团、社工"联动机制，大力加强社区城管工作，继续抓好社区物业服务；总结环卫保洁市场化经验，继续探索市政、园林维护市场化途径，完善环卫基础设施，逐步推进环卫设备更新，提升环卫机械化作业水平；开展地下管网工程建设，疏浚改造泄水井、下水道；提高绿化养护水平，打造韶山路、芙蓉路等园林绿化精品景观。

4.12.1.4　促进民生持续改善

长沙市芙蓉区以保障和改善民生为重点，大力发展社会事业，维护社会公平，促进和谐稳定，不断提高人民生活水平和质量。

（1）发展社会事业，均衡配置公共服务资源。长沙市芙蓉区加快滨河小学、火炬中学、河山小学等教育项目建设，确保长郡芙蓉实验中学、大同小学、芙蓉公寓幼儿园等 6 所学校（幼儿园）投入使用，全区公办幼儿园和普惠性民办幼儿园占比达到 65% 以上；加强教师队伍建设，强化学生素质教育；提高教育信息化应用水平，推进学校教育现代化发展。加强科技创新平台建设，大力发展高新技术产业。持续推进全民健身，提质改造街道综合文化站，新建社区（村）示范性文化服务中心。理顺管理机制，加强对社区卫生服务中心的监管；构建卫计整合服务平台，扩大公共卫生服务范围，提升卫计工作水平。

（2）增进民生福祉，巩固完善社会保障体系。长沙市芙蓉区完善体制机制，健全政策措施，加强统筹协调，加大财政投入，实施万众创新创业工程，新增就业 1.6 万人以上；加大对失地农民、残疾人、应届毕业生等困难群体的就业帮扶力度，保持零就业家庭动态清零。长沙市芙蓉区健全社会保障体系，加强低保动态管理，全面实施机关事业单位养老保险制度改革，依法推进社会保险扩面工作，职工养老保险参保人数达 9 万人以上；积极应对社会老龄化问题，鼓励扶持养老产业发展，引导建设街道小型养老机构；完成社会福利中心项目征拆腾地建设；强化危旧老楼监管，实现 D 级危房动态清零；加大保障性住房管理力度，努力筹集廉租房源，改善低收入困难家庭的住房居住条件，继续推进国有土地房产办证遗留问题处理工作。

（3）加大综合防控，全面构建平安和谐城区。长沙市芙蓉区夯实"大安委"工作格局，强化安全发展理念，突出打非治违，推动监管责任和企业主体责任落实，严防较大以上安全生产事故的发生。长沙市芙蓉区强化信息支撑，完善社会治安立体防控体系，坚决遏制毒品蔓延，加强无毒社区创建，依法惩处各类违法犯罪行为。加强食品药品安全监管，加速建设食品药品企业诚信体系，提高食品药品安全突发事件应急救援处置能力。深化消防安全网格化管理。开展道路交通综合整治，加大治堵疏导力度，优化交通安全环境。加强特种设备、建筑施工、校园等领域安全监管，全面提升城区安全系数。深入推进居民自治，提升基层治理水平，启动新一届社区换届选举工作。畅通和拓宽信访渠道，探索实行部门联合接访、"下沉一级"公开接访，有效化解信访积案。加强人民调解和社区矫正工作，完善公共法律服务体系，扩大法律援助覆盖面。积极适应新时期部队改革需要，强化全民国防意识，实现军地军民融合发展。

4.12.1.5 社会事业协调发展，公共服务更加均衡

长沙市芙蓉区始终把改善民生作为经济社会发展的根本目的，公共服务水平不断提升。教育事业优质发展，新建、改建和扩建学校（幼儿园）12 所，新增学位 1.1 万个，被评为全国义务教育发展基本均衡区、全省首批教育强区和学前教育先进区。科技投入稳健增长，立项支持科技、科普项目 275 个，连续保持"全国科技进步先进城区"和"全国科普示范城区"称号。长沙市芙蓉区文体事业蓬勃发展，公共文化服务体系三级网络全面建成，举办芙蓉艺术节、芙蓉杯新节目大赛等群众文化活动 800 余场次，连续举办五届区全民健身运动会，被评为全国全民健身先进单位。卫计水平显著提高，深入推进医药卫生体制改革，率先实施基本药物制度，成功创建全国慢性病综合防控示范区；火星、朝阳街道社区卫生服务中心荣获"全国示范社区卫生服务中心"称号。

4.12.1.6 社会保障坚强有力，人民生活更感幸福

5 年来，长沙市芙蓉区坚持以人为本，为民办好实事，人民生活质量日益提高。就业和再就业更加充分，率先成立全市首个失地农民创业

就业服务指导中心，新增城镇就业 11.3 万人，失业人员再就业 2.9 万人，零就业家庭 100% 实现动态就业援助；精心打造创业就业服务长廊，发放创业贷款 4 930 万元，新增创业主体 11 800 余户。社保体系更加健全，率先实行"社保五险"统一征缴，新增城镇职工基本养老保险参保 8.6 万人；发放各类救助资金 2.2 亿元，城乡低保实现"应保尽保"；拓宽养老机构服务领域，积极推进民办养老机构发展，居家养老服务水平显著提升；建设和筹集廉租房 619 套、公租房 2 392 套，发放廉租房租赁补贴 745 户、经适房货币补贴 6 170 户，人均住房使用面积达到 33.8 平方米。

4.12.1.7　安全体系优化升级，社会大局更为和谐

5 年来，长沙市芙蓉区全面推进社会综合治理创新，推动平安芙蓉创建，社会大局整体和谐稳定。安全生产工作取得新进展，从严落实安全生产责任制，扎实开展"打非治违"专项整治行动，查处违法违规企业 148 家，创建安全生产标准化企业 185 家；五里牌肉联厂冷库、金苹果冷库等重大公共安全隐患得到整治，定王台书市、三湘南湖市场消防整改全面达标；率先试行食品安全快检制度，取缔制假售劣黑窝点 100 余个，办理食品安全行政执法案件 350 余起。社会治安形势持续改善，完成天网工程一、二期建设，构筑社会治安立体化防控格局；大力开展"雷霆行动""春季攻势"等专项行动，破获刑事案件 5 900 起。

4.12.1.8　自身建设不断加强，政府服务更具效能

5 年来，长沙市芙蓉区完成街道行政区划调整和社区微调，深化政府机构管理体制改革，完成政府权力清单、责任清单编制和公示；加大简政放权力度，全面取消非行政许可事项，免征 11 项行政事业性收费，实现行政事业性收费"零收费"，行政审批事项精简为 38 项并实现在线办理，审批时限总体压缩 52%；推进商事制度改革，新增市场主体

4.7 万家；压缩行政运行成本，拍卖超编公车 63 辆，清理超标办公用房 5 630 平方米，"三公"经费压减 56.5%；从严推进行政问责，查处违法违纪案件 198 起，营造了廉洁高效的干事创业氛围。

4.12.2 "十三五"时期发展目标分析

未来 5 年，长沙市芙蓉区经济社会发展的主要目标是：地区生产总值年均增长 9% 左右，财政总收入年均增长 10% 左右，全社会固定资产投资年均增长 12% 左右，社会消费品零售总额年均增长 10.5% 左右，城镇登记失业率控制在 4% 以内，居民人均可支配收入年均增长 9% 左右。

未来 5 年，长沙市芙蓉区将围绕"四个芙蓉"目标，推动经济社会各项工作全面发展。

4.12.2.1 引领转型升级的财富芙蓉

适应和引领经济发展新常态，加快培育新的发展动能，提升传统比较优势，增强持续增长动力，推进产业转型升级，构建现代化产业体系，打造高端产业引领区。长沙市芙蓉区优先发展金融，促进传统金融与现代信息技术全面对接，打造功能完善、带动明显、体系健全的区域性金融中心；巩固商贸优势，利用楼宇载体，提高商贸管理水平，重点培育文化、旅游、养老、健康等新兴消费业态，完善提升各类传统市场功能，打造中部地区的商贸聚集区；推动工业转型，大力发展都市工业、楼宇工业、总部工业，构建布局集中、用地集约、产业集聚、主业突出、错位发展的园区工业格局。到 2020 年，实现地区生产总值 1 700 亿元左右，财政总收入 160 亿元左右，三次产业占比优化至 0:12:88。

4.12.2.2 建设创新驱动的智慧芙蓉

进一步激活开放度，搭建开放数据平台，推进智慧产业、智慧社区、智慧政务等体系建设，打造智慧理念先行区。长沙市芙蓉区以

"互联网＋"为引领，推动互联网金融和电子商务快速发展，让传统产业插上互联网的翅膀，打造互联网金融示范区；推进创新型城区建设，构建有利于大众创业、万众创新的政策环境和公共服务体系，促进高新技术产业聚集发展；依托互联网、物联网、云计算等技术手段，构建交融、互通、共享的网络体系和应用体系，实现城区智慧式管理和运行。

4.12.2.3　彰显精致秀美的魅力芙蓉

长沙市芙蓉区立足湖湘文化，着眼国际品质，以"一带两区"为总体框架，大力优化城市空间布局，完善城市基础设施，提升城市建管水平，凸显城市特色风情，打造城市品质示范区。按 5A 级景区标准建设浏阳河文旅产业带，打造新兴产业集聚区；以棚户区和城中村改造为抓手，大力发展商业地产，推进中心城区改造提质；围绕"种业硅谷"核心定位，高标准规划建设隆平新区；加快基础设施建设，完善路网体系，增强城市承载功能；加速生态文明和"两型社会"建设，打造天蓝、水清、地绿的秀美芙蓉。

4.12.2.4　实现全面共享的幸福芙蓉

长沙市芙蓉区按照协同推进、成果共享的理念，围绕率先全面建成高水准小康社会的奋斗目标，加强和创新公共服务体系建设，打造公共服务样板区。巩固中心城区传统优势，集中力量建设隆平新区，实现东西两个片区协调发展。实施更加积极的就业政策，推动实现更高质量、更加充分的就业。实施精准扶贫工程，缩小居民贫富差距。加大民生投入，打造更加优质高效的 15 分钟入学圈、医疗圈、健身圈、养老圈。协调推进食药安全、环境安全、公共安全和信访维稳等工作，维护人民群众的身体健康和生命财产安全。完善以社保、低保、医保、住保等为主要内容的社会保障体系，发展慈善、救助等福利事业，让民众共享改革发展成果。到 2020 年，实现居民人均可支配收入 62 700 元以上，人均住房使用面积达到 36 平方米以上。

全区经济社会发展的主要预期指标是：地区生产总值增长 9.5% 左右，财政总收入增长 8% 左右，全社会固定资产投资增长 12% 左右，社会消费品零售总额增长 10.5% 左右，城镇居民人均可支配收入增长 9% 左右。

4.13　杭州市下城区发展建设整体状况分析

4.13.1　2015 年发展建设主要成绩

2015 年，杭州市下城区较好地完成了年度各项任务，实现地区生产总值 765 亿元，同比增长 11%；地方一般公共预算收入 85.64 亿元，同比增长 3.3%；社会消费品零售总额 904 亿元，同比增长 10.5%；完成固定资产投资 114.4 亿元，同比增长 12.5%。

4.13.1.1　抓难点，克难攻坚取得新突破

（1）发展瓶颈有力破解。杭州市下城区百井坊地块实现住宅房屋拆迁"清零"，机床厂地块所有商户完成搬迁，城北体育公园南侧可出让地块完成农居拆迁、控规调整及建筑概念性设计。完成杭氧生活区（一期）362 户的征收任务。长城、京诚和万城 3 个机电市场全部腾空，其中，万城机电市场地块完成土地平整。完成沈家、长木、草庵"三村"连片改造规划方案，启动沈家村改造前期工作。

（2）重难点问题有效化解。杭州市下城区全面完成地铁 2 号线建国北路、凤起路两个站点的 85 户住宅房屋征收，完成备塘河项目征迁交地任务，完成三塘、西文社区整体回迁以及胜利、中舟、杨家社区部分项目回迁，共安置 822 户。环西新村 12 幢危房完成拆除，环西新村

1 幢危旧房处置工作取得实质性进展。市民健康生活馆问题完成整改。圆满化解原朝阳五、六队集体资产纠纷等积案。基本完成省儿童保健地块拆迁、武林路历史街区搬迁。

4.13.1.2 抓质效，转型升级取得新进展

（1）产业结构持续优化。杭州市下城区坚持服务业首位经济，第三产业占比达到 94.4%，稳居全省第一，其中，商贸、金融、文创、健康和信息产业增加值占比合计达 70%，主导作用日益凸显。成功举办"中国购物节——杭州大巡游""中国国际动漫节——中北创意街区彩车巡游"等品牌活动。深入实施"一号工程"，23 个重点项目列入市级项目库，信息经济增加值同比增长 17.1%，金融业增加值同比增长 17.2%。杭州市互联网金融协会成功落户，三立时代广场互联网金融大厦被评为市级互联网金融楼宇。文创产业增加值同比增长 15.1%。引进浙大国际医院、肿瘤免疫细胞诊疗公共服务平台等一批优质项目，健康产业增加值同比增长 16.3%，被评为杭州市健康服务业试点城区。

（2）发展支撑不断强化。杭州市下城区完善项目专职联络员等工作机制，狠抓项目落地开工、建设进度及工程竣工。农都农产品流通产业园等 32 个大项目开工建设，嘉里中心部分区块项目、杭州新天地 A 地块等 6 个地块进入主体验收阶段，28 个项目实现竣工投用。武林商贸服务业集聚区在全省示范区综合评价中名列第一，以杭州新天地为核心区，实现综试区战略和综合体发展的融合，扎实推进 2.9 平方公里的跨贸小镇建设，跨贸小镇和浙商总部基地均获市级授牌。国际 O2O 体验街区投入运营，引进民营资本建设西狗国际项目，打造跨境生活体验综合体。经纬创造社被认定为市级众创空间，区级众创空间实现街道层面全覆盖。创新中国产业园、人力资源产业园分别实现税收 5 081 万元、4 479 万元。新增国家高新技术企业 10 家，5 家企业在新三板成功挂牌。楼宇经济进一步凸显，实现全口径税收超千万元楼宇 86 幢，超

亿元楼宇 43 幢。

（3）税源经济成效显著。杭州市下城区深入推进南北联动招商，全区一盘棋的招商格局逐步形成。引进杭银消费金融公司等世界 500 强企业项目 3 个，浙江永达互联网金融企业等亿元以上项目 18 个，钢为网等新兴产业企业 761 家。杭州市下城区全面完成开放型经济各项指标任务，共引进到位杭外资金 156 亿元，到位外资 3.08 亿美元，浙商创业创新项目到位资金 78.21 亿元，成为全省唯一一个连续三年获评浙江省吸引浙商设立功能性机构考评优秀单位。完成自营出口总额 22 亿美元，服务外包名列全市前茅。杭州市下城区扎实开展重点企业"集中走访月"活动，累计走访企业 1 617 家次，帮助解决问题 842 个；有效防止重点税源企业外迁 29 家，稳固税源 2.59 亿元；通过"找新挖潜"增加一次性税收 8.35 亿元。

4.13.1.3 抓环境，城区品质得到新提升

（1）"五水共治"（治污水、防洪水、排涝水、保供水、抓节水）、"三改一拆"（改造旧住宅、旧厂区、城中村，拆除违法建筑）深入实施。杭州市下城区完成石桥河等 3 条黑臭河治理、陆家河等 6 条河道生态治理、康家河等 6 条河道清淤工作。完成 77 个截污纳管项目，消除 527 个排污口。完成 11 个小区、8 条道路的低洼积水点改造。加强饮用水源保护，沿沙河下城段全线实施物理隔离。完成朝晖公园雨水利用回收和 8 个节水型居民小区创建工作。完成"三改"25.03 万平方米，拆除违建 20.23 万平方米，天水、武林、长庆、潮鸣、朝晖创建"无违建街道"完成初验。

（2）城市长效管理持续加强。杭州市下城区运行智慧城管综合指挥平台，成为杭州市智慧街面管控试点区。基本完成"两路（公路、铁路）两侧"、"四边三化"（四边：公路边、铁路边、河边、山边；三化：洁化、绿化、美化）整治工作；全面完成黄标车淘汰任务，持续

加大餐饮油烟等专项整治力度；完成 5 条支小路建设、12 个老小区交通综合治理项目；新增 867 个停车泊位、4.28 万平方米绿地；持续推进垃圾无害化、减量化、资源化处理，新增 100 个智能回收平台、111 只废旧衣物回收"熊猫桶"，生活垃圾总量同比下降 1.26%。杭州市下城区扎实推进北部地区环境综合整治，基本完成石大路货运市场重点区域交通整治工作。

（3）峰会保障项目扎实推进。杭州市下城区实行峰会环境整治"路长制"和"段长制"，扎实推进五大类 102 项工作任务。7 条河道综合整治项目全面实施，10 条一类（应急类）道路市政建设及立面整治全面开工，天水、武林两个核心区块及重点区域周边第五立面整治全面启动，高架沿线 52 处违建拆除和环境问题整治、延安路等 6 条主要道路"美化家园"工程均已全面完成。

4.13.1.4 抓保障，民生事业得到新加强

（1）社区治理和服务能力不断提升。杭州市下城区按照"党建引领、多元参与、协商治理、智慧服务"的目标，积极打造社区治理"3.0 升级版"，被民政部评为"全国社区治理和服务创新实验区"；出台加强和创新社区治理的 5 个配套文件，理清社区事务清单，推进社区居委会成员本土化，本地居民担任居委会成员的比例达到 75%，72 个社区完成《社区公约》修订；加大政府购买公共服务的力度，83 项公共服务交由社会组织承接，涉及金额 2 290 万元。杭州市下城区试点开展社区工作者岗位量效评估，大力推动社区工作者向社会工作者转型。

（2）社会保障提质扩面。杭州市下城区落实促进就业专项资金3 800万元，新增就业 34 239 人，失业人员再就业 18 303 人，其中就业困难人员 7 953 人，新增大学生创业企业 73 家，新增参保人数 12 239人；化解各类劳动纠纷 3 027 起，涉案金额 9 192 万元；为 8 510 位老年人购买居家养老服务，为 1.6 万余户老年人、残疾人家庭提供家电统保

服务，为 22 254 位老年人购买意外伤害保险。杭州市下城区开展市民卡电子结算助老经费试点，残疾人服务保障水平稳步提高，落实各项保障性救助政策，累计发放各类救助资金 2 172 万元。

（3）社会事业持续发展。杭州市下城区首批通过浙江省基本实现教育现代化区验收。成立教育发展基金会，启用长江实验小学武林府校区和安吉路幼儿园慧兰分园，完成启正实验学校设计方案优化，有序开展教师海外研训交流，5 所学校被评为杭州市教育国际化示范校。通过全国基层中医药服务先进单位复评，设立全科医生及社区护士操作技术培训中心，荣获全市首届基层卫生综合技能竞赛第一名，完成两个社区卫生服务中心迁建改造，医、养、护一体化签约服务 113 535 人，落实计划生育特殊家庭帮扶等各项政策，和平广场爱心献血屋建成使用。在全省率先出台社区文化动态评估、第三方评价和需求征集等地方规范标准，通过省级公共文化服务第二批示范项目验收。创建"主题读书年""公共文化成果展"等品牌活动，深入实施"6＋1"监管模式，文化市场规范有序。

（4）平安建设不断深化。杭州市下城区稳步推进省级平安区创建，整体合力全面形成，扎实做好 32 件重大决策、重大项目社会稳定风险评估和 42 件涉稳问题项目化监管，稳步实施 14 处社会治安重点挂牌地区整治；深入开展信访督查"百千万"专项行动，积极构建"三所联调"等大调解体系，有效化解各类矛盾纠纷 4 400 余起，实现重要时间节点"零非访"；扎实开展流动人口管理服务工作，新建智能门禁系统 571 套；以电梯安全隐患整治、食品药品安全监管、出租房消防安全整治等为重点全面开展 10 个专项整治，安全事故同比下降 9.3%，刑事案件同比下降 9.8%。

4.13.1.5 抓自身，治理能力得到新提高

（1）依法行政不断加强。杭州市下城区办结建议、提案 195 件，解决率从上年的 60.9% 提高到 61.5%；开展常态化法制教育学习，落

实行政首长出庭应诉制度；按照资源、经费"两统筹"原则建立政府法律顾问制度；严格规范性文件制定和备案审查工作，清理规范性文件54 件，其中废止 19 件。

（2）简政放权深入推进。杭州市下城区落实"四单一网"建设要求，在全市率先公布财政专项资金管理清单和投资负面清单；创新"1+9"审批模式，实现投资建设项目审批一条龙服务，建成投资项目网上并联审批系统，平均审批提速 40% 以上；深入推进"五证合一""一照一码"工商注册登记制度改革，提高为企服务的效率，新增注册企业 4 467 家，同比增长 25.16%。

（3）智慧政务全面实施。杭州市下城区实现 192 项行政许可事项在线办理，承担浙江政务服务网向街道社区延伸试点任务，92 项政务服务事项上线运行；有效整合政务网络，构建智能视频监控体系，建立卫生、城管、社区以及国有资产等智慧管理平台，为企业和公众提供阳光、便捷、低碳服务；深化 OA 系统应用，全面推行网上办公，实现行政服务办公场所无线网络全覆盖。

（4）效能建设巩固提升。杭州市下城区深入开展"三严三实"专题教育，严格落实党风廉政责任制，加强行政督查问责，开展专项检查28 次，检查单位 757 家次，效能作风方面的投诉举报同比下降 10%。严格支出范围和标准，"三公"经费同比下降 30.74%；加强干部审计监督，实行经济责任审计 5 年全覆盖制度；全面清查区属国有房产，实施行政事业单位不动产授权集中管理。

与此同时，杭州市下城区政府高度重视民族、宗教、侨务和对台工作，大力支持工会、共青团、妇联等群团组织开展工作，人防、征兵、保密、统计、物价等工作取得新成效，国防教育和国防后备力量建设取得新发展。

（5）攻坚克难，不断加快转型升级步伐，综合实力显著增强。百井坊等瓶颈问题的突破、传统市场的搬迁、楼宇经济的壮大、新空间和新平台的拓展，有效提振了发展信心，厚植了发展优势。杭州市下城区地区生产总值比"十一五"末增长了 66.11%，年均增长 10.68%。第三产业占比提高 4.4 个百分点，其中，现代服务业占比提高 3.28 个百分点。地方一般公共预算收入年均增长 5.43%，社会消费品零售总额年均增长 14.78%，绝对额和增量全市遥遥领先。全区年税收亿元以上、千万元以上企业分别达到 21 家和 202 家。

（6）全力谋篇布局，扎实推进重大项目建设，发展后劲不断夯实。杭州市下城区深入实施"十二五"发展规划，不断完善促进经济发展"1＋X"政策，建立健全人才培养和引进、国有土地和集体土地征收、促进经济合作社发展和加强管理等方面重大政策。以智慧应用、功能优化为重点，提升武林商圈核心竞争力。建成创新中国、人力资源服务、跨境电子商务、健康服务等一批重点产业园区。积极打造"一镇两基地"（跨贸小镇，浙商总部基地和"大众创出、万众创新"集聚基地）。实现 148 个项目新开工，152 个项目竣工投用，嘉里中心、国大城市广场、武林广场地下商城、中大银泰城、杭州新天地等一批重大项目建设取得实质性进展。累计完成固定资产投资 603.69 亿元，新增商业商务楼宇 180 万平方米。

（7）全力做优环境，不断提升品质、完善功能，城区面貌持续改善。杭州市下城区全面完成三塘、西文、灯塔三个"城中村"改造任务和胜利、中舟、杨家、石桥部分农居的征迁任务，共计征迁农居 1 244 户，回迁安置房 5 379 套。完成 12 条黑臭河道治理、12 个河道综合整治项目和 21 条河道清淤疏浚，打通断头河 3 条，完成 71 个低洼积水点治理和 11 个泵（闸）站提升改造。完成"三改"152.6 万平方米、拆除违建 73.42 万平方米，完成石德立交、重工路等主次干道和 18 条支小路建设。新增绿地面积 32.24 万平方米，完成 14 个老小区交通综合治理。广场变、众安变等电力基础设施项目相继落地，单位生产总值电耗累计下降 25 个百分点。

（8）全力改善民生，加快发展社会事业，强化民生保障，群众获得感不断提升。杭州市下城区公共财政用于民生事业支出 93.13 亿元，比重由 2010 年的 70.82% 提高到 2015 年的 83.76%，提前形成"9064"养老服务格局，政府资助型养老服务比例从 2% 提高到 9%，每百位老人床位数从 0.7 张提高到 4.2 张。城乡居民养老保险参保率达 99.89%，医保参保率保持在 98% 以上。落实各类困难救助帮扶资金 1.23 亿元，生均公用经费实现各级各类幼儿园全覆盖。社区卫生服务中心全部达到省级示范标准。建成区文化体育中心及 209 个社区健身苑（点），成功创建浙江省文化先进区。积极构建矛盾纠纷"大调解"体系，打造"枫桥经验"城市版。

（9）全力依法行政，持续提高效能，优化服务，政府自身建设不断加强。杭州市下城区深入开展群众路线教育实践活动和"三严三实"专题教育，制定落实《重大事项行政决策规则》等多项制度，依法、科学、民主决策水平稳步提高。清减行政权力事项 2 600 项、非行政许可事项 109 项，清减率分别达到 51% 和 100%。有效承接省市下放审批管理权限 377 项，完成机构改革和有关部门体制调整工作，撤销区级议事协调机构 65 个，城管执法、市场监管等工作重心下移到街道。实施国库集中支付改革，全面推行预决算信息公开。进一步规范国有房地产和政府投资项目管理，大力推进公务用车改革，"三公"经费比 2010 年下降 83.77%。

4.13.2 关于"十三五"规划纲要（草案）的分析说明

"十三五"时期是杭州市下城区优化经济结构、加快转型升级的关键期，是完善社会治理体系、夯实长治久安根基的关键期，是不断改进民生福祉、提升人民生活品质的关键期。

杭州下城区提出的"十三五"时期的奋斗目标是：通过 5 年的努

力，使杭州市下城区综合实力更强、区域发展更协调、生态环境更优美、开放活力更强劲、人民生活更幸福、治理体系更完善。地区生产总值年均增长 7.5% 左右，地方一般公共预算收入年均增长 5% 左右，社会消费品零售总额年均增长 8%，力争固定资产投资累计达 800 亿元。民生事业支出占财政支出的比重不低于 80%，单位生产总值电耗进一步下降；南北深度融合发展，区域功能格局进一步优化；城市国际化、现代化水平显著提升，生活品质持续改善，群众的幸福感和获得感不断增强；加快建成职能科学、权责法定、执法严明、公开公正、廉洁高效、守法诚信的法治政府。

为实现"十三五"时期的奋斗目标，杭州市下城区制定的总体思路是：打响"一大行动"，即"全域中央商务区建设推进行动"；实施国际化和现代化"两大战略"；开拓"城中村"、传统专业市场和旧小区（旧厂房）"三大空间"；依托重大工程、重大项目、重大平台、重大政策"四大载体"；壮大商贸、金融、文创、健康、信息"五大产业"。

杭州市下城区将重点抓好以下 5 个方面的工作：

第一，围绕转型升级，突出创新发展。杭州市下城区主动对接杭州市"两区"（跨境电子商务综合试验区、国家自主创新示范区）战略，深入实施"一号工程"，提升发展武林商圈，加快推进"一镇两基地"建设，大力发展楼宇经济，聚焦发展商贸、金融、文创、健康、信息 5 大产业，不断提升产业国际化水平。加快园区、传统专业市场以及旧厂区转型升级步伐，打造一批高质量的众创空间，大力发展创新型经济。积极落实各项人才优惠政策，加大高层次人才培养引进力度，着力提升人才队伍国际化水平。大力推动产学研合作，鼓励支持企业开展多种形式的协同创新，努力构建创业创新生态体系。

第二，围绕区域一体，突出协调发展。杭州市下城区加大基础设施区域统筹力度，特别是以杭州市大城北空间拓展为契机，着力推动城市基础设施向北部地区延伸对接，提升北部发展环境。坚持"统一规划、滚动开发、成片推进"的原则，大力实施"城中村"改造，确保到 2020 年全面完成改造整治任务。深入实施《南北产业提升发展规划》，围绕"一核两轴四带六圈"布局，突出产城融合、区块联动、对接共兴。坚持物质文明和精神文明协调发展，不断提升居民文明素质和社会文明程度，促进思想观念现代化。加强国防动员能力建设，深入推进军民融合式发展。

第三，围绕生态永续，突出绿色发展。杭州市下城区主动融入杭州都市区建设，以 G20 杭州峰会、亚运会等重大活动为契机，紧扣大改造、大建设、大发展的阶段特征，加强城市现代化建设，加快城市有机更新步伐，全面提升中心城区功能品质；完善交通设施网络，加快城市主次干道、支小路和地下综合管廊建设；坚持低碳导向，推动低碳小区、智能小区、节水型小区建设；扎实推进"两路两侧""三改一拆""四边三化""五水共治""五气共治""五废共治"等省市重点工作，加强城市生态综合治理，提升城市管理水平，着力打造美丽下城新形象。

第四，围绕核心区位，突出开放发展。杭州市下城区立足区位优势、人文优势、先发优势和创新创业要素集聚优势，深度开发高端产业承载空间。加快推进百井坊地块、杭州中心、杭州新天地、城市之星、华丰新世纪等重大项目建设。坚持招商引资与安商稳商并重，着力培育一批根植性强的企业和企业家团队，鼓励企业挂牌上市。杭州市下城区主动对接"杭州城市记忆工程"，加大特色街区、历史建筑、非物质文化遗产和老工业遗存等保护开发力度，提升文化软实力。

第五，围绕民生实事，突出共享发展。杭州市下城区坚持普惠性、保基本、均等化、可持续的方向，优化公共服务供给；以服务国际化为目标，进一步加强教育、卫生、养老、文体等社会事业建设；加强师资队伍建设，优化教育资源配置，扎实提高教育质量；深化医疗卫生体制改革，加强公共卫生服务体系建设；不断完善养老服务体系，持续扩大社会保险覆盖面，提高参保率，促进残疾人事业和慈善事业发展；加快构建现代公共文化服务体系；以治理现代化为目标，加强和创新社会治理，凝聚社会正能量；积极探索老旧小区、危旧房改造提升；严格落实综治、信访和安全生产责任制，持续推进平安下城建设。

4.14 沈阳市沈河区发展建设整体状况分析

4.14.1 2015 年发展建设主要成绩

4.14.1.1 经济运行总体平稳向好

面对持续加大的经济下行压力，沈阳市沈河区主动适应经济发展新常态，转方式、调结构、提质量、增效益，全区经济继续保持了稳中求进、稳中向好的发展态势。

（1）主要指标位于合理区间。沈阳市沈河区地区生产总值完成 936 亿元，同比增长 6.2%；服务业增加值完成 816 亿元，增长 6%；公共财政预算收入完成 75.4 亿元，下降 26.2%，其中，地方税收收入完成 73.6 亿元，下降 13.7%；固定资产投资完成 710 亿元，下降 1.1%；城市居民人均可支配收入达 40 987 元，增长 7.3%；社会消费品零售总额完成 1 042 亿元，增长 8.2%。

（2）金融中心建设全面提速。沈阳市沈河区加快推进优化金融生态改革试验，举全区之力建设东北区域金融中心。开发区晋升国家级工作通过省政府常务会议审定，同意上报国家。沈河区作为产业金融试验主要任务承载片区，多项试点政策纳入沈阳全面创新改革试验总体方案，参与沈阳争创辽宁省自由贸易试验区。与中兴通讯集团共建金融云谷和金融信息安全云服务系统，成立中兴通讯（沈阳）金融研究院，世界级品牌银行——渣打银行开业运营，东北首家保理公司亨汇商业保理（辽宁）有限公司、全省首家金融租赁公司——锦银金融租赁公司落户沈河区，全省首家法人民营银行——振兴银行正在筹建中，沈阳首家政府引导基金——中和文化创意产业基金开业运营等，开发区在 11 个方面填补了省市金融项目空白。引入沈阳渤商公司，筹备设立辽宁商品交易所，承办 2015 中国（沈阳）国际金融高层峰会和中国金融论坛 2015 东北分论坛，金融中心的影响力和知名度不断提升。

（3）重点功能区域加快建设。沈阳市沈河区东部功能区按照"沈阳新都心、东北创智谷"功能定位，推进基础配套设施改造；加快高官台东等 12 个棚改地块征收（含旧城区），总占地面积 604 万平方米（全市最大），涉及住宅 6 074 户（全市最多），住宅签约率达 80%，棚改取得阶段性成果。皇城功能区挖掘历史文化内涵，完成中街广场改造，构建中街智慧商圈，增设智能停车诱导系统和旅游导识系统，地区形象持续提升。皇城功能区被评为中国首批商旅文产业发展示范街区。全国文化金融合作试验区申报工作取得实质性进展。五爱和南塔功能区与松原蓝湾都汇商贸集团合作，实施品牌输出战略，与阿根廷华人超市公会签署合作意向，尝试开展对外跨境贸易。打造五爱智汇等电商服务平台。阿里巴巴南塔产业带网上批发电商平台入驻企业达 300 家，线上销售额突破亿元。引进辽宁筋斗云科技有限公司，建设国内首个航空物流电商平台。

（4）服务业结构日益优化。沈阳市沈河区围绕做强优势产业，做优传统产业，培育新兴产业，完善招商考评机制，调整招商工作格局和主攻方向，引进港澳资讯等现代服务业企业 237 家，其中，金融类企业 58 家，文化企业 65 家，辽宁蓝猫公司文化创意作品《蓝猫水墨诗词》作为全省唯一代表，再次荣获文化部弘扬社会主义核心价值观动漫专项扶持奖励；突出项目核心地位，帮助重点项目和企业解决问题 23 个；总建筑面积 676 万平方米、总投资 633 亿元的华强等 15 个市级重点项目投资额度大、建设速度快、形象进度好；中街豫珑城等 3 个项目开业运营，新增营业面积 16.5 万平方米；星汇广场等 70 个共 56 万平方米存量资源成功盘活；推进"三争取"工作，累计争取国家和省市服务业等各类扶持资金 6.6 亿元。

4.14.1.2 百姓民生福祉持续改善

沈阳市沈河区坚持以幸福沈河为统领，访民情、察民意、解民忧、暖民心，市、区累计投入 23.1 亿元，全力打造民生服务品牌，较好地完成了为民办实事工程，群众生活幸福感持续提升。

（1）幸福社区建设成效明显。坚持以邻为伴、与邻为善，深入开展幸福社区创建活动，完成第九届社区居民委员会换届工作，推进社区公共用房"六统一""六规范"建设，改造提升 11 处社区用房，打造富民等 15 个精品社区、新立堡等 15 个特色体育社区和以双路"先锋文化"为代表的 3 个特色文化社区。在 416 个老旧小区改造的基础上，对 144 个老旧住宅区实施环境提升工程，对 265 栋 133 万平方米住宅楼实施"节能暖房"工程。

完成新北站等 7 个街道（社区）公共服务综合信息平台试点任务，沈阳市沈河区被确定为全市智慧社区建设试点区。建立区、街、社区三级社会组织孵化基地，实施 71 个公益为民服务项目，构建了"同轴联动、协同治理"模式，《中国特色社区建设——沈阳市沈河区经验》在全国出版。沈阳市沈河区再次获评全国和谐社区建设示范区，全国社区治理与服务创新示范区和省"双拥八连冠"分别通过验收。

（2）公共服务能力不断提高。沈阳市沈河区突出文化主题，推动"文化产业大发展、文化事业大繁荣、文化惠民大提升"，以创建国家公共文化服务体系示范区为契机，加快区文体中心和百姓大舞台建设，完成区文化馆和图书馆改造，打造凯旋等 5 处较具规模的文化活动阵地，初步实现图书资源共享和通借通还；率先在全市通过"全面教育现代化建设评估验收"资格审定，与中国教育科学院合作共建"教育综合改革实验区"；八十一中、八十二中教学综合楼竣工使用，实验学校东校区小学部建设进入收尾阶段，育源中学教学综合楼启动建设；发放学前教育奖励补助资金 2 122 万元，惠及 52 所幼儿园和 9 036 名儿童；德育"小微成长工程"被授予全国社会主义核心价值观教育优秀案例；开展全国健康促进区试点，打造多福等 5 个"健康小屋"，挂牌成立马官桥、万莲社区卫生服务中心，社区卫生服务网络更加完善；加强公共卫生服务中心和社区卫生服务特色品牌建设，推进社区医生"健康服务包"签约服务，累计签约 11.4 万人，开展服务 24.1 万人次。

（3）社会保障体系更加完善。沈阳市沈河区围绕"大众创业、万众创新"制定扶持政策和措施办法，建设"互联网金融暨金融创新孵化器"，驻区首个"青创空间"投入运行；搭建"沈河区创业求职 365 就业服务平台"，打造升级版"15 分钟就业创业服务圈"；建成省内首批、全市首家由政府搭台、专业化管理、市场化运作的沈河区创业孵化基地，引进创业企业 16 家；全区实名制就业 25 110 人，扶持创业带头人 498 人，获评全省首批省级创业型县区；建成南塔等 2 所区域性居家养老服务中心，打造 16 家示范型日间照料站，全区 85 个日间照料站中 50% 以上实现社会化运营。沈阳市沈河区成立全市首家盲人按摩培训基地，创建雨坛等 3 个社区康复示范站，对 183 户低保残疾人家庭实施无障碍改造，为 4 758 户低保户发放救助资金 2 049 万元；发放小额担保贷款 3 658 万元；征缴养老保险统筹基金 2.13 亿元；在全市率先建立救助"四色"应急响应机制，"救急难"试点工作在民政部介绍经验。

（4）平安沈河建设深入推进。沈阳市沈河区深化"全社会调解"模式内涵，强化源头预防和风险评估，畅通群众利益诉求表达渠道，受理初访案件 392 案 2 223 人次，初访案件办结率达 100%；实施信访积案"销号工程"，化解疑难案件 179 件，完成重要时期信访维稳任务；巩固国家级平安区建设成果，逐步构建立体化社会治安防控体系，加强人防、物防、技防建设，成功破获三起涉疆反恐案件，社会局面更加稳定。沈阳市沈河区投入 2 000 万元，新建泉园和南塔 2 个派出所；对全区视频监控进行整合联网和升级改造，更换 1 050 个高清监控探头，实现重点地区视频监控全覆盖；开展平安社区创建活动，强化派出所勤务指挥室建设，"零发案"小区达 96.8%。完善安全生产责任体系，开展安全生产应急演练和隐患排查整治，检查生产经营单位 46 730 家次，整改安全隐患 8 223 处，全区无重特大安全事故发生，4 次代表沈阳市迎接国家和省级安全生产督查调研，受到高度评价。

4.14.1.3　城区建设管理水平逐步提升

坚持以打造宜居城区为目标，按照"精心、精细、精致、精品"的原则，沈阳市沈河区累计投入 4.4 亿元，推进绿化、美化、亮化、净化工作，城区环境面貌持续改观。

（1）智慧沈河建设成果显著。沈阳市沈河区以善政、兴业、惠民为目标，全面推进智慧政务、智慧产业和智慧民生建设。沈河区新政务服务中心正式运行，改扩建 15 个街道政务服务中心，所有面向企业的审批服务事项向政务服务中心集中，所有服务群众的审批服务事项向街道（社区）集中。加快智慧产业发展，辽宁汉能薄膜发电有限公司东北总部落户沈阳市沈河区。完善区市民公共服务中心功能，解决各类民生诉求 10.9 万件，满意率达到 96.5%，百姓所有民生诉求都能在平台上反映和解决。加强区公共卫生服务中心内涵建设，实现公共卫生资源互联互通，为群众提供"一站式"服务。智慧社区、智慧教育、智能电网、智慧商务等专项工作也取得积极进展。

（2）基础设施建设持续完善。沈阳市沈河区按照"老城提升、新城改造"的原则，注重城区布局优化和功能设施改善。完成水晶城小区南等 7 条规划路建设，对十二纬路等 28 条街路进行整修；改造令闻街等 13 处积水点，改造排水井 343 座；完成区体育公园、双河城公园改造和万柳塘路等 6 条特色花街建设；对明渠二街等 22 条街路行道树进行补植；完成奥林匹克健身路、满堂河两侧和 6 块绿地及 7 条街路两侧环岛的景观提升；对青年大街沿线 5 处点位及金融中心 6 块绿地实施亮化灯饰安装。

（3）城区环境品质逐步提高。沈阳市沈河区全面提升城区管理现代化、精细化水平，对市府大路等 14 条重点街路实行全时保洁和全域管理，一二级街路机械化扫保率达到 100%；开展"楼道清洁革命"，对全区 5 124 栋居民楼、20 287 个单元楼道进行整治；清理占道经营点位 2 万余个，拆除违章建筑 3.7 万平方米；加强动静态交通管理，新增停车泊位 5 000 个，重点区域交通压力有所缓解；拆除民用废弃锅炉房 30 处，完成燃煤锅炉拆小并大工程 30 处；实施"蓝天工程"，完成沈阳市新北热电公司等 7 家供热企业脱硫改造，对沈阳市房兴供暖公司等 9 家企业开展燃煤锅炉高效除尘器改造，超额完成节能减排任务。

4.14.1.4 政府自身建设不断加强

沈阳市沈河区始终坚持依法行政，着力规范行政行为，加速推动改革创新，全面提高行政效能，政府自身建设水平持续提升。

（1）法治政府建设日益深入。沈阳市沈河区承办省、市、区人大代表建议和政协提案 338 件。其中，区人大代表建议 184 件，区政协提案 123 件，省、市建议提案 31 件，办复率 100%，满意及基本满意率 99.4%，解决率 83.7%。向人大专题报告工作 11 次，接受代表委员视察检查 12 次。加强政务公开建设，网上公开重要信息 13 460 条，保障群众参与权、知情权和监督权。完善行政裁量权基准制度，受理行政复议 10 件，承办行政诉讼案件 15 件。开展"法律六进"（进机关、进乡村、进社区、进学校、进企业、进单位）活动，形成"10 分钟法律援助服务圈"，被评为省优秀法治文化示范基地，风雨坛司法所被评为全国先进司法所。

（2）改革创新工作扎实推进。沈阳市沈河区认真贯彻落实国家和省市各项改革部署，制定《沈河区 2015 年经济体制改革工作要点》。加快实施简政放权，完成 4 轮共 778 项行政职权承接工作；制定并公布政府权责清单，确定行政职权 1 276 项；取消审批事项 40 项、审批要件 20 个，推行"三证合一""一照一码"审批，大幅压缩审批时限，最大限度地便企利民。开展医药卫生体制改革，落实基本药物制度，探索卫生系统人事分配制度改革。优化行政资源，合并组建卫计局、市场监管局。深化国企改革，尝试推进资产证券化，筹建资产运营公司，吸引辽宁股权交易中心等 3 个项目参与金融中心建设。

（3）政府服务效能持续提升。深入开展"三严三实"专题教育和"大学习、大讨论"活动，查找解决"不严不实"突出问题，全面践行"讲诚信、懂规矩、守纪律"的要求，严格执行中央"八项规定"。沈阳市沈河区出台农村集体经济组织资金、资产、资源管理办法。持续规范政府采购行为，节约资金 3.13 亿元，节支率为 10.54%。开展窗口单位"四风"问题及不作为、不担当问题专项整治，落实党风廉政建设主体责任和监督责任，不断完善惩治和预防腐败体系。全面推行岗位责任制、限时办结制、首问负责制和失职追究制，机关干部尽职意识和履职能力不断增强。

此外，审计、统计、档案、人防、民族、宗教、兵役、人口计生、红十字会、妇女儿童等工作均实现了稳步发展。

"十二五"时期是沈阳市沈河区产业结构加速优化、综合经济实力不断提升的 5 年，全区坚持以经济建设为中心，主动适应经济发展新常态，强化金融产业主导优势，突出项目核心地位，抓住招商关键环节，落实区域带动战略，核心竞争力持续提升。

2015 年，沈阳市沈河区地区生产总值是 2010 年的 1.44 倍，年均增长 8.3%，服务业增加值是 2010 年的 1.5 倍，年均增长 9%。公共财政预算收入是 2010 年的 1.2 倍，年均增长 3.9%。地方税收收入是 2010 年的 1.3 倍，年均增长 5.3%。固定资产投资是 2010 年的 1.4 倍，年均增长 7%。社会消费品零售总额是 2010 年的 2.05 倍，年均增长 15.4%，其中，服务业增加值占 GDP 的比重达 87%，比 2010 年提高了 4 个百分点。金融业税收贡献率达到 47.5%，比 2010 年提高了 19.8 个百分点。产业结构和税收结构持续优化，经济总量稳步提高。

"十二五"时期是沈阳市沈河区社会事业成果丰硕、百姓民生福祉显著改善的 5 年。沈阳市沈河区将工作重点向保障和改善民生倾斜，坚持在更高层面上用更高标准提升为民服务水平，实施民生幸福工程和为民办实事工程，群众幸福感持续提升。2015 年，城市居民人均可支配收入是 2010 年的 1.87 倍，年均增长 13.3%。社区公共用房平均面积由 532 平方米提升至 826 平方米，居全省领先水平。文教卫生、就业创业、养老助残等民生领域工作均实现长足进步，获得全国文化工作先进区等多层次国家级荣誉累计 68 项。

沈阳市沈河区顺应群众对美好生活环境的期待，围绕打造美丽沈河，提高城市建管水平，市区累计投入 16.9 亿元，实施环境提升工程，城区面貌明显改善。完成 585 个老旧弃管小区改造、416 个共 870 万平方米老旧小区上水管线改造、822 栋共 390 万平方米住宅楼"节能暖房"工程，基本实现"路平、草绿、灯亮、门严"。特别是近 3 年累计投入 6.1 亿元，加快盛京皇城综合性改造，使皇城主要街路管网实现升级，对楼体立面实施改造，对广场和道路进行景观亮化，盛京皇城文化浓度和人流聚集度明显提升。

"十二五"时期是沈阳市沈河区治理方式更加现代、和谐稳定局面持续巩固的 5 年。加快社会治理体系和治理能力现代化建设，最大限度地增加社会和谐因素，社会既充满活力又和谐有序；以创建国家智慧城区为载体，全区初步构建了便民服务、政务服务、文化教育、卫生医疗、就业创业和安全管理等智慧社区"六大模式"。

沈阳市沈河区全区视频监控点位达 6 241 个。其中，高清视频监控点位率达 61.5%，并与 15 个派出所和 111 个社区警务室联网，所有街道全部通过国家级安全社区评定。"全社会调解"模式被国家信访局认定为"都市版枫桥经验"，在深化平安中国建设会议上向全国推广。

"十二五"时期是沈阳市沈河区改革创新成效突出、政府自身建设日益加强的 5 年。沈河区坚持用改革思维破解发展难题，不断创新行政管理和服务方式。按照"东北领先、全国一流"的标准，搭建市民公共服务、政务服务和公共卫生服务"三大平台"，"先予处置"模式在全市推广。全区划分为五大功能区，形成"西部大提升、中部大繁荣、东部大开发"的发展格局。沈阳市沈河区将 8 个专业招商局整合为 6 个投资促进局，成立区督考办、公共资源交易中心等部门。124 个社区调整为 111 个并划分为 429 个网格，构建"区、街道、社区、网格"四级社会管理服务组织体系。优化金融生态改革试验等一批国家级试点试验示范区，为沈河区科学发展提供了机遇、释放了活力。

4.14.2 "十三五"规划纲要的分析说明

沈阳市沈河区以建设幸福沈河和高水平小康城区为引领，全力打造富庶家园、精神家园、美丽家园、服务家园、平安家园，努力将全区建设成为"立足辽沈、服务东北、辐射东北亚"的东北区域金融中心核心区、国家现代商贸集聚区、文化旅游先导区和生态文明示范区。到2020 年，沈阳市沈河区地区生产总值、城市居民人均可支配收入比2010 年翻一番，综合经济实力进入全国副省级城市中心城区第一集团前列。

4.14.2.1 "十三五"期间要深入推进 5 项重点任务

为实现"十三五"时期的发展目标，沈阳市沈河区要深入推进 5 项重点任务的完成。

（1）全力打造富庶家园。沈阳市沈河区坚持"稳增长"总基调不动摇，把金融创新摆在发展全局的核心位置，注重供给侧结构性改革，释放新需求，创造新供给，培育发展新动力，激发创新创业活力，催生经济增长新动能，推动新兴业态发展，不断提升发展质量和效益，逐步形成"高端引领、多点支撑、创新驱动、协调开放"的经济发展新格局，努力将沈河区建设成为全省富庶城区和东北经济强区，不断提升群众富庶感和满足感。

（2）全力打造精神家园。沈阳市沈河区坚持以培育和践行社会主义核心价值观为统领，以满足群众最基本的精神文化需求为导向，以街道和社区为主阵地，注重文化传承，扩大文化影响，提振文化自信，增强文化自觉，倡导凡人善举，弘扬社会正气，加强政治文明建设、公民道德建设、文化惠民建设和身心健康建设，逐步形成"统筹推进、融合发展、大众参与、共建共享"的精神文明建设工作新机制，不断提升群众的认同感和归属感。

（3）全力打造美丽家园。沈阳市沈河区坚持"绿色强区、绿色惠民"的理念，以提升城区环境质量为核心，按照"节约集约、循环利用、精细精致"的原则，倡导绿色发展方式和生活方式，不断完善基础设施，持续强化城市管理，逐步改善人居环境，加快推进水系整治，全面完成减排任务，继续优化生态环境，促进人与自然和谐共生，努力构建"绿色环保、功能完善、天蓝水碧、居安行畅"的美丽新沈河，不断提升群众舒适感和自豪感。

（4）全力打造服务家园。沈阳市沈河区坚持"全省示范、东北领先、全国一流"的目标，以解决群众最关心、最直接、最现实的利益问题为立足点，着力保障底线民生、改善基本民生、补足短板民生、解决热点民生，察民情、听民意、问民需、解民忧，满腔热情地为群众办好事、办实事，持续提高公共服务共建能力和共享水平，努力构建"政府负责、市场运作、志愿服务、全员参与"的民生服务新品牌，不断提升群众获得感和幸福感。

（5）全力打造平安家园。沈阳市沈河区坚持"依法治区"的理念，抢抓建设国家智慧城区的契机，以促进社会治理体系和治理能力现代化为手段，完善立体化社会治安防控体系，健全群众利益表达、协调和保护机制，引导群众依法行使权利、表达诉求、解决纠纷，牢固树立安全发展观念，加强安全生产基础能力建设，逐步完善"党委领导、政府主导、社会协同、公众参与、法治保障"的社会治理新体制，不断提升群众的安全感和信任感。

4.14.2.2 "十三五"期间要重点做好 6 个方面的工作

（1）坚持创新驱动战略，打造金融产业新优势，在推动金融中心建设上实现新突破。

第一，加速推进金融改革创新。沈阳市沈河区加快国家优化金融生态改革试验，申报全国文化金融合作试验区，力争开发区在晋升国家级上实现突破。承担沈阳市全面创新改革试验及辽宁自由贸易试验区申报责任，争取获得更多的先行先试权。健全与金融中心建设相适应的体制机制，加强与上级金融监管机构联动，完善金融信息服务平台。加快建设金融云谷和金融信息安全平台。重点培育中介服务机构，打造金融服务外包业务中心。

第二，加速推进产业金融创新。沈阳市沈河区探索产业金融创新发展模式，提升金融服务科技创新和支撑产业升级的能力；拓宽金融资本进入实体经济的渠道，促进金融资本与产业资本的深度融合；优先支持沈阳市装备制造业企业、科技型中小企业上市融资，支持辽宁股权交易中心开展股权众筹试点；启动电子商务金融创新试点和商业银行综合性经营试点，争取国家城市移动金融安全可信服务管理系统建设试点；推进民营资本发起设立民营银行等金融机构试点。

第三，加速推进金融环境创新。沈阳市沈河区坚持政府主导、市场运作，升级配套服务设施。按照"补短板、填空白"的原则，引进新金融、新业态和新功能；鼓励银行、证券、保险及金融租赁、消费金融、互联网金融、小额再贷款等新型金融企业落户开发区，确保引进金融类企业 60 家以上；制定金融产业发展扶持政策和金融人才引进政策，形成政策洼地；创新金融征信体系，建立个人和企业信用信息基础数据库。

（2）坚持结构调整战略，打造区域联动新优势，在提升综合经济实力上实现新突破。沈阳市沈河区坚持"发展为要"，把稳增长、调结构、转方式、换动力放在更加突出的位置，努力打造发展质量和效益同步提升的经济格局。

第一，加快转换经济增长动力。沈阳市沈河区把握高端化取向，着力促进存量优化、增量优质，努力构建结构合理、优势突出、竞争力强的现代服务业发展格局。大力发展以金融、文化为代表的现代服务业，做强优势产业。加快促进批发零售、商贸流通等传统产业优化升级，推动服务业向中高端发展。支持互联网、物联网、云计算等新一代信息技术产业融合发展，积极培育新的经济增长点，力争现代服务业占 GDP 的比重再有新提升。

第二，加快激活经济发展潜力。沈阳市沈河区坚持把招商引资作为加快城区开放的重要抓手，注重择商、选商、安商，提高招商质量和效率，制定新常态下招商扶持政策。围绕金融、科技等重点产业、棚改地块和存量资源，有针对性地开展招商，盘活一批存量资源，力争工农布鞋厂等 4 个地块出让。加强与上级部门沟通，做好"三争取"工作；以市级重点项目为核心，完善管理运行机制，做好后续跟踪服务；提高在建项目投资强度，确保华强一期等 14 个市重点项目开（复）工并达到形象进度，天玺二期等两个项目竣工运营。

第三，加快重点区域协调发展。沈阳市沈河区东部功能区加快推进基础设施改造升级，完成高官台西、南塔大板楼 2 个地块 19 万平方米的棚改任务，加快推进凌云、六药等 7 个地块 5 800 余户产权调换房建设，逐步改善回迁居民的住房条件。依托沈阳农业大学等科研院所，加快现代科技应用、金融后台服务等新兴产业的发展，鼓励大中型高新技术企业和大型国际化公司入驻，全力打造新的经济增长极。皇城功能区发挥中街传统商圈品牌优势，加速文化与金融、旅游、商贸等产业融合发展，培育一批文化支柱企业，提升文化产业税收贡献率。围绕基础设施提升、历史风貌复建、文化底蕴挖掘、功能业态开发、特色文化旅游等方面，加快皇城综合改造，持续提升皇城历史厚度、文化浓度、商业聚集度和形象美誉度。五爱和南塔功能区加快创业和创新步伐，运用"互联网＋"思维，促进电子商务与传统商贸融合发展。主动融入"一带一路"战略，加快品牌项目输出，尝试推进一批跨国、跨境、跨地区的战略合作项目，提高区域综合竞争力。

（3）坚持幸福民生战略，打造社会治理新优势，在改善百姓民生福祉上实现新突破。沈阳市沈河区坚持"民生为大"，全面实施幸福民生品牌工程，不断提升社会治理体系和治理能力现代化水平，让群众享受改革发展成果。

第一，加强幸福社区建设。沈阳市沈河区围绕协调发展理念，推进社区标准化、精品化建设，改造提升桃源等 5 处社区用房，打造山东堡等 10 个典型社区和以翠生"书香文化"为代表的 3 处特色文化社区。对 280 栋共 130 万平方米住宅楼实施"节能暖房"工程，对 105 个老旧庭院实施道路和绿化专项整治，对老旧住宅区实施环境提升工程，巩固老旧小区"路平、草绿、灯亮、门严"的治理成果。

第二，拓展社区信息平台功能，完成社区综合服务中心建设。沈阳市沈河区强化社区队伍建设，创新社区治理机制，提升社区治理能力，完善政务服务、公共服务、市场服务、志愿服务四位一体的社区服务体系，构建主体多元、参与广泛、共治自治善治的社区治理格局。依托市民公共服务中心，进一步整合行政资源，改造升级公共信息平台，提升社区治理现代化水平。

第三，加强社会保障能力建设。沈阳市沈河区围绕"大众创业、万众创新"，健全就业创业服务体系和小微企业扶持政策，强化驻区企业兴业服务体系建设，完善"沈河区创业求职 365 就业服务平台"，确保创业孵化基地二期工程投入使用，引导和扶持广大劳动者自主创业。强化养老保险征缴，实现应保尽保。鼓励社会资本参与养老服务，启动运营市妇女会馆老年公寓项目，新建区域性居家养老服务中心 2 处、日间照料站 5 处，日间照料中心社会化运营率达 70% 以上。健全突发公共事件应急机制，加强社会救助服务体系建设，完成"救急难"综合试点工作验收。强化对弱势群体的精准帮扶，对 200 户低保残疾人家庭实施无障碍改造。

第四，加强和谐平安沈河建设。沈河区坚持用群众工作统揽信访工作，加强初案办理、源头预防和风险评估。完善网上信访信息系统建设，强化信访积案化解，力争解决 40% 以上历史疑难案件，做好重要时段信访稳控工作；以社会治安"巡查全天候、社会全参与、地域全覆盖"为目标，完善立体化社会治安防控体系，改造升级视频监控系统，高清视频监控点位比重达 76.6%，提高 15.1 个百分点；开展平安街道、零发案小区、无毒社区创建活动，筹建社区矫正管理教育服务中心；落实安全生产责任制，强化安全生产网格化管理；抓好安全执法检查，保障群众生命及财产安全，配合做好全市创建国家食品安全城市工作。

（4）坚持共建共享战略，打造文化引领新优势，在提高公共服务能力上实现新突破。沈阳市沈河区坚持"普惠性、保基本、均等化、可持续"的方向，从解决群众最关心、最直接、最现实的利益问题入手，不断提升公共服务能力。

第一，提升公共文化供给能力。沈阳市沈河区加强《公共文化资源整合和共建共享》课题研究，完善社会力量参与机制，打造文体服务"十百千万"工程，确保国家公共文化服务体系示范区通过验收；加快文体中心建设，确保"百姓大舞台"正式运营；推进文化惠民数字化建设，打造泉园等 5 处特色文化活动阵地和保利等 5 处特色体育健身阵地，鼓励社会力量参与公共文化服务，举办丰富多彩的群众文化体育活动，推动体育事业和体育产业协调发展。

第二，提升各类教育供给能力。沈阳市沈河区巩固国家义务教育发展基本均衡区成果，推进全国教育综合改革实验区建设；加快教育现代化进程，确保在全市率先通过"教育信息化建设"验收；以兴办"适合的教育"为引领，开展"三名（名校、名校长、名老师）工程"，确保德育"小微成长工程"品牌经验叫响全国；加快育源中学教学综合楼建设，实施文化路小学幼儿园改造建设，打造公办幼儿园品牌优势；完成社区学院新址改造，加强社区学院街道分院督导考核，完善终身教育格局。

第三，提升公共卫生供给能力。沈阳市沈河区推进医药卫生体制改革，探索社区卫生服务绩效管理新模式；开展全国健康促进区试点，完善区域医疗联合体合作机制；加强医疗卫生系统信息化和公共卫生服务中心内涵建设，健全区、街、社区三级卫生服务平台，实现公共卫生资源共建共享；启动区中医医院异地新建、区妇婴医院异地安置项目，完成泉园社区卫生服务中心建设，确保全区 15 家社区卫生服务中心和 34 家社区卫生服务站公共用房面积全部达标。

（5）坚持智慧发展战略，打造环境品质新优势，在推进宜居城区建设上实现新突破。沈阳市沈河区加快推进城区建设与管理，逐步增强城区魅力，确保基础设施改造出精品，重点区域建设显特色，关键节点部位树形象。

第一，深入实施"智慧沈河"工程。沈阳市沈河区紧紧围绕善政，强化政务服务中心内涵建设，推进行政审批制度改革，加大简政放权力度，加快网上并联审批，提升政务服务效能；紧紧围绕兴业，完善中街等重点区域智慧商圈建设，加快传统产业与智慧产业融合发展；紧紧围绕惠民，实施智慧教育、智慧医疗、智慧金融等项目，重点强化智慧社区建设，提升社区公共服务、市场服务和政务服务水平，打造升级版"15 分钟便民服务圈"。

第二，深入实施基础设施提升工程。沈阳市沈河区以东部新城为重点，加快打造生态宜居家园；对新开河、南运河、辉山明渠和满堂河实施截污、清淤、水利及护坡改造，推进东部污水、污泥处理厂建设；新建长安路东线，加速南塔街人行通道建设，启动东顺城地下通道和北站南广场通道建设及北中街路打通工程；改造榆树屯街等 3 条道路，对泉园街等 11 条道路和 12 处积水点位进行改造，完成长青公园和万柳塘公园（三期）景观改造；加强动静态交通管理，新增 3 000 个停车泊位，缓解重点区域交通压力。

第三，深入实施城区环境改善工程。沈阳市沈河区开展"楼院整治行动"，推广专业化和居民自治管理模式，实行小区生活垃圾分类收集管理，打造"干净、整洁、规范、有序"的居住环境；整合优化扫保资源，持续提高三四级街路机械化作业水平，实现由人员劳动密集型扫保向机械化扫保转变；加大控违拆违力度，实时动态监管，进一步规范市容环境；继续实施"蓝天工程"，推进生产锅炉房清洁能源改造和供暖企业环保设施更新；完成 15 处燃煤锅炉拆小并大工程，强化环保执法监管，完成各项污染减排任务。

（6）坚持依法治区战略，打造服务效能新优势，在加强政府自身建设上实现新突破。沈阳市沈河区巩固"三严三实"教育成果，始终坚持依法行政，不断创新行政管理方式，持续提升服务效能，努力打造人民满意的政府机构。

第一，持续加快改革创新。沈阳市沈河区全面落实国家和省市各项改革举措，稳妥推进事业单位分类改革和医药卫生体制改革；深入实施国企改革，完善产权清晰、权责明确、政企分开、管理科学的现代企业制度；加快区属国有企业上市工作，推进资产证券化、资产资本化、资产运营市场化进程；依托资产运营公司，探索融资发展新途径，发挥金融控股公司平台优势，创新参股控股模式，带动社会资本参与金融中心建设；强化农工商公司管理，深入推进南塔农工商公司集体产权制度改革试点。

第二，持续加强软环境建设。沈阳市沈河区自觉践行"三严三实"要求，牢固树立责任意识和大局意识，守土有责、守土负责、守土尽责；加强对重大决策部署执行情况的监督检查，开展预算执行、经济责任、民生工程和政府采购审计；切实履行政府党组党风廉政建设主体责任，全面落实"一岗双责"；认真执行"八项规定"，公开"三公"经费，完善督查和绩效考评管理体制，不断提高行政效能。

此外，沈阳市沈河区将继续做好统计、档案、兵役、双拥、人防、民族、宗教、人口计生、红十字会和妇女儿童等工作。

4.15 青岛市北区发展建设整体状况分析

4.15.1 2015 年发展建设主要成绩

2015 年，青岛市北区围绕"落实推进年"工作主题，团结依靠全区人民，迎难而上，积极作为，经济社会保持总体平稳的发展态势。初步核算，全区生产总值实现 640.17 亿元，增长 8% 左右；一般公共预算收入突破百亿元；固定资产投资预计增长 10% 左右；社会消费品零售总额预计完成 640 亿元，增长 10% 左右；节能减排各项任务全面完成。

4.15.1.1 突出转型升级，结构调整迈出新步伐

青岛市北区加快老城区"腾笼换鸟"步伐，推进高端服务业"十个千万平方米"工程，服务业增加值占全区生产总值的比重达到 80%。

邮轮产业加快发展，邮轮母港客运中心建成启用，全年接待母港邮轮 35 航次，开创国内邮轮母港开港首年运营航次新纪录。信息产业加快集聚，网易、腾讯等 10 余家知名互联网企业青岛分公司相继在北区落户。金融业态更加完善，首期规模达 30 亿元的城世基金、全市首家文化产权交易中心和世界 500 强曼福保险（青岛）企业管理公司落户区内，全年新引进各类金融机构 14 家。企业上市扎实推进，中天能源成功"借壳上市"，鸿森重工等 26 家企业在新三板、蓝海和齐鲁股权交易中心挂牌，上市挂牌企业质量、规模位居全市前列。科技创新能力持续增强，成立区科技创新委，设立科技产业投资基金，全年新增高新技术企业 30 家、省级以上科技创新平台 12 家，建成青岛市橡胶产业技术研究院，北区被认定为国家科技服务特色产业基地。加快实施"三创"行动，青岛科技金融中心、千帆创业学院等创新创业服务机构相继在区内落户，建成创客空间 12 家，其中 2 家被纳入国家管理服务支持体系。招才引智成效明显，引进国家"千人计划"专家 3 人，8 人获评泰山学者、1 人获评泰山产业领军人才。

4.15.1.2　突出载体开发，项目建设实现新突破

青岛市北区深入开展"招拍挂项目比武""走进百个项目现场"等系列活动，全年共有 22 宗地块完成出让，国际航运中心、海信环湾大厦等 59 个项目竣工交付或主体封顶，齐都药业总部、海尔云街等 28 个项目开工建设。邮轮母港片区纳入市级功能板块加快推进，自贸区国际金融贸易中心功能定位进一步明确，成为全市继地铁、胶东国际机场之后的第三个千亿元级项目。滨海新区开发全面提速，12 个控制规划管理单元完成初步编制成果，累计 21 个项目开工建设，总开工面积达 300 万平方米。中央商务区楼宇经济加快集聚，中铁大厦开工建设，民建大厦、宇恒大厦等 11 个项目主体封顶，累计 31 个项目竣工投入使

用。新都心开发建设成效显著，万科中心、和达中心城等 4 个项目竣工交付，大商麦凯乐正式营业，日益彰显出"产住商"一体发展的新形象。加大产业招商和项目储备力度，全年新引进亿元以上内资项目 26 个、过亿美元外资项目 4 个，实际利用内资 145 亿元，完成到账外资 4.5 亿美元。

4.15.1.3　突出担当攻坚，棚改工作取得新成效

青岛市北区顺应群众期盼，统筹全区资源，全力推进棚户区改造工作。年内顺利启动鞍北片二期、青岛市湾老城区二期等 6 个集中片区、错埠岭东西舍等 10 个零星片区以及地铁沿线区域改造，涉及居民 6 200 余户，超额完成市政府下达的 3 600 户年度目标任务，工作量占市内三区的 72%；实施 97 处 3 194 户危旧陋房维修加固，保障了百姓居住安全；加快大连路南侧等已启动项目房屋征收，整体签约率达到 94% 以上；专汽地块、萍乡路 52 号等 4 个集中安置房建设项目全部开工，共筹集安置房 4 900 套，有效解决了就地安置带来的过渡时间长、征收成本高等问题；完成 5 个项目 1 400 余户居民的回迁安置，新开工保障性住房 1 033 套，完成 1 972 套保障性住房实物配租，超额完成市政府下达的目标任务。

4.15.1.4　突出十大整治，城区形象得到新提升

青岛市北区以迎接国家卫生城市复审为契机，深入开展城市建设管理十大专项整治行动（清土扩穴养护行动、精品绿化提升行动、主干道垃圾桶隐蔽行动、卫生死角清除行动、超期服役道路整治行动、居民楼院和门头广告整治行动、占路经营整治行动、征迁收尾清零行动、项目建设回迁行动和房屋征收后建筑物拆除行动），加大维护投入力度，调整完善体制机制，在市内三区率先实行城管执法属地化，城市精细化管理水平不断提升。加快推进浮山生态公园和环湾绿道建设，完成 5 处

桥下空间绿化改造和 4 万米绿篱设置，打造山东路、杭州路等主干道精品绿化节点 112 处，全年绿化提升总面积 30 万平方米，有效改善了城区生态水平。加大环卫设施投入力度，建成哈尔滨路 2 号环卫公寓，更新垃圾桶 2.3 万个，新建、改造公厕 23 座，购置大型环卫机械车辆 32 部，城区垃圾密闭化收运率达到 100%。深化机动车排气污染整治，完成 6 400 辆黄标车治理淘汰任务。加快完善基础配套，翻修翻建馆陶路、安阳路等市政道路 33 条，实施 21 处楼院、19 条道路排水管网改造，新增供热面积 311 万平方米。青岛市北区狠抓市容秩序提升，整治老旧楼院 18 片，拆除违法建筑 13 万平方米、户外广告 1 万平方米；对郑州路等 8 处市场实施改造，露天烧烤、占路经营等城市顽疾得到有效整治，市容环境考核排名全市前列。

4.15.1.5　突出民生保障，社会事业取得新进步

青岛市北区提高民生保障财政补助标准，民生支出占财政支出的比重达到 75.1%，10 件区办实事如期完成；深化和谐社区建设，扎实做好就业帮扶工作，投入就业促进资金 3 498 万元，新增城镇就业 6.5 万人，帮扶就业困难人员就业 7 088 人，一批功能互补的创业孵化基地相继建成；推行"一门受理、协同办理"的社会救助模式，全年发放各类救助资金 1.7 亿元，发放失业无业人员、社会公益性岗位独生子女父母退休一次性养老补助 1.4 亿元，社会救助兜底之网更加细密；成功举办首届"公益月"活动，127 场公益服务体验活动走进居民生活；养老服务向普惠化、规范化和常态化迈进，4 万名 80 岁以上青岛籍高龄老人享受到政府购买的居家养老服务；推进基础教育均衡发展，新开办 6 所幼儿园，明德小学、广雅中学建成启用，欢乐滨海城九年一贯制学校破土动工，全区所有公办学校完成青岛市现代化学校创建任务；加快文化体育事业发展，开展各类文体活动 3 100 余场次，新建 5 处室内社区健身中心，高质量完成体育街升级改造，道路交通博物馆开馆接待参

观者；卫生服务水平持续提升，搭建区公共卫生服务信息平台，新建11 处社区"国医馆"，建成 22 所儿童计划免疫温馨数字化门诊，全科医生执业方式和服务模式改革日趋成熟，医联体建设全面推进；加大生产安全、食品安全、社会安全监管力度，强化矛盾纠纷排查调处，稳定和谐的发展氛围更加巩固。同时，双拥共建持续加强；侨务、对台和民族、宗教工作稳步推进；防震减灾、人防工作有序开展；档案、史志工作取得新成绩；青少年、妇女儿童、红十字、老龄工作富有成效；残疾人、慈善事业健康发展。

4.15.1.6 突出规范提速，自身建设展现新形象

青岛市北区坚持深入推进依法行政，编制完成全区行政权力清单、责任清单，机关干部依法办事能力持续提升；深化行政审批制度改革，实施"三证合一、一照一码"企业登记制度，窗口审批提速 30% 以上；建立全区重点工作管理平台，实行分类挂牌督办机制，政府工作效能不断提升；整合市场监管、食药、物价、旅游等部门热线，在市内三区率先实现政府服务热线"一号对外"；进一步加强重点领域廉政建设，规范政府投资项目基本建设程序，实现党政领导干部经济责任审计全覆盖；严格执行中央"八项规定"，持之以恒纠正"四风"，驰而不息正风肃纪，营造了为民务实清廉的干事创业氛围。

近年来，青岛市北区始终坚持规划引领，加快推进转型升级，城区综合实力不断增强，科学把握和主动适应新常态，不断提高发展的质量和效益。2015 年，全区生产总值是 2012 年的 1.24 倍，年均增长 9%；一般公共预算收入是 2012 年的 1.51 倍，年均增长 14.8%；固定资产投资、社会消费品零售额年均分别增长 15% 和 11.6%；大力推进发展方式转变和产业结构调整，高端服务业"十个千万平方米"工程主体竣工和投入运营面积分别达到 1 106 万平方米和 650 万平方米，均居全市前列，二、三产业比例由 27:73 调整为 20:80，现代服务业增加值年均增长 11.5% 以上，服务业主体地位加速巩固，支撑作用明显增强。

青岛市北区坚持项目带动，不断提升招商质量，重点园区板块整体突破。全区共有卓越世纪中心等 152 个重点项目开工建设，总投资1 500 亿元；和达中心城等 70 个项目竣工开业，总投资 550 亿元；立足产业振兴，强化定向招商，一批高端优质项目相继落户，实际利用内资累计完成 397 亿元，到账外资累计完成 11.5 亿美元；加快重点园区板块开发，邮轮母港规划建设上升为全市战略，滨海新区成为激活胶州湾东岸的重要节点，新都心、中央商务区、浮山商贸区形象凸现，啤酒文化休闲商务区、青岛第一次世界大战遗址公园建设顺利推进，橡胶谷、纺织谷等特色产业园区创新要素加快聚集，重点项目对经济发展的拉动作用愈加强劲。

青岛市北区坚持建管并重，全面加快棚改步伐，人居环境品质明显优化。将棚户区改造作为民生工作的头等大事，累计投入资金 70 亿元，启动了 21 个集中片、45 处零星片改造，征收居民 1.9 万户，完成回迁安置 1.3 万户，在全市征收户数最多、工作推进最快；深化城市管理体制改革，加大环卫、市政、绿化设施建设力度，扎实开展对违法建筑、视觉污染、占路经营等城市顽疾的集中整治，翻修翻建道路 65 条，新增公共停车泊位 1.2 万个，绿化覆盖率达到 32%，集中供热率达到 88.7%，城市管理日渐精细，环境面貌不断改善。

青岛市北区坚持以人为本，统筹发展社会事业，民生保障水平不断提升。牢固树立"富民优先、民生为重"的理念，累计投入民生支出 118.5 亿元，高质量完成 32 件区办实事，着力解决了一批群众关心的热点难点问题；创新实施"三化三进"工程，扎实推进社区建设，社会综合治理体系不断完善；积极推进就业创业，优先发展教育事业，深化医药卫生体制改革，搭建起具有市北区特色的"互联社区""创益工场"等服务平台，灵活务工市场、齐鲁医院青岛院区等民生项目建成启用；青岛市北区荣获"全国义务教育发展基本均衡区""全国和谐社区建设示范城区"等荣誉称号。

4.15.2 　"十三五"发展目标和发展战略的分析

"十三五"时期是青岛市北区加快产业升级、全面增强综合实力的重要机遇期，是推进城区建设、提升功能品质的集中攻坚期，是创新社会治理、改善民生事业的关键提升期。站在新起点、面对新征程，青岛市北区发扬敢为人先、勇于担当的精神，始终坚持高起点、高标准，自我加压、团结奋进，努力开创北区更加美好的明天。

"十三五"期间，青岛市北区经济社会发展的预期目标是：生产总值年均增长 7.5% 以上，一般公共预算收入年均增长 6% 以上。到 2020 年，青岛市北区二、三产业比例调整为 15:85，现代服务业增加值占服务业增加值的比重达到 65% 以上，实现居民收入增长与经济发展同步。万元生产总值能耗和主要污染物排放量控制在指标范围内。

为实现上述目标，未来 5 年，青岛市北区必须重点做好以下 5 项工作。

4.15.2.1 　解放思想，转变观念，加大创新改革开放力度

青岛市北区是青岛城市文化之根、工业文明之源，占据青岛主城的半壁江山。要牢固树立主城中心区意识，持续对标杭州市下城区、深圳市福田区等先进城区，抓好创新、改革、开放三大"动力源"，以更高的定位、更宽的视野谋划新一轮的发展，把创新贯穿于经济社会发展的全过程，打破思维定式，反转传统观念，打造一支创新有为、实干担当的干部队伍，不断提高引领科学发展的能力；加强政策扶持和宣传引导，努力营造大众创业、万众创新的浓厚氛围；鼓励基层探索创新、先行先试，充分发挥街道、社区在社会治理和公共服务中的作用。

青岛市北区把深化改革作为破解发展瓶颈的突破口，重点抓好行政管理体制改革，持续推进简政放权、优化服务，进一步激发经济社会发展活力；全面实施综合执法改革，加快执法重心和执法力量下移，提高

依法治区水平；深化投融资体制改革，在基础设施、公用事业等领域推广政府和社会资本合作模式。青岛市北区把扩大开放作为保增长的强大动力，积极有效引进境外资金和先进技术，鼓励条件成熟的企业加快"走出去"的步伐，发展跨境电子商务等新型贸易方式，推动外贸向优质优价、优进优出转变，抢占新一轮开放经济的制高点。通过 5 年的创新改革开放，使全区日益成为聚集产业、聚集人才、聚集资源的磁场，中心城区地位进一步凸显。

4.15.2.2　整合资源，抢抓机遇，加快重点板块开发，努力构筑产城融合、组团发展的空间布局

青岛市北区积极融入国家"一带一路"和"蓝色经济"战略，抢抓青岛申建自贸区的机遇，加快推进重点功能板块开发，构建"一带崛起、两极引领、三区联动、生态提升"的空间布局。

"一带崛起"，即全力加快青岛邮轮母港国际金融贸易中心建设，研究应用上海、广东等地自贸区和青岛财富管理区政策，重点发展以国际金融和邮轮旅游为核心的高端服务业，辐射带动欢乐滨海城等周边区域协同发展，打造胶州湾东岸蓝色经济发展带，带动老城区振兴升级。

"两极引领"，即打造引领全区跨越发展的重要增长极——创新创业示范区和中央商务区。

"三区联动"，即统筹整合空间资源，促进三大重点片区协调共进。三大重点片区是：以国家大学科技园为核心，发挥高校、科研院所的优势，整合橡胶谷、纺织谷、中航科技园、百洋健康科技园等优质载体，建设青岛创新创业示范区；以空间拓展、楼宇提升为抓手，全力推进产业集聚的中央商务区；建设具有国际水准的现代智能化商务楼宇群，打造青岛高端服务业新区，实现三区联动发展。依托地铁集聚各类公共服务设施和大型商业设施，把新都心片区打造成青岛主城区新的商务中心、商贸中心和居住中心。完善配套、优化功能，把浮山片区建设成为

全市高品质生活示范区。依托啤酒街、第一次世界大战遗址、"老街里"等特色资源，深入挖掘工业文化、民俗文化、商贸文化内涵，打造青岛老城文化记忆片区，彰显市北区底蕴。"生态提升"就是加强生态文明建设，构建山、海、河交相辉映的立体生态体系，打造绿色市北区。

4.15.2.3 精确定位，精准发力，加快转型升级步伐，努力培育高端引领、特色鲜明的产业体系

青岛市北区顺应产业发展趋势，推动产业转型升级，大力发展高端产业和产业高端，争当国家中心城区转型升级示范区。到 2020 年，新增商业、商务面积 300 万平方米以上，税收过亿元楼宇达到 10 座；深入实施创新驱动发展战略，吸引资金、信息、人才等要素资源集聚，推动技术创新、产品创新和商业模式创新，打造青岛创新驱动要素中枢区；立足辖区发展优势，突破发展蓝色经济、现代金融、科技创新三大主导产业集群，加快培育大数据服务、生命健康、平台型经济三大新型产业形态，全力提升现代商务、特色金融、文化创意三大新兴产业发展水平，优化提升以商贸流通、房地产、旅游为主体的三大传统服务业，努力构筑具有市北区特色的现代服务业产业体系。到 2020 年，服务业增加值占全区生产总值的比重达到 85% 以上，海洋经济增加值占全区生产总值的比重达到 33% 以上。

4.15.2.4 攻坚克难，大干快上，加快城区有机更新，努力打造精致有序、生态宜居的人居环境

青岛市北区作为青岛市的主城中心区，没有市北区的宜居幸福，就没有青岛市的宜居幸福。我们将牢固树立"精明增长"的理念，着眼城区功能提升，加快推进城区更新，增强城区宜居性；充分发扬勇于担当、敢于攻坚、善于破难的精神，积极争取政策支持、社会支持和群众

支持，力争用两年时间全面完成棚户区改造任务，合理控制产、住、商比例，有序推进人口疏解，不断优化城区人口结构，未来 5 年新增人口控制在 20 万以内；以打造"洁净市北"为目标，深化城市管理体制改革，加强市容环境综合整治和街道属地综合执法，让群众在城市生活得更方便、更舒心、更美好。到 2018 年，完成全部 273 条超期服役道路、1 000 个老旧楼院、12 条过境河道、16 个山头公园整治，为全区所有背街小巷安装路灯；到 2020 年，万元生产总值能耗累计下降 16%，老城区宜居指数进一步提升。

4.15.2.5 以人为本，关注民生，不断增进人民福祉，努力实现富民惠民、公平正义的和谐发展

青岛市北区加强以改善民生为重点的社会建设，持续提升辖区居民的幸福感和满意度；进一步完善社会保障体系，扩大社会保险覆盖面，逐步提高保障标准，更加注重对特定人群特殊困难的精准帮扶；落实创业带动、就业优先战略，建设多层次、有特色的创业孵化体系，累计新增就业 17.5 万人，维护劳动者的合法权益，实现"劳有应得"；加大教育投入力度，扩大优质教育资源供给，加快配套学校、幼儿园建设步伐，重点破解东部、北部区域入园难、上学难问题，促进教育优质均衡发展，实现"学有优教"；深化医药卫生体制改革，充分发挥医疗资源丰富的优势，进一步完善医疗服务体系，打造"15 分钟医疗卫生服务圈"，实现"病有良医"；积极应对人口老龄化，完善以居家养老为基础、社区养老为依托、机构养老为补充的多层次养老服务体系，鼓励社会资本参与养老服务，大力发展养老产业，实现"老有颐养"；继续深化"三化三进"工程，全面推行"区域管理网格化、公共服务精准化"，不断提升社会治理水平；切实加强安全生产和食品药品监管，努力化解社会矛盾，提高网络舆情和突发事件应急处置能力。

下　篇

5　广州市天河 CBD 发展及特色研究

5.1　广州市天河 CBD 概况

5.1.1　历史沿革

广州是国务院颁布的全国第一批历史文化名城之一。早在六七千年前的新石器时期，先民们就在这块土地上生息繁衍，创造了灿烂的史前文明，揭开了广州人文史的初页。广州自秦汉至明清 2000 多年间一直是中国对外贸易的重要港口城市。汉武帝时期，中国船队从广州出发，远航至东南亚和南亚诸国通商贸易，东汉时期航线更远达波斯湾。唐代，广州已发展成为世界著名的东方大港，也是当时世界上最长的海路航线"广州通海夷道"的起点，中央王朝首先委派专门管理对外贸易的官员市舶使到广州。宋代，广州首设全国第一个管理外贸的机构——市舶司。明清时期，广州更是特殊开放的口岸，一段较长时间曾是全国唯一的对外贸易港口城市。

广州的城市建设历史久远。唐代，广州人口大增，城乡商业发达，城中有三大商业区，中心是老城区，范围由西向东约由今华宁里至小北路，由北向南约为今越华路至中山路稍南（今财政厅附近）。宋代时，广州商业区基本以水道为依托，城内有南濠、玉带濠、东濠、文溪等内河，其中以南濠、玉带濠最为繁华（今惠福路、高第街、濠畔街一带），在区位上与现代商业中心相当接近。明清时期，广州城外西关成为通商要地，主要零售商业中心有两个：一是城内的惠爱街和双门底（今北京路北段与中山五路相接的丁字形地段）；二是第十甫和上下九甫（今第十甫路和上下九路），前者是当时广州的政治中心和商业中心，后者在鸦片战争后才形成广州第二个商业中心，但其服务行业齐全，尤其是闻名全国的交易接待中心——怀远驿和十三行（今十八甫一带），对西关一带的商业繁荣功不可没。民国后，新式轮渡码头和马路在长堤、西堤一带兴建，沿线逐渐集聚了一批大型商业、饮食业、服务业，形成长堤西濠口第三个商业中心。自明清以来，第十甫、人民南路、北京路一直是广州传统的商业中心。

5.1.2 发展背景

20 世纪 90 年代以来，随着我国社会经济的迅速发展，国内掀起一股 CBD 建设热潮。在此背景下，广州市作为我国最大的城市与经济中心之一，也在积极寻求 CBD 的建设与发展之路。

广州市长期以来作为南中国最大的对外贸易港口，特殊时期甚至是中国唯一的对外开放港口，在中国经济中扮演着重要的角色。广州市商业发达，商贾云集，很早就形成了有一定规模的商业中心，即 CBD 的雏形。广州市 CBD 随着时代进步在不断发展，不断改变形式和提升功能。

广州市作为我国经济中心之一，在我国经济建设中扮演着特殊的角色。改革开放以来，珠三角企业与中国香港的联系日益加强，与广州的联系不断减弱；同时，周边城市如深圳市等的迅速崛起，使广州市作为珠三角中心城市的地位不断下降。为此，1992 年，广州市提出准备建设国际化大都市，进一步提高中心城市地位的目标，作为服务业汇集点，CBD 是提高城市首位度、增强中心城市作用的关键。同时，广州市的商务办公建筑过于分散，这种分散的布局无法形成集约优势，不利于广州实现"高标准、大规模发展第三产业"的目标，因此，建设以商务办公为主的 CBD，集中全市的办公资源，可以大大改善广州市办公资源分散的状况。

20 世纪 90 年代，广州市政府决策实行城市东移战略，广州商务产业发展的内在需求以及商务产业发展的特性等诸多因素促使一部分商务产业向天河区转移。这些高层次的商务产业主要集中在天河体育中心地区，天河北地带居多，大量金融保险业、跨国公司总部集聚在中信广场、市长大厦等大型建筑物中，一个新的 CBD 已初具雏形。为了集中城市商务办公功能，以发挥更大的聚集效应，提升广州市的城市竞争力，同时也为城市建设筹集资金，1993 年广州市政府出台了《珠江新城控制性规划》，目标是把珠江新城建设成为未来城市的新中心，集金融、康乐、文化、旅游、行政、外事等城市一级功能为一体的高级功能综合体。珠江新城规划用地 6.19 平方公里，规划建筑面积 1 300 万平方米。其中，商务办公面积 655 万平方米，人口规模预测可达 17 万 ~ 18 万，提供 30 万个就业岗位。

5.1.3 发展历程

珠江新城是我国首批批准建设的 CBD 之一，具有得天独厚的区位优势，它与广州市新城区的开发同步进行，位于新城市中轴线上，南部靠珠江，与珠江垂直相交，不难想象，人类建筑艺术与自然风光相结合时的美丽与壮观。但珠江新城的开发由于一系列原因迟滞不前，开工建设 10 年后，珠江新城尚没有建成的写字楼。2002 年通过的《对珠江新城规划的检讨》对原规划进行了一些修改，包括降低容积率，增辟绿地，收回原来批租但无力承建的土地，将地块进一步整合后重新批租。近几年，珠江新城的商务办公楼有转热的趋势。与珠江新城的冷场对应的是天河北地区在 20 世纪 90 年代自发形成的开发热潮，并因为商务活动聚集度最高而成为广州比较成形的 CBD，代表 CBD 发展的高级阶段。天河北中央商务区位于天河体育中心到火车东站之间的地带，在狭窄的空间内，这里集中了中泰国际广场、中信广场、市长大厦、大都会广场和时代广场等标志性建筑，其中以中泰国际广场、中信广场最为典型，大量跨国公司入驻其间。中泰国际广场已有超过七成的写字楼面积被大型跨国企业如宝洁等租赁，目前办公人员已有三四千人。而中信广场40%的进驻企业为外企，进一步成为外国官方机构的集中地。自 2003年开始，陆续有不同国家的领事馆进驻中信广场，到 2004 年年底，已有超过 12 家来自不同国家的领事馆及政府机构入驻。

2003 年，广州市政府出台文件《珠江新城规划检讨》，该文件对珠江新城进行重新定位：以城市新中轴线沿线的天河体育中心地区和珠江新城商务办公区为硬核，以天河中心区和东风路、环市东路沿线地区为核缘，以城市新中轴线南延地区为发展用地储备，以广州大道、天河东路（江海大道）为内部交通轴的 CBD 结构。根据这次政府对珠江新城的规划，城市新中轴线沿线的天河体育中心地区和珠江新城商务办公区将成为集商业与商务于一体的广州市中央商务区的核心。

5.1.4 发展条件

5.1.4.1 区位优势

广州市是广东省政治、经济、文化中心，是我国的历史文化名城之一，又是我国重要的对外经济、文化交往中心。天河区位于广州市老城区的东部，西与东山区、越秀区接壤；南临珠江，与海珠区隔江相望；北与白云区毗邻；东与黄埔区相连，处于广州市域的几何中心位置。根据广州市总体规划，天河区的西部属于城市中心区大组团，其功能定位为城市的政治、文化和对外交往的中心；东部属于城市东翼大组团，其功能主要是现代化工业区。天河区得天独厚的地理位置使其在过去的十几年里获得了社会经济的迅速发展，也将是其今后经济发展和城市建设的主要动力。

5.1.4.2 交通优势

广州市是全国最重要和最繁忙的交通枢纽之一，海、陆、空交通设施先进，布局密集。作为广州市的核心城区，天河 CBD 能够迅速利用现代完善的城市交通网络体系，通过国际空港、海港、高铁，方便迅速地通达世界。为满足高端商务活动对高效、快捷、便利、舒适交通的需求，天河 CBD 未来将实现通过城际轨道交通 20 分钟直达白云国际机场，并以此为起点连通全球各大城市；10 分钟直达广州南站，从广州南站连通港澳及全国主要城市；通过高速公路和高速铁路线网实现 60 分钟到达南沙港及珠三角主要城市。

天河 CBD 依托多个重要的综合交通枢纽构建"绿色低碳，立体分流"的公共交通体系，实现中央商务区内部交通循环的"高效、便捷、一体化"。在广州市已经开通的 7 条地铁线路中有 4 条地铁贯穿天河 CBD，共有 23 个地铁站点，占广州市的 20%；换乘枢纽 4 个，占广州市的 30%。全球首个无人驾驶旅客运输系统 APM 全线及全国最先进的公交系统 BRT 都在天河 CBD 之内。这里公交站点密集，线路繁多。

地下交通方面，天河 CBD 拥有世界上单次建成的最大规模的地下空间——花城广场地下空间，并将在广州市国际金融城建设全世界最大的地下空间。与此同时，天河 CBD 还拥有广州大桥、猎德大桥、华南快速干线（华南大桥）、琶洲大桥、环城高速（东圃大桥）5 条跨江大桥，为人们出行提供便利。此外，珠江与花城广场等沿线还有 30 公里长的低碳环保的城市绿道，未来还将新增地铁线、城际轨道、新型交通线和水上巴士等，打造天河 CBD 无可比拟的交通优势。

5.1.4.3 经济优势

广州市是珠三角的地理中心，是广东省政治、经济、文化中心，也是集制造业、交通、商业、金融、信息、教育、人才为一体的华南商贸中心城市。广州市毗邻港澳，位于东南亚经济圈的几何中心，具有较强的经济辐射力，为发展生产服务业提供了有利条件。总体而言，广州市具有发展服务业的市场需求、技术和人力资本优势。从需求方面看，广州制造业规模庞大，为生产性服务业的跨越发展提供了市场容量；同时，广州人均收入水平高，对高质量服务的需求促进了现代生活服务业的发展。从供给的角度看，一方面，经过几年的发展，广州"服务经济"初见端倪，为生产服务业的发展奠定了基础；另一方面，在经济发展的过程中，广州市政府一直重视对技术进步和人力资本的投入，大大促进了技术进步和人力资本的积累，而投入要素的增加必将促进生产服务业的发展，再加上广州邻近香港，在发展生产服务业的过程中既可以承接香港转移过来的优质服务业，也可以吸取和吸引香港生产服务业中先进的经验和人才，加快自身发展。

广州市天河区自 1985 年建区以来，经济发展速度非常快，综合实力不断增强。2015 年，天河区主动适应新常态，坚持稳中求进的总基调，围绕建设国家中心城市核心区，着力稳增长、促改革、调结构、惠民生，经济社会发展继续保持良好势头。

天河 CBD 经济基础雄厚，是广州市地均产值最高的区域。近几年，天河 CBD 经济运行总体平稳。2015 年，天河 CBD 实现生产总值 2 427.04亿元，增长 8.8%，占天河区的 71%。在仅占广州市 2‰的土地上贡献了全市 1/8 的 GDP，建成区每平方公里 GDP 高达 202 亿元；商品销售总额突破 1 万亿元，达到 11 878.15 亿元。天河 CBD 的经济集聚效应明显，在广州市各大战略发展平台中遥遥领先，是当之无愧的经济支柱。

5.1.4.4 科技优势

广州市天河区内大专院校、科研单位、大中型企业和文化场所高度集中。区内有 22 所高等院校、34 家科研院所、60 多家大中型企业，还有国家级的广州市天河高新技术开发区和闻名的科技一条街，拥有 800 多家科技企业，300 多家"三资"企业，各类科技人才 2 万多人，其中 1 万多人具有高中级职称。区内还有活跃的科技市场和完善的信息网络，全国乃至世界水平的高新技术都可以在这里交易和获取。密集的科技设施和人才为天河区经济和社会发展提供了有力的智力支持。

5.1.4.5 基础设施优势

广州市天河区公共设施较集中。除上述科技设施以外，天河区还拥有天河体育中心、华南植物园、麓湖公园、东郊公园、市老干活动中心、市儿童活动中心、广州世界大观园和广州跑马场等一批市级文化娱乐设施。天河区交通便捷，辖区内有广州大道、中山大道和黄埔大道等 7 条与市区及市外紧密相连的道路，有横贯全区的广深双轨铁路，又是广深、广珠、广汕、广韶、广赣五大公路的出口处。广州火车东站位于天河区内，全国第一条准高速铁路广州段、广州地铁 1 号线东部始发站和广州市环城高速公路东环、北环部分也已建成。此外，天河区的水、电、通信、燃气等基础设施及海关、工商、税务等办事机构日趋完善。密集的公共设施和较为齐备的基础设施使天河区具有较好的投资环境，成为经济和社会进一步发展的物质基础。

5.1.4.6 土地资源优势

广州市天河区地域辽阔，辖区总面积达 147.77 平方公里。其中，已建成区 61.65 平方公里，占 41.7%，耕地 12.71 平方公里，占 8.6%，坡度大于 25% 的不宜建设用地 42 平方公里，扣除山林、保护农田及水域等不可建设用地，仍有约 31 平方公里的土地可供开发利用。目前，天河区大量土地的利用强度较低，再开发的潜力很大。随着城市土地有偿使用制度和房地产开发的不断推进，将有效地增加城市建设资金的来源，改善城区面貌，推动城市建设的发展。

5.1.5　发展概况

2015 年，面对复杂多变的国内外环境和经济下行压力，广州市天河区主动适应新常态，坚持稳中求进总基调，围绕建设国家中心城市核心区，着力稳增长、促改革、调结构、惠民生，经济和社会发展继续保持良好势头。

5.1.5.1　经济运行总体平稳

截至 2015 年，广州市天河地区生产总值 3 432.79 亿元，增长8.8%，总量连续 9 年位居全市首位；发展质量稳步提升，人均 GDP 突破 3.5 万美元；税收收入 603.97 亿元，增长 6.2%；一般公共预算收入61.85 亿元，增长 4.2%。①

5.1.5.2　产业结构持续优化

广州市天河 CBD 现代服务业主导作用进一步凸显，截至 2015 年，实现增加值 2 403.39 亿元，占第三产业的比重达 79.8%。总部经济和楼宇经济集聚辐射效应进一步释放，实现四大主导产业增加值2 047.33 亿元，占第三产业增加值的比重达 68.0%。三次产业比例调整为 0.04：12.26：87.70，实现第三产业增加值 3 010.36 亿元，增长 9.0%。区内第三产业占 GDP 的比重高达 86% 以上。

5.1.5.3　创新驱动全面实施

截至 2015 年，天河 CBD 新增市级以上孵化器 14 家，6 家孵化器、众创空间纳入国家级管理体系，10 个众创孵化园区被认定为省众创空

---

① 数据引自天河区门户网站 http：//www.thnet.gov.cn。

间试点单位，总量均居全市第一。6 家企业被美国《快公司》评为中国创新公司 50 强，占全市 13 家企业的 46%。

5.1.5.4　消费结构加快升级

天河 CBD 克服经济下行压力，着力调整消费结构，不断增强高端消费凝聚力。截至 2015 年，商品销售总额 1.82 万亿元，增长 6.4%。大众消费稳步提升，成功举办购物节、美食节等大型主题活动，营造了良好的消费氛围，社会消费品零售总额 1 674.77 亿元，增长 9.6%。

5.1.5.5　重大项目稳步推进

截至 2015 年，中国移动南方基地二期等 6 个市重点建设项目完成年度投资 13.3 亿元，完成率为 131%，57 个区重点项目完成年度投资 92.8 亿元，完成率为 106%。广州市第一高楼——周大福金融中心成功封顶，电子五所软件测评中心等项目已建成，大观湿地公园已完工。全区固定资产投资额 689.88 亿元，下降了 19.4%。

5.1.5.6　市场活力持续迸发

截至 2015 年，天河 CBD 全年新增企业 3.1 万户，增长 47%，占全市的 29.2%。其中，注册资本超 1 000 万元的企业 4 576 家，增长 33.6%，占全市的 36.3%；超 5 000 万元的企业 642 家，增长 50.4%，占全市的 37.3%；超亿元的企业 101 家，超 10 亿元的企业 2 家。

5.1.6　发展成就

广州市政府从 20 世纪 90 年代初正式开始规划建设天河 CBD，历经 20 年，初步建成了天河北区域和珠江新城区域，其发展成就逐年显现。

2010 年，第 16 届亚运会在天河 CBD 的海心沙公园举行开、闭幕式。

2011 年，加入中国商务区联盟，同年启动广州市国际金融城区域的规划建设。

2012 年，被评定为广东省服务业集聚区。

2013 年，承办了"2013 世界商务区联盟和中国商务区联盟年会"（此前中国只有北京 CBD 承办过），并成为华南地区首个也是唯一一个世界商务区联盟成员。

2013 年，被广州市认定为首批商事登记改革试点区域，也是商事登记企业数量最多、政策效果最好的区域。

2014 年，被国家质检总局批准首个创建"全国中央商务区知名品牌示范区"，已于 2016 年通过国家验收。

2015 年 12 月，天河 CBD 顺利获批，成为首批粤港澳服务贸易自由化省级示范基地。

5.1.7　功能定位

城市的规模决定了 CBD 的成长和规模，城市的定位影响到 CBD 的功能和层次。全球性城市孕育了全球 CBD，区域性中心孕育了区域 CBD。广州市定位为现代化国际大都市，要建设区域性服务中心、消费中心、金融中心和决策控制中心，就需要培育在功能和层次上与之相匹配的 CBD。

根据城市的总体定位，广州市天河 CBD 的功能定位应当是"建设区域性服务中心、消费中心、金融中心和决策控制中心"；珠江新城将"发展成为具有国际金融、贸易、商业、文娱、外事和旅游观光等多种功能的城市中央商务区（CBD）硬核，国际经济、文化交流与合作的基地，成为城市新形象的集中体现"。因此，广州市天河 CBD 的发展模式是大力发展与城市综合功能相匹配的第三产业，以金融、会展、中介和设计等生产性服务业为主导，尽力提升商贸、旅游和房地产等优势服务业。

5.1.8 空间布局

广州市天河 CBD 主要由珠江新城金融商务区、天河北商贸商务区以及广州国际金融城三部分组成。天河 CBD 规划总面积 20 平方公里，已基本建成 12 平方公里。

广州市天河 CBD 位于广州新城市中轴线与珠江黄金岸线的交汇点，是与北京市朝阳 CBD、上海市陆家嘴 CBD 齐名的全国三大中央商务区之一，也是第 16 届亚运会开、闭幕式的主办地和主会场。

5.1.8.1 珠江新城金融商务区

（1）概况简介。珠江新城位于广州新城市中心轴线上，北起黄埔大道，南达珠江北岸，西临广州大道，东抵华南快速干线，总面积为 6.6 平方公里。珠江新城是与广州新城区的开发同步进行的，位于广州东部组团、南部组团和老城区的交汇处，是广州市的地理中心，在区位上最具优势。1993 年，珠江新城开发建设正式启动。在这个过程中，广州市先后编制了控制性详细规划、城市设计和规划检讨等多种城市规划方案指引珠江新城建设。

作为广州市 21 世纪城市中心商务区硬核的一个重要组成部分，珠江新城未来的发展仍是社会关注的热点，仍将拥有其他地区缺乏的发展优势，如大型的开发规模、较强的综合性、完善的服务配套设施和公共设施以及区域的中心作用等。可以预计，在更多政府项目的引入、地铁等公共交通的完善和大型公共商业服务设施在区内的布局等有利信息的带动下，珠江新城商务办公区域的建设将得到有效的带动，并与环体育中心商务办公区共同形成一个完整的 CBD 核心，最终树立珠江新城的中心区域形象。

珠江新城依托花城广场周边诸多高端商务楼宇群，汇聚国家开发银行、广发证券等总部型金融机构和普华永道等商务服务机构，实现金融商务高度集聚和区域发展引领。

沿珠江从广州大道延伸至广州国际金融城、长 11 公里的人文景观带是广州珠江黄金岸线的核心和集金融商务、高端配套、游憩休闲、文化娱乐和自然景观于一体的综合功能带。

海心沙亚运国际文化区，依托海心沙亚运国际公园、大剧院等顶级文化设施，以及拥有 800 多年历史的猎德古村落、猎德鼓、猎德龙舟等历史文化资源，打造传统与现代、本土与国际相融合的具有岭南特色的现代文化休闲区。

珠江公园坐落在天河 CBD，占地面积 28 万平方米，是一个集观赏、游憩、科普和休闲于一体的市级公园，是以绿化造景为主的生态公园，环境优美，风格优雅。环珠江公园高端配套区，依托珠江公园周边的高档小区、高级会所和城市绿道等，有效承载 CBD 的配套功能。

（2）主要建筑。

第一，广州周大福金融中心（CTF Finance Centre）。规划名称为广州东塔（Canton East Tower），位于广州天河区珠江新城 CBD 中心地段，规划用途为商务办公，占地面积为 26 494.184 平方米，规划建筑面积为地面以上 35 万平方米，地下商业建筑 1.8 万平方米，地块容积率达 13。建筑总高度 530 米，已于 2014 年 10 月 28 日举行了封顶仪式。广州东塔和广州西塔构成广州新中轴线（见图 5-1）。

第二，广州珠江新城（见图 5-2）。规划名称为广州西塔，楼高 432 米，楼高位列世界第六、中国内地第二，在世界超高层建筑中占有一席之地。广州西塔为广州珠江新城六大标志性建筑之一，位于珠江新城西南部核心金融商务区，东临珠江大道，西靠华厦路，南接华就路，北望花城大道，处于新城市中心的中轴线上。该项目占地面积 3.1 万平方米，总建筑面积约 45 万平方米，由地下 4 层、地上 103 层的主塔楼和 28 层的附楼组成，设有双酒店大堂，分别位于首层和 70 层，69～100 层为超白金五星酒店，为中国最高的酒店。其中，99～100 层为观光层、餐饮层和休闲中心，并设有中国最高的游泳池。

图 5 – 1　广州东塔（周大福金融中心）

图 5 – 2　广州西塔（广州珠江新城）

第三，广州新电视塔，又名广州电视塔（见图 5 - 3）。广州新电视塔建设用地面积 17.546 万平方米，其中，建设用地面积 13.33 万平方米，道路面积 4.216 万平方米；设计总高度 610 米，其中塔体 450 米，天线桅杆设计高度 160 米，后因高度太高会对白云机场航线造成影响而采用特殊技术把建成的 160 米天线截短 10 米，实际高度为 600 米，是世界第二高塔，其总建筑面积为 114 054 平方米，塔体建筑面积 44 275 平方米，地下室建筑面积 69 779 平方米。新电视塔选址于广州市新城市中轴线与珠江景观轴交会处，北临珠江，与 21 世纪中央商务区——珠江新城及海心沙市民广场隔江相望。

图 5 - 3　广州新电视塔

5.1.8.2　天河北商贸商务区

天河北商贸商务区是 20 世纪 90 年代随着新城区的建设自发形成的，在珠江新城建设迟滞不前的情形下，天河北凭借良好的交通通达性和完善的基础设施集聚了 CBD 的优势。现在天河北已经与天河区周边区域连成一片，并呈东扩的趋势。除了天河北集结了大量跨国公司企业及外国官方机构外，天河路及往东的中山大道区域也是中心功能高度聚集的区域。天河路的两侧已经聚集了以天河城、正佳广场、维多利广场和购书中心为龙头的体验式购物中心区，以广晟大厦、天河城塔楼为代表的甲级写字楼群正在崛起。往东面看，岗顶、龙口西已经成为比较集中的综合中心，以颐高数码广场、太平洋电脑城及新建的百脑汇为核心的 IT 市场在广州市已有较大影响力；还集中了摩登百货、丽特大型商业中心、好又多大型仓储式超市、天河娱乐城、TOP 等休闲娱乐中心以及大华、远洋等一批中高档次的酒店。随着珠江新城的发展，位于黄埔大道两侧的天河北体育中心区域与珠江新城连为一体，经济联系会更加紧密。

天河北商贸商务区依托中信广场、友谊百货、广州火车东站和天河体育中心等特有优势，汇聚中石化广东总部、甲骨文等世界 500 强企业及毕马威等商务服务机构，形成商务和商贸集聚发展区。

天河路黄金商业带，从天河立交桥向东延伸至岗顶、长约 2.8 公里的天河路云集着一大批高端城市综合体、高星级酒店和国际一流品牌，是目前广州市商业业态最丰富、综合配套设施最齐全、高端商贸品牌最集中、国际时尚文化与岭南文化最相容的国内顶级商圈。

5.1.8.3 广州国际金融城

广州国际金融城旨在打造总部金融之都。

广州国际金融城是天河 CBD 正在开发建设的新区域，位于珠江新城商务区的东面，总面积为 8 平方公里。国际金融城设置东、西两个核心区。核心东区北至黄埔大道，南至珠江，东至车陂路，西至科韵路，面积为 1.32 平方公里，作为起步区先行开发建设。核心西区北至花城大道，南至珠江，东至员村四横路，西至员村大道，面积为 1.32 平方公里。

广州国际金融城是广东省建设金融中心的重大战略部署，正在紧锣密鼓地加快建设。金融城按照低碳技术、智慧城市、岭南特色、智能交通和综合服务的要求设计，建设成为立足广州、依托珠三角、面向东南亚、金融机构集中、金融要素市场丰富、金融服务完善，全国领先、世界一流的金融总部集聚区，服务和引领经济和社会快速发展。

金融城起步区地下总建筑面积为 213.5 万平方米，地上建筑面积为445.5 万平方米，是目前"国内规模最大、功能最丰富、空间最紧凑、立体交通理念最先进"的地下空间开发项目。

金融城起步区规划有 4 条轨道交通线，6 个综合交通站点，24 座公交站点，实现规划区内公交站点 200 米半径全覆盖，确保以枢纽为核心，以轨道交通为主体，步行、自行车、水上交通等公共交通的绿色交通方式出行比例占 80% 以上目标的实现。城际轨道 10 分钟到达广州南站，20 分钟到达白云机场，1 小时到达珠三角各主要城市。

5.2　广州市天河 CBD 现代服务业概况

从国际性城市现代服务业的空间分布来看，整个城市的现代服务业在 CBD 区域高度集聚。

5.2.1　总部经济

广州市总部经济发展能力位居全国前列，天河 CBD 是广州市总部机构分布最密集的区域之一，天河 CBD 拥有的总部机构位居全市第一。天河 CBD 是广州市目前建设最成熟、配套最完善、目标最明确、地段最优越的总部经济区。目前入驻企业共 35 413 家，广州市认定的总部企业 72 家，占全市的 22.5%；除此，怡和集团、华润集团、和记黄埔有限公司等 140 家世界 500 强企业在天河 CBD 设立了 184 个项目机构；世界 500 强企业全球总部地点在广州市的只有南方电网和广汽集团，均位于天河 CBD。天河 CBD 共有外资企业 2 969 家，其中港澳投资企业 1 942家，占全区外资企业的 65.4%；天河 CBD 有全国排名前 5 名的正佳广场、天河城和引领国际潮流的以太古汇为代表的华南第一商圈；有以汇悦台、凯旋新世界为代表的高端住宅区；有以广州四季酒店、富力丽思卡尔顿酒店等福布斯旅游指南五星级酒店（中国有 7 家，广州就有 2 家）为代表的 23 家五星级酒店。目前，天河 CBD 各类市场主体近 10 万家，形成了以金融服务业、现代商贸业和商务服务业三大产业为主导的产业体系。

5.2.2　楼宇经济

天河 CBD 拥有广州市最密集的甲级写字楼群。目前，天河 CBD 共有商务楼宇 550 余栋，其中，商务写字楼 150 余栋，亿元楼宇高达 50 余栋。目前已有以广州国际金融中心和中信广场为代表的写字楼面积 1 100 万平方米，有 100 万平方米待租售，无须等候，能立即为港澳服务贸易企业提供最佳的发展载体。而且，随着 530 米的广州最高楼周大福金融中心（广州东塔）的投入使用以及广州国际金融城的加快建设，未来 3 年，天河 CBD 将新增 200 万平方米写字楼，未来 5 年将新增 500 万平方米，未来 10 年将新增 1 000 万平方米写字楼，港澳贸易的发展空间非常大。

5.2.3　文化建设

广州市天河 CBD 集聚了广州大剧院、广东省博物馆、广州图书馆和广州市第二少年宫等顶级文化设施；粤港澳著名的红线女艺术中心，世界广府人雕像将坐落在花城广场；多位港澳和国际著名歌星在天河体育中心、海心沙演艺中心和中央车站演艺中心举办演唱会；广州购书中心、方所书店和唐宁书店为读者提供了更方便快捷的读书方式；红砖厂、羊城创意园融合了创新元素；太古汇、天环广场和即将开业的 K11 主打文化牌，CBD 的文化创意产业引领全市潮流。

广州市天河区作为广东省的教育强区，高校众多，拥有华南理工大学、暨南大学、华南师范大学、华南农业大学等 82 所院校和中国科学院能源研究所等 44 所科研院所，源源不断地向 CBD 内的企业提供熟悉本土文化的高级人才。而广州市作为中国的南大门，是海外归国人员回国的第一站，天河 CBD 也为这些国际化人才提供了施展才华的广阔平台。

5.3 广州市天河 CBD 面临挑战的分析

5.3.1 外部竞争的挑战

近年来，广州市经济发展形势很好，地区生产总值不断提高，其经济总量在全国省会城市中排名靠前。但放眼全国，广州市周围其他城市的经济发展势头也很强劲。由国家统计局 2016 年的统计数据可以看出，上海 2015 年生产总值是 25 300 亿元，北京 2015 年生产总值是 23 000 亿元，广州当年的生产总值是 18 100 亿元，深圳当年的生产总值是 17 500 亿元。图 5－4 显示了全国主要城市 2015 年的 GDP 水平。

从图 5－4 来看，广州市经济总量位列全国第三，发展势头强劲。但是，广州市与深圳市之间的差距并不是很大，绝不可忽视深圳带来的竞争威胁。广州只有在建设中继续保持良好的势头，科学建设，才能继续凸显优势，赢得城市建设发展先机。

2016 年 1—9 月份期间，天河以 2 653 亿元的生产总值继续担纲领跑者；黄埔区以 2 285.88 亿元生产总值，工业总产值占全市近 40%，位居亚军；越秀区则以 2 173.26 亿元生产总值列入三甲。值得一提

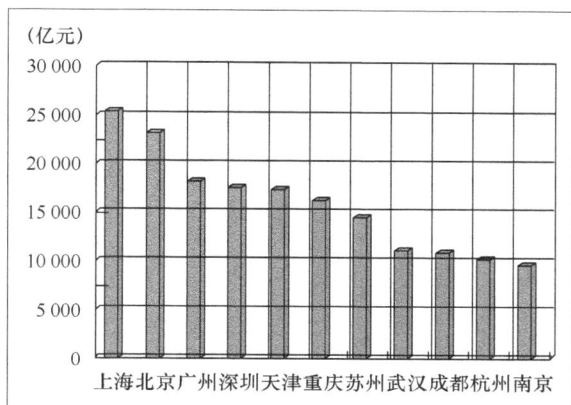

图 5-4 全国主要城市 2015 年 GDP 水平

资料来源：国家统计局网站。

是，天河、番禺、南沙、增城 4 区均高于全市水平，领跑全市经济增
长。图 5-5 显示了广州市各城区 2015 年的 GDP 水平。

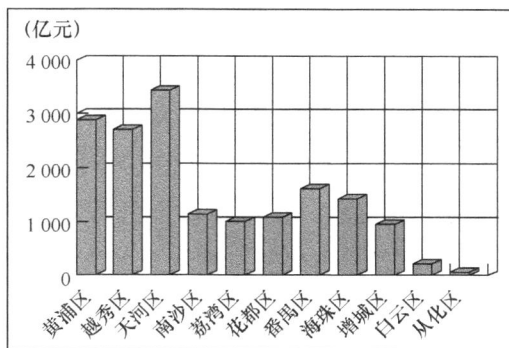

图 5-5 广州市各城区 2015 年 GDP 水平

资料来源：广州市统计局网站。

从图 5-5 来看，对天河区而言，来自广州市其他城区的竞争压力
非常大，尤其是黄浦区以及越秀区。当前，广州市各区都在大力发展经
济，区域之间的竞争逐渐加大，各区都把现代服务业作为主导产业，产
业竞争加剧。各区对金融机构的争抢越来越激烈，金融产业发展的竞争

将趋于白热化。

5.3.2　互联网的冲击

据实地调研，互联网技术以及电子商务突飞猛进式的发展对天河 CBD 内部的实体店铺产生了实质性的冲击，最直接的表现就是销售额的下滑。但是，面对互联网及电商的冲击，传统零售业并非一筹莫展。据广州市天河 CBD 相关领导介绍，很多国际性的连锁品牌已经转型为"线上＋线下"销售模式。所谓"线上＋线下"销售模式，无非就是在天河 CBD 的黄金地段设立旗舰店，旗舰店并非主营销售业务，而是主打品牌宣传、形象维护以及售后服务等。同时，品牌方会完善消费者的互联网购物体验，将销售转向电子商务渠道，这也迎合了当今时代的主流。与其说互联网的迅猛发展为传统服务业带来了威胁，不如说为传统服务业带来了机遇，互联网的冲击正是传统服务业转型升级的契机。

5.3.3　城市改造

广州国际金融城是天河 CBD 正在开发建设的新区域，位于珠江新城商务区的东面，总面积 8 平方公里。在金融城的建设过程中，城市改造是天河 CBD 面临的一大挑战。在城市改造过程中，对相关居民区的拆迁以及对相关人员的安置，不仅要花费大量的人力、物力、财力，而且还要经历很长的协调过程。

5.4　广州市天河 CBD 发展特色分析

5.4.1　岭南特色

广州国际金融城试图回归岭南特色的本源，实现地域性、文化性和时代性的统一。

围绕方城的三条岭南花廊水街，全长约 1 500 米，结合时尚购物、滨水休闲和旅游观光的功能，重现了古时河涌水系图景，连续的骑楼、精致的滨水建筑，营造出浓郁的岭南生活风情。

运用绿化大厅、下沉广场、采光天顶和玻璃拱廊等手法，通过光导管为地下空间引入阳光，通过混合通风系统引入自然风，约每隔 100 米布置一个空间节点地下广场、约每隔 50～70 米布置一个垂直交通核心，确保地下空间内部环境的舒适与安全，使地下空间活动成为人们愉悦的行为体验。

5.4.2　重视生态环境

中国最大的城市公园——花城广场坐落在天河 CBD，公园最宽处 250 米，总面积约 56 万平方米，犹如一个精致的彩色"大宝瓶"，贯穿天河 CBD 珠江新城南北。公园里，栈道、水塘、树木、花草和音乐喷泉等构筑的浪漫与悠闲无处不在；花市、车展、各种国际表演等时尚元素尽情展示，吸引了本地居民及国内外游客纷至沓来，体验天河 CBD 最时尚、最潮流的文化生活。花城广场约 50 万平方米的地下空间拥有花城汇购物广场，UA 影院和美食广场，更是游玩后最好的休闲去处。

珠江公园坐落在天河 CBD，占地面积 28 万平方米，是一个集观赏、游憩、科普和休闲于一体的市级公园，是以绿化造景为主的生态公园，环境优美，风格优雅。

海心沙公园位于珠江北主航道上，是 2010 年亚运会开、闭幕式的举办地，自建成以来就成为游人心驰神往之地。

5.4.3　政务服务

为加强整体营销和提高管理服务水平，广州市专门成立了市副局级的专责行政管理机构——广州市天河中央商务区管理委员会（简称

"天河 CBD 管委会"），统一行使天河 CBD 的管理、营销、服务、开放等职能。天河 CBD 管委会在珠江新城办公，并在位于天河 CBD 内的广州市政务服务中心开设了全市首个区级政务窗口，开通了便捷的绿色商务通道；同时，以政府购买服务的方式，向辖区内重点企业及重大投资项目指派政府事务服务专员，为企业办事提供最便捷、最贴心的一站式服务。年轻（工作人员平均年龄仅为 27 岁）、高效、活力、专业的天河 CBD 管委会团队，旨在用真诚的微笑和服务打造世界级中央商务区，同时也成为天河 CBD 一道亮丽的风景线。

广东省国土资源厅、工商局、证监局、国家税务局、商检局、旅游局、外经贸厅、保监局，广州市海关，市工商局、市国家税务局等政府机构齐集天河 CBD。同时，广州市政府各部门及天河 CBD 管委会均在位于 CBD 的广州市政务中心开设了专门的服务窗口，为企业开设了绿色服务通道，提供一站式服务，有效节约了企业的行政成本。

天河区工商分局已为天河 CBD 工商业务提供了专门的服务窗口，为计划进驻天河 CBD 的企业，并且符合注册资本在 500 万元人民币以上、属于天河区重点发展的主导产业企业、对天河区产业转型升级以及经济快速发展有较强带动力的产业企业三项条件中的一项设置了预约服务专线，配备了专门的工作人员，负责提供专业意见、受理、核准、登记助导及审核网上申请材料。天河 CBD 管委会也组建了专门的服务团队，为企业提供无偿代理服务，与天河工商分局进行业务对接，专门协助绿色通道服务对象办理注册业务。

为更好地服务企业，天河 CBD 政府事务服务团队在辖区内重点楼宇中设置了"现场服务站"，派出政府事务专员驻点，为该楼宇中的企业提供涉及政府事务的咨询服务，并邀请工商、税务、质检、街道等部门派出工作人员现场咨询答疑。

5.4.4 地下商业发达

位于珠江新城花城广场的花城汇下沉广场是广州天河 CBD 地下商业发展的典型代表。下沉广场位于珠江新城的中轴线上，地处黄金地段，人流量大。花城汇的 3 个区域均采用下沉式广场作为主要的入口，游客可以通过电梯和步行梯下到 B1 层，然后向两边扩散，大面积的露天广场可以供商家举办商业活动。花城汇处于地面，用下沉式广场作为出入口，既能有效地疏散人流，又使地上与地下空间过渡自然，是一种比较理想的空间形式（见图 5 - 6）。

图 5 - 6　花城汇下沉广场北入口

下沉广场集餐饮、休闲、娱乐、购物等功能于一体。广州天河 CBD 的这种商业发展模式与全国其他城市 CBD 相比，其优势是非常明显的，同时，这也体现出天河 CBD 商业发达的一大特色。天河 CBD 的这种商业发展模式不仅实现了商业与商务的"双赢"，而且更大程度上避免了 CBD 发展过程中的"空心化"问题。下班之后，人们可以在

CBD 内进行就餐、休闲等一系列活动，整个区域就显得充满活力与生机，再加上周围配套的休闲、娱乐设施，保持了整个 CBD 的人流量。

5.4.5 楼宇灯光

广州国际灯光节与法国、悉尼的灯光节并列为世界三大灯光节（见图 5–7）。广州国际灯光节每年年底举办，采用"政府搭台、企业唱戏"的市场化模式，通过整合现有市场资源，引导企业参与，走市场化道路举办年度公共文化盛事，从 2011 年起已举办四届。2015 年 11 月 14 日，第五届广州国际灯光节开幕，联合国教科文组织把广州国际灯光节选入 2015 年"国际光年"大型文化活动，并在"国际光年"官网做了特别推荐。

图 5–7　广州国际灯光节中的广州西塔夜景

图片来源：百度百科：http://www.huitu.com/photo/show/20150209/164642519339.html.

受广州国际灯光节的影响，天河 CBD 楼宇外的灯光设计也独具一格，俨然成为天河 CBD 的一大特色。广州天河 CBD 夜晚的街道上，各个楼宇外面华丽的灯光将整个中央商务区渲染得分外具有活力。美轮美奂的灯光以及宏伟的巨型灯光广告吸引着广州市民以及国内外游客观光欣赏。

5.4.6　示范区创建

广州天河 CBD 加快完成"全国中央商务区知名品牌示范区"创建工作，充分发挥广东省服务业集聚区辐射优势，争取国家、省、市各项改革创新试点和各项改革创新措施率先在天河 CBD 先行先试；抓住商事登记改革试点、互联网金融产业基地建设等政策试点优势，引导产业创新发展。

5.4.7　粤港澳协同发展

5.4.7.1　构建泛珠经济引擎和粤港澳合作枢纽

充分发挥国家推进"一带一路"发展战略、中央批准粤港澳基本实现服务贸易自由化、广东省加强泛珠三角区域合作的机遇，用好周大福金融中心（广州东塔）于 2016 年年底竣工、CBD 未来 5 年有 500 万平方米写字楼投入使用的载体空间，争取广州市外办初步同意的 CEPA 商务卡设立 CBD 受理点等政策措施尽快落地，借助 CBD 内五大国际地产行和诸多国际人力资源机构的力量，加强新常态下招商引资、引技、引智工作，吸引一大批泛珠三角总部企业和港澳服务贸易机构及专业人士进驻天河 CBD，努力构建泛珠经济引擎、总部中心和粤港澳合作枢纽。

5.4.7.2　物业服务标准比肩港澳

天河 CBD 以中国香港物业服务为标杆，借鉴香港发展的成功经验，创新开展与香港品质保证局合作，联合建立一套优质的楼宇、社区物业管理服务模式和标准，并对照标准开展楼宇、社区的管理评星活动，积极推动天河 CBD 内物业管理服务水平的不断改善和提升，达到整个区域的可持续发展，以向香港看齐的最优质的物业管理服务水平，打造最具影响力的高端核心商务区。

5.4.7.3　智力支撑粤港澳服务贸易

天河 CBD 不仅拥有华南地区最密集的服务贸易企业和人才，同时还拥有诸多高校、科研院所及全球四大会计师事务所的众多服务贸易研究专家，我们将积极利用这一优势，建立天河 CBD 粤港澳服务贸易专业人才和研究专家智囊团，通过先行先试、及时总结，向省、市政府提供合理化的政策建议，为粤港澳服务贸易合作提供智力支持。

5.4.8　尊重市场规律

广州天河 CBD 在建设过程中，政府管理机构尊重市场规律，以市场为基础，避免政府强制性的规划和引导，政府管理机构一直扮演着"轻资产、重服务"的角色。所谓"重服务"，是指政府管理机构改变强制性规划、引导的职能，将主要职能中心放在 CBD 整体的协调与运作上。例如，按照粤港澳服务贸易自由化的要求和负面清单管理的方向，进一步压减审批事项，减少审批环节，加快行政审批提速，以开放倒逼政府职能转变。另外，为进一步推进生活服务便利化，营造干净整洁、平安有序的城市环境。天河 CBD 创新实现"一支队伍管执法"，重点抓好花城广场、天河路、广州东站等重点场所的管理，探索试行部分区域 24 小时保洁，提升区域的环境质量。

加快珠三角轨道交通指挥中心和交通枢纽建设，有效接驳机场、港口、高铁站、长途汽车客运站，为商务人士提供快速、完善的出行便利。

6　重庆市解放碑 CBD 发展特色研究

近年来，重庆市渝中区解放碑 CBD 紧紧围绕"江山 CBD、财富 CBD、数字 CBD、人文 CBD"的建设理念，坚持精心规划设计、高端产业引领、精品载体支撑、精致景观添彩、经典人文传承，成为推动长江上游地区发展的服务辐射中心、最具活力和竞争力的"引擎"、最具个性魅力的现代都市标志。

2015 年，解放碑 CBD 全年实现增加值 482.5 亿元，增长 8.2%，占渝中区全区的 50.4%；完成固定资产投资 93.0 亿元，增长 3.9%，占全区的 28.2%；社会消费品零售总额 427.4 亿元，增长 5.8%，占全区的 67.0%，经济实现了快速增长。

6.1　重庆市渝中区发展概况

重庆市渝中区位于长江上游地区、重庆大都市区，属重庆市主城九区之一。渝中区地处长江、嘉陵江交汇地带，由于两江环抱，形似半岛，又名渝中半岛。渝中区作为重庆市政治、经济、文化以及商贸流通中心，别称"山城""江城"，巴渝文化、抗战文化以及红岩精神在此发源。

2015 年，在国际宏观环境更加复杂、全国经济下行压力较大的背景下，渝中区继续调结构、挖潜力、增动力，主动作为、积极适应新常态，努力保持整体经济平稳发展，保持了与全市同步的发展趋势，全年 GDP 实现两位数增长，达到 10.3%。

6.1.1 经济整体发展良好

2015 年，渝中区经济"稳中向好、稳中有进"，全年 GDP 实现 958.2 亿元，增长 10.3%，且逐季稳步提升，分别较第一季度、上半年、前三个季度加快 0.5，0.3，0.3 个百分点，这充分显示出区域经济有效抵御了宏观经济破 7 的下行影响，经济发展整体趋势较好。固定资产投资 330 亿元，增长 6.8%；社会消费品零售总额 637.9 亿元，增长 10.2%，表明以投资、消费为主的传统增长动力依然较强，能够有效支撑区域经济在结构转型、动力转换时期保持一定的发展速度，避免出现经济换档失速的情况。区域税收 194.4 亿元，增长 6.9%；公共财政预算收入 52.3 亿元，增长 8.2%，说明区域经济依然有较好的财税收益，区域内经济主体活力较强。城镇居民人均可支配收入 31 608 元，增长 8.0%，保持了与 GDP 的同向增长，区域人们生活水平稳步提升。

6.1.2 经济发展中的积极因素

2015 年，渝中区宏观经济各主要指标完成情况良好，基本面稳步向好，经济质量不断提升，这些成绩的取得主要得益于增长动力和产业支撑。

6.1.2.1 增长动力较强

"新常态"下经济动力将逐步由传统的投资、消费向创新、改革演变，但传统动力对区域经济的发展仍然重要。

（1）投资结构不断优化。2015 年全区投资 330 亿元，投资强度达到 16.4 亿元/公里^2，较上年提升 6.5%，远高于周边城区，在全国副省级中心城区位列前茅。以固定资产投资效果系数来衡量，渝中区为 0.27，处于成长期的中间阶段；重庆市为 0.09，处于初建期。因此，从投资对经济拉动的边际效益来看，一方面，全市固定资产投资对地区经济的拉动力明显强于渝中区；另一方面，渝中区投资效果系数虽高于全市，但仍未到成熟期，投资对经济仍有较强影响，且边际效益仍处于上升趋势。因此，投资总量的稳定增长仍能对区域经济形成较强拉动，既有助于加快打造各种新兴产业发展平台，吸引更多大项目、好项目落地，又能完善产业发展配套能力，增强产业链拉动效应。从内部结构来看，单纯的房地产投资在持续下降，全年实现投资 151.6 亿元，下降 13.8%；涉及公共基础设施建设、公共服务完善、环境质量提升和新兴产业发展等方面的建设和改造投资不断提升，全年实现投资 178.4 亿元，增长 33.9%。这种变化使投资对经济的拉动作用由直接向间接转变，投资的乘数效应得到更充分的发挥，更少量的资金对经济的发展能够起到更大的作用，资金的利用效率进一步提升。

（2）消费市场持续向好。以社会商品零售额为代表的商品性消费全年保持平稳增长势头，增速逐季提升，全年增长 10.2%，分别较前三个季度、上半年、第一季度加快 1.7，2.6，5.4 个百分点。商品性消费市场的稳定增长表现为多元化的消费供给和消费需求的增加。

在多元化的消费供给方面，一是协信星光广场、八一广场、国泰广场等商业购物面积均在 4 万平方米以上的大型商业综合体的建成使用，提升了区域商业载体的整体品质，扩充了区域消费容量。二是 30 度街吧、鹅岭创意商业集市、mini 风情街、八一路夜市二期等丰富了区域商业业态，增加了消费的多样性，能更好地满足不同层次、不同需求的消费者。三是以苏宁云商、香满园和世纪购为代表的线上线下电子商务模式快速发展，电子商务零售额增长形势较好。四是政府制定的《重庆市人民政府关于进一步促进消费的意见》等消费促进政策，在全市范围内组织开展的"夏季消费促进月""金秋消费促进月"等活动，都保障了消费供给的稳定性。

在消费需求增加方面，人们收入稳定增长，特别是渝中区城市居民人均可支配收入达到 31 608 元，继续领先全市各区县，高于全市 4 369

元、高于全国 413 元。居民生活水平的进一步提升使其消费层次不断提升、消费能力不断增强，同时，区域内大量住宅建成销售，全年住宅销售面积增长 62.8%，由此使更多的人口入驻，增强了区域内生消费能力。全年中秋、国庆等节日庆典、年终大型消费促销活动刺激了消费者的消费欲望，扩大了消费需求。

6.1.2.2 产业支撑较稳

2015 年，金融业充分发挥支柱产业对经济的稳定作用。全年营业收入 486.9 亿元，增长 26.0%，实现营业税 19.9 亿元，增长 13.7%，分别较前三季度、上半年加快 8.6 和 10.2 个百分点。一是在中央银行连续投放流动性的背景下，区域银行存贷款余额平稳增长，金融流动性更好地支持了区域经济的发展。全年银行存款余额 5 859.1 亿元，增长 14.0%；贷款余额 4 394.2 亿元，增长 9.3%。二是证券市场虽受到股市大幅波动的影响，但企业经营情况仍明显好于上年同期。全年证券业营业收入 17.8 亿元，增长达到 92.1%，股票成交额 13 722.8 亿元，增长高达 236.8%。三是保险业保持快速增长。全年保险业实现营业收入 182.3 亿元，增长 73.6%，保费收入 184.1 亿元，增长 61.0%。

作为全区重点发展、体现区域产业发展层级和水平、产业结构调整趋势和方向的商务服务业保持快速发展态势。全年产业中规模以上企业实现营业收入 145.2 亿元，增长 19.2%。从内部行业结构来看，企业管理服务业由于渝中区大力发展总部经济，各种优惠政策不断落地，发展较好。旅游市场持续火热，旅行社门店扩张，各大旅行社营业收入快速增长，全年规模以上旅行社营业收入增长 19.5%。劳务外包、派遣受到更多企业青睐，既减轻了企业的负担，又有利于人才的流动和积聚，展现出广阔的行业发展前景。在其他营业收入占比较小的行业中，知识产权服务和安全服务营业收入分别增长 40.7% 和 28.3%，分别代表知识经济时代对知识产权保护的渴求以及企业、个人对安全的重视。法律、咨询调查营业收入分别增长 16.7% 和 16.9%。

渝中区良好的经济发展态势为解放碑 CBD 的快速发展奠定了坚实的基础。

6.2　重庆市解放碑 CBD 概况

解放碑地区是重庆市母城的发源地，自古以来商贾云集、人文荟萃，是重庆人心目中的"城"和外地人眼中的"重庆城"的代名词，历来是重庆市商贸、金融、文化和信息中心。1997 年确定重庆市为直辖市时，解放碑成为全国第一条商业步行街，享有"西部第一街"的美誉。2003 年 9 月，重庆市人民政府第十二次常务会议通过《重庆市中央商务区总体规划》，确定解放碑中心商务区是重庆市中央商务区的重要组成部分，与解放碑地区和朝天门地区共同承担商务、商贸双重功能。解放碑地区东起小什字，北至沧白路、临江路、民生路，西至金汤街，南至和平路、新华路，面积约为 0.92 平方公里，其"核缘"部分包括朝天门地区 0.69 平方公里，合计为 1.61 平方公里。解放碑中央商务区的主要功能定位为：区域性、国际化的中央商务区，以发达的现代服务业为基础，以金融业和中介咨询服务业为支柱，着力发展总部经济。2013 年 11 月，重庆市政府颁发了《关于加快中央商务区建设的意见》，对重庆市中央商务区的空间布局进行了调整，中央商务区的规划总面积扩展到 10 平方公里，其中解放碑地区扩容到 3.5 平方公里，并对其功能定位、发展目标、建设重点和保障措施予以明确。

近年来，解放碑中央商务区管委会在渝中区区委、区政府的领导下，注重理念创新，紧紧围绕区域性、国际化中央商务区的发展定位，以建设载体为重点、以城市管理为基础、以产业发展为目标，坚持精心规划设计、高端产业引领、精品载体支撑、精致景观添彩、经典人文传承，以全区 1/20 的 GDP、4/5 的社会商品零售额和全市 1/10 的社会零售额，成为推动长江上游地区发展的服务辐射中心、最具活力和竞争力的"引擎"、最具个性魅力的现代都市"标志"；强化机制保障，举全区之力加快中央商务区建设，成立解放碑中央商务区管委会，明确"规划建设、产业发展、服务企业、城市管理、非公党建"五职能，以机制保障带动区域规划建设管理；推动高端聚集，经过潜心培育，区域聚集总部（重点）企业 101 家，驻渝总领事馆 10 家，五星级酒店 5 家，大型商场及购物中心 12 个。2015 年，解放碑中央商务区 GDP 达到 574 亿元，社会零售总额超过 465 亿元，"十二五"年均分别增长了 11.6% 和 14.9%，地区 GDP 产出达到 482.5 亿元/公里^2，位居全国 CBD 前列。解放碑中央商务区先后荣膺"中国十大新地标商务区"、"中国最具投资价值中央商务区"和"中国最具影响力中央商务区"等殊荣，并与法国香榭丽大道、英国伦敦牛津街及美国曼哈顿商区等世界 14 条著名步行街缔结联盟（见图 6-1）。

图 6-1 解放碑 CBD 内的商业广场

6.3　重庆市解放碑 CBD 管理机构的演变和组织架构

解放碑中央商务区管理体制的变化经历了 4 个阶段。

第一阶段（1997—2003 年）。1997 年成立解放碑中心购物广场综合管理处，主要职责是统筹、协调、监督广场内的治安和市容、环卫、城管、市政、绿化、交通、卫生等方面的管理工作；对各类活动占道、公用设施和户外广告的设置等进行统筹、初审及管理；对商贸业态业种的调整进行引导和管理。

第二阶段（2004—2007 年）。2003 年年底成立解放碑中央商务区建设指挥部（下设办公室），与解放碑中心购物广场综合管理处并存，主要负责对 CBD 规划、建设和产业发展进行统一指挥和组织实施；牵头组织协调宣传策划、规划、重大建设项目实施、招商引资和资金管理等工作。

第三阶段（2008—2014 年）。2007 年年底成立解放碑中央商务区党工委、管委会（解放碑中心购物广场综合管理处与其合署办公），主要职责是统筹协调解放碑中央商务区的城市规划建设、产业发展，负责解放碑中心购物广场的城市管理。

第四阶段（2015 年至今）。2014 年年底，全区新一轮机构改革与政府职能转变，解放碑中央商务区管委会作为功能区管委会，重点负责区域项目建设、产业发展、招商引资、非公党建等工作，明确了规划建设、产业发展、服务企业、城市管理和非公党建五大职能，管委会统筹经济社会发展的能力进一步增强。根据新的机构改革方案，解放碑中央商务区管委会下设党政办公室、产业发展科、服务企业科（楼宇经济科）、规划建设科、广场管理科、城市执法大队以及企业服务中心。

6.4 重庆市解放碑 CBD 近年来的工作情况

6.4.1 拓展发展空间

6.4.1.1 完成了一批总体规划

解放碑中央商务区坚持规划引领，先后委托美国 KPF、英国地茂、清华大学等国内外知名规划设计机构完成了"重庆金融街城市设计""解放碑步行街扩容总体概念设计""解放碑地区广告规划"等项规划设计，以高水平规划引导高品质建设。

6.4.1.2 建成了一批高档载体

解放碑商务区中，英国 IFC、新华国际、国泰艺术中心、航海保利和环球金融中心已正式投入使用。

6.4.1.3 处置了一批"四久工程"

解放碑商务区借危旧房改造契机，完成魁星楼、谊得大厦、兰家巷、万豪二期等项目的处置。目前，解放碑 CBD 建设总规模 800 万平方米，其中商业设施面积 262 万平方米，商务面积 213 万平方米，住宅、酒店及酒店式公寓 250 万平方米，其他 75 万平方米。

6.4.2 重构空间秩序

6.4.2.1 组织实施步行街扩容工程

解放碑中央商务区完成了八一路、邹容支路扩容改造和步步高景观大道、游客接待中心、无名巷改造、30 度街吧建设，步行街面积由 3.6

万平方米增加到 9 万平方米。

6.4.2.2 全力打造核心区楼宇夜间灯饰

解放碑中央商务区完成了世贸大厦、纽约·纽约、商业大厦、半岛国际、邹容大厦等核心区域 21 栋楼宇的灯饰改造，重塑山城、江城、不夜城的景观风貌。

6.4.2.3 优化城市视觉空间秩序

解放碑中央商务区强力推进户外广告规划建设管理，形成"城市之眸""城市之门""城市之窗"等精品户外广告，其中，"城市之眸"荣获中国广告界最高奖——"艾菲奖"。

6.4.3 优化产业结构

解放碑中央商务区采用经济、法律和行政手段，实施调整项目 34个，调整面积达 49.3 万平方米，使符合业态定位的营业面积比重高达70% 以上，初步形成以外向型经济为特色、以金融业等 5 大支柱产业为支撑、以互联网服务等新兴产业为亮点的产业发展体系。目前，区域汇集外资企业超过 700 家，世界 500 强企业 90 家。

金融业：聚集市场金融机构 112 家，其中，银行、证券、保险市场机构占全市的 40%，外资银行、保险机构占全市的 90%，要素市场占全市的 43%。

商务服务业：聚集品牌商务服务机构 43 家，国际五大房地产服务商行 4 家，四大会计师事务所有 2 家落户解放碑；

商贸业：以转型升级为主线，调整提升商业面积 43 万平方米，引领 LV、Gucci 等国际一、二线品牌 100 余个，时尚潮流品牌 85 个，改造新增购物中心 8 个，打造形成专业特色街区 5 条，创建较场口市级夜市品牌，打造了全市首个保税商品展销平台。

文化创意产业：汇集重庆演艺集团以及 5 大市场文艺院团，国泰艺术中心等重点文化设施建成投入使用，以国泰广场为核心，连接魁星楼、洪崖洞的文创产业带初现雏形。

旅游业：拥有国家 4A 级景区 3 个，解放碑年旅游人数超过 3 000 万人。

6.4.4　提升产业能级

6.4.4.1　推动楼宇特色化集聚

解放碑中央商务区吸引同一产业链企业特色楼宇聚集，目前已初步形成海航保利——涉外商务大楼、环球金融中心——综合商务大楼、新华国际——珠宝大楼、纽约·纽约——美丽产业大楼等一批特色功能楼宇。

6.4.4.2　推动楼宇规模化经营

区域内 46 栋重点楼宇贡献达 47 亿元（2013 年），占当年渝中区总税收的 28%，目前区域内亿元税收楼宇已超过 10 栋。

6.4.4.3　推动楼宇精细化管理

解放碑中央商务区大力实施硬件设施改造、物管水平提升、周边环境改善、业态调整升级"四位一体"综合整治，金鹰财富中心等 9 栋老旧商业、商务楼宇实现整体提档升级，环球金融中心、海航保利等新增载体达到国际顶级写字楼标准，且聘请全球五大物业顾问公司负责物业管理服务。

6.4.5 改善发展环境

6.4.5.1 优化交通功能

解放碑中央商务区举全区之力实施配套环境提升工程，东水门大桥、千厮门大桥相继通车，解放碑地下环道主体完工，2016 年年底建成试运行，"一环三轨四桥"的大交通格局基本形成。同时，魁星楼、星河大厦等停车库先后建成投入使用，新增停车位 1 300 个，区域内停车位总数达到 12 770 个。

6.4.5.2 强化城市管理

解放碑中央商务区采取"城市＋公安＋民政"的联动执法机制，强力整治解放碑区域拉客兜售物品、流动散发传单等影响市容环境的行为，有效净化市容秩序。

6.4.5.3 完善服务平台

中央商务区积极发挥企业协会的作用，组织各种企业沙龙，加强中央商务区网站建设，编印《重庆CBD》杂志，扩大区域的知名度和美誉度。

6.5 重庆市解放碑 CBD 面临的机会与挑战

6.5.1 重庆市解放碑 CBD 面临的机会

6.5.1.1 受东部及东南部经济特区的辐射

重庆市地处中国西部地区，是长江上游经济重地，南靠四川"天府之国"和湖南省，同时受珠江三角洲和长江三角洲地区的经济辐射，能够承接东部地区向中西部地区的产业转移，借此大力发展自身经济。

6.5.1.2　国家政策扶持

2000 年年初，国家推出了西部大开发的一系列措施，对重庆地区推行税收支持和产业扶持，目的是"把东部沿海地区的剩余经济发展能力，用以提高西部地区的经济和社会发展水平，巩固国防"，这为重庆市解放碑 CBD 的发展带来了难得的历史机遇。

6.5.1.3　重庆市政府高度重视，加大招商引资力度

近年来，重庆市委、市政府高度重视发展会展业。这是因为，发展会展业及其附属机构和设施，可以改善城市环境，可以完善城市通信设施的改建和扩建，更有益于提升重庆市的整体形象，缩小重庆市与我国发达地区城市的时间和空间距离。《重庆市国民经济和社会发展第十一个五年规划纲要》指出：强化市场化运作，提升会展策划、组织、服务水平，引导会展业向品牌化、集团化和国际化方向发展；加强重点旅游区（点）整体规划，逐步形成自然观光、休闲度假、商务会展、体育健身、科考探险、文化感受等各具特色的旅游系列线路；推动广播影视、报纸期刊、出版发行、文化旅游、文娱演艺、艺术品交易、节庆会展、动漫游戏、文化经纪等文化产业全面发展。重庆市第三次党代会也提出"做大做强会展经济"。

6.5.2　重庆市解放碑 CBD 面临的挑战

在重庆市 CBD 的规划中，尽管对解放碑 CBD、江北嘴 CBD 以及弹子石 CBD 进行了明确的规划与功能分工，但在实际运作中，这种分工并没有表现得特别清晰，甚至出现了各 CBD 之间优质资源相互竞争、CBD 发展协调困难等问题，比如，江北嘴 CBD 吸引了部分金融机构入驻，这对解放碑 CBD 的金融中心地位形成一定的冲击。此外，未来江北嘴 CBD 必将对解

放碑 CBD 金融中心的地位产生很大的冲击，影响解放碑 CBD 的金融功能。

与此同时，位于渝中区大坪中心区域的重庆总部城项目近几年陆续发展起来。经过几年的开发与建设，重庆总部城目前已云集了包括平安银行、新华保险、中煤科工集团重庆设计研究院、中建三局等 10 余户总部企业及相关服务分支机构，产业集聚效应凸显。重庆总部城拥有较大的发展潜力和升值空间，并将以较快的速度拉动区域经济的发展，对解放碑 CBD 形成一定的竞争。

另外，近年来成都 CBD 发展迅速，解放碑 CBD 需要认真筹划，积极应对，发挥自身的特色和优势，在竞争中立于不败之地。

6.6　重庆市解放碑 CBD 发展特色

6.6.1　一流设计引领扩容提质

在解放碑"城市之门"LED 双屏上，巨型的蝴蝶展翅飞舞，带出解放碑"吃喝玩乐"的画面；其后，巨屏上"长江索道""漫步解放碑""渝中赛艇"等互动游戏也让人们体验到人屏互动的神秘。

"城市之门"LED 双屏秀是解放碑城市夜景灯饰提档升级的重要工程之一。据了解，为重塑山城、江城、不夜城的独特景观，解放碑专程委托美国 BPI 设计公司完成了世贸大厦、纽约·纽约、商业大厦、半岛国际、邹容大厦等核心区域 21 栋楼宇的灯饰改造，形成了世贸大厦"水墨山水"、环球金融中心"钻石灯塔"、协信中心"繁星点点"、纽约·纽约"高山流水"等特色楼宇的灯饰景观（见图 6－2）。

解放碑是重庆市最早的商圈，已经历两次转型：第一次为 1997 年解放碑步行街的建设，实现了从传统的商贸中心向商圈转型；第二次是从 2006 年起，采取"腾笼换鸟""热水瓶换胆"等方法对商圈进行重新调整布局，形成了以高端品牌为引领的多层次、多业态、可持续发展

图 6 - 2 解放碑 CBD 夜景

的格局。当前，解放碑正在进行第三轮"扩容提质"，将重庆市打造成为一个真正国际化的城市。

城市转型升级，必须规划先行。为打造"国际范"，解放碑兼收并蓄世界先进设计理念，邀请美国 KPF、英国地茂、清华大学等全球一流规划设计机构，对户外广告、楼宇灯饰、交通动线和地下空间进行系统规划设计。其中，根据英国 DLC 公司、丹麦盖尔设计师事务所的设计，解放碑完成了步行街一、二、三期扩容改造工程和步步高景观大道、游客接待中心、无名巷改造、30 度街吧建设，极大地提升了步行街的景观形象，步行街面积由 3.6 万平方米增加到 9 万平方米；清美道合景观设计公司为解放碑量身定制了"城市之眸""城市之门""城市之窗"等户外主题广告，其中，"城市之眸"荣获中国广告界最高奖——艾菲奖。

在交通干道、地下环道改造方面，解放碑规划构建立体空间多维开发格局，建设全国首个高密度商业街下的地下交通环道——解放碑地下环道。环道建成后，将连通解放碑地下的 24 个车库，分流地面约 30% 的交通流量。同时，还新建了魁星楼、星河城等公共停车楼，新增停车位 5 000 余个，区域停车位总数达到 12 770 个，形成了该区域"一环四桥四轨"的大交通格局。

通过建设改造升级，目前解放碑商圈建设总规模超过 800 万平方米，区域内汇集了国内外知名商贸品牌、世界 500 强企业、市级金融机构、知名品牌商务机构及驻渝（总）领事馆和总部企业，亿元税收楼达到 10 余栋，国际化城市建设初显成效（见图 6 - 3）。

图 6 - 3　解放碑 CBD 的商务办公大厦

6.6.2　多要素打造现代服务之城

重庆市渝中区首个创投机构——卓茂资产 CBD 天使汇通过众筹，现已成功运营。项目发起人通过天使汇提出该项目后，在不到一周的时间内就筹集到第一轮 500 万元运营资金。

据了解，CBD 天使汇是渝中区着力支持打造的众创项目公共路演平台和投融资对接平台，主要为全市的优质创新创业项目提供对接资金、资源、资深专家等服务，目前已有 10 余个优质投资项目进入 CBD 天使汇项目种子库。在业内人士看来，CBD 天使汇正是解放碑探索核心产业升级换代、推动金融产业创新发展、发挥创新创业示范效应的重要基地之一。

近年来，解放碑 CBD 坚持"高端产业、商端品牌、高端人才"的"三高战略"，大力推动业态调整，全面优化产业结构。一方面，渝中区瞄准高端国际品牌，融合发展商贸、旅游和文化创意产业，并集聚形成会计评估、管理咨询等专业服务体系；另一方面，推进银行、证券、保险等传统金融与第三方支付、结算等新型金融共生共荣，支持商贸龙头企业向电子商务转型。

"十二五"期间，解放碑吸引重庆市股份转让中心、药品交易所、农村土地交易所、农畜产品交易所、联合产权交易所和土特产品交易中心六大要素市场相继落户。六大要素市场的开业不但成为重庆构建长江上游金融中心的核心力量，同时在优化资源配置方面起到了导向性的作用。例如：最早成立的重庆联合产权交易所，7 年来总成交额达到了 1 700亿元，年挂牌宗数达到 3 500 多宗，有效地实现了交易资产的保值增值；重庆市农畜产品交易所为农畜产品生产供销环节的各方参与者创造了有效配置资源的机会，并通过交易市场的价格发现功能，指导农民在时间和空间上合理配置农业生产资源，促进农牧业可持续发展。

6.6.3 轻奢、娱乐完善商圈业态

2015 年 6 月 30 日，备受关注的解放碑协信星光广场开业。广场商业面积近 5 万平方米，可提供 853 个停车位，场内各个楼层和空间还点缀着多个艺术机构联合打造的 100 件艺术装置，为解放碑商业注入了一股"清新"的力量。在高端品牌聚集的解放碑，协信星光广场转而以"轻奢"为核心定位，独家引进 17 个品牌，此外还有 Michael Kors、百丽宫影院等名店，可谓将消费触角伸进吃、喝、玩、乐、穿各个层面。聚焦"轻奢"的还有 2015 年国庆期间开始试营业的国泰广场。

国泰广场集购物、娱乐、饮食、休闲、艺术于一身，并汇集诸多前沿时尚品牌，包括西南最大的苹果直营店、Sandor 和 Maje 等全球多个著名时装零售品牌，进一步丰富了商圈的品牌结构，吸引了不少"潮人"聚集。

此外，位于解放碑的赛格尔大厦、西部首家以国际独立设计师品牌为核心经营定位的商场——赛尚 shining 于 2015 年年底开业。赛尚 shining 已确定入驻超过 100 多个独立设计师品牌，将通过国际国内的品牌资源体系，为重庆的个性化消费者第一时间提供最新的国际化品牌选择，打造重庆时尚潮流圈人士专属的精品体验式商场。未来，如果市民想体会欧美各大时装周现场的"炫酷"，赛尚 shining 将是不错的选择。

如今，解放碑拥有 Forever21 西南旗舰店、ADIDAS 独家 A 级店、全市最大的优衣库旗舰店等主力零售品牌，已成为年轻白领阶层新兴的购物体验中心。除了购物，解放碑的休闲、娱乐业态也愈发丰富——日月光中心引进"中国第一音乐现场"MAO、"蜂 88"酒吧、"森迪 Party KTV"、"水影"、"奇丑的猴子咖啡"等知名品牌；较场口区域已集聚四大影院、百家餐饮、千家商户，成为时尚娱乐基地；八一路夜市二期于 2015 年 9 月底开街，以集装箱风格的商铺结构和错落有致的高低层设计受到市民关注。

如今，能吸引消费者的除了丰富的业态，还有新兴的"互联网＋"消费模式。苏宁位于重庆的首家"云店"从解放碑超级店脱胎换骨，成为"互联网＋卖场"正式与山城人民见面，带来"线上＋线下"的新鲜购物体验；重庆环球金融中心 4 楼的重庆保税商品展示交易中心延展平台运营，市民可以足不出户就能买到多达 2 500 余种的进口商品；"国别馆"正加快打造，各国主题馆加快建设，将进一步完善在解放碑"购世界"的功能。

6.6.4　商、旅、文联动，形成"复合城市"

当前，解放碑商圈正以国泰广场、国泰艺术中心、西部动漫产业园、较场口中央娱乐区等楼宇、载体为支撑，吸引了大量国内外知名文化创意、电子商务企业入驻，并依托戴家巷、鲁祖庙等地块，加快功能策划及板块开发，打造文化创意及文化艺术体验区，成为重庆最具艺术气质的商圈。

与此同时，解放碑还大力拓展都市旅游功能。位于王府井百货的解放碑首个游客服务中心已正式开放，游客们可在这里了解解放碑的吃、住、行、游、乐、购等一切旅游信息，工作人员可以帮助更多的人认识和了解渝中区、了解解放碑。

渝中区近期开通的旅游巴士串起区内 3A 级景区和 4A 级景区。游客只需购买一次车票，在 24 小时内凭车票可随时上下环线旅游巴士，一天内游玩沿线景区景点，感受渝中"母城"的魅力。

此外，为了让市民游客"玩得开心，游得高兴"，该区域正以渝中全域 5A 级景区创建为契机，加快"1＋3"（1 为公共服务平台，"3"即智慧交通、智慧旅游、智慧楼宇）智慧商圈体系建设。如 2015 年中秋节、国庆节期间，解放碑就通过创新城市营销策略，运用"爱尚解放碑"微信公众号推动"互联网＋"城市营销，力推 O2O 智慧商圈。在"爱尚解放碑"微信公众号上，除了能及时获取有效的资讯以外，还可以了解渝中历史、搜索旅游景点、吃遍特色小吃、寻找优惠活动等。此外，签证查询、快递查询、公交查询、轻轨查询、违章查询等功能也可轻松实现。该平台于 2015 年中秋节发布后，当日便增加了 3 万人关注，其发布的《解放碑停车攻略》阅读量当日更是超过 10 万次，成为中秋节重庆微信朋友圈最火的转发帖。创新的营销策略为解放碑步行街中秋、国庆期间带来了大量人流。腾讯发布的《2015 年微信生活白皮书》显示，2015 年国庆期间，微信最热旅游景区关键词和分享照片前 12 位中，解放碑排名第 8 位，这是解放碑首次登上微信全国旅游热榜。

在智慧交通上，解放碑在现有行车智能管理系统基础上进一步做好停车系统优化设计，一定程度上缓解了解放碑停车困难的现状。下一步，渝中区将重点探索推动域内停车库信息收集整合、三级停车诱导屏建设以及手机智能交通服务，未来市民只需打开智能手机，便能轻松获取解放碑商圈路况信息及停车库数据。

在未来的解放碑"中央活力区"中将呈现这样的景象：单纯的商业购物活动转变为一种全天候、24 小时的体验，旅游、购物、休闲等活动相互结合，实现体验式"看重庆、购世界"；行政办公、商务办公、SOHO 办公等与商业休闲、文化娱乐活动相邻或复合布局，融合为工作、休闲、生活一体化的现代商务园区；创意办公、生活休闲、设计、孵化等空间混合布局，创意设计人员和年轻创业人员在这里工作、生活；历史、文化、地域特色与时尚、景观、品牌、人本化融合结合，国际的交流空间和品牌节庆活动不断推出，人们在这里感受到解放碑独特的城市气质和文化内涵。

近年来，解放碑商圈正由传统商业商务双轮驱动向复合式商圈升级，形成了"三圈三带"的布局。

"三圈"，即内环核心商务圈、中环休闲体验圈和外环配套服务圈。

内环核心商务圈：以解放碑为中心，向民族路、民权路、邹容路三个方向拓展的 3.6 万平方米步行街范围，突出高端、精品发展方向，主要集聚国际一线品牌和各类总部企业，集中展示解放碑最高端要素和最精致景观。

中环休闲体验圈：由五一路、八一路、中华路、大同路等主要道路合围的发展区域，突出休闲、文化、体验功能，重点发展快时尚、特色餐饮、露天咖啡、文化创意、演艺娱乐及街头艺术等业态，疏解核心发展圈人流，形成解放碑区域的"慢生活圈"。

外环配套服务圈：由新华路、和平路、临江路、沧白路等区域外围干道合围的发展区域，主要以产业配套和交通配套功能为主，疏解内环和中环车流，重点为解放碑 CBD 做好融资、商务服务以及停车、医疗、住宅和教育配套。

"三带"，即金融商务产业带、文化创意产业带和休闲娱乐产业带。

金融商务产业带：以五一路金融街和新华路金融商务配套街区为支撑，着力集聚金融、商务及各类要素市场，形成具有较强集聚带动效应的现代化、智能化、生态化楼宇及总部经济示范产业带。

文化创意产业带：以国泰广场、国泰艺术中心、洪崖洞传统民俗风貌区、魁星楼文艺院团和西部动漫产业园为主要支撑，结合戴家巷整体改造，吸引国内外知名文化创意、非物质文化遗产、电子商务、跨境电商企业入驻，形成文化创意体验产业带。

休闲娱乐产业带：以八一路美食街、得意娱乐不夜城、日月光广场和 30 度街吧为主要支撑，结合十八梯山城民居和鲁祖庙改造项目，形成传统与现代相得益彰、古朴与时尚和谐共舞的特色休闲娱乐产业带。

7 西安市长安路 CBD 发展特色研究

7.1 西安市长安路 CBD 概况

7.1.1 西安市长安路 CBD 概述

西安市长安路中央商务区规划占地4.55平方公里，以西安龙脉——长安路为轴心，以文艺路、南二环、朱雀大街、环城南路为四界，面积约为3.2平方公里的区域作为规划设计范围的"核心区"，朱雀大街到含光路

图 7-1 西安市长安路 CBD 位置图

约 1.35 平方公里的区域为"辐射区"。"核心区"内约有户籍人口 9.4 万，日流动人口约 14 万。据统计，2015 年核心区地区生产总值约 65 亿元，完成地方财政收入 4.23 亿元（不含金融企业、涉外企业纳税额）。

7.1.2 西安市长安路 CBD 发展历程

2008 年年初，西安市碑林区委、区政府组织专家学者对长安路地区的发展进行调研论证，前瞻性地提出打造长安路中央商务区。

2008 年年底，长安路沿线两侧的永宁路道路拓宽工程和草场坡、永宁村、振兴路（南关村）和新西里（南郭村）城中村综合改造项目全面启动。

2009 年至今，随着城中村改造项目以及长安国际、珠江时代广场等重大项目陆续完工，长安路中央商务区初具规模。

2012 年 9 月，长安路 CBD 加入中国商务区联盟。

2013 年 3 月，长安路中央商务区管理委员会正式成立，主要负责商务区的规划、建设、管理与服务。

2013 年年底，初步确定"一脉三心五区七街坊"发展规划。

2014 年 9 月，入选第二批市级服务业综合改革试点聚集区，商业巨头王府井百货进驻商务区。

2015 年，市政府工作报告提出"加快推进长安路等现代商务聚集区建设"；5 月 14 日，习近平主席在西安会见印度总理莫迪，在南门广场举行入城迎宾仪式。

2016 年，南门瓮城作为央视猴年春晚西安分会场。

长安路 CBD 正把握着历史发展机遇，朝着"龙脉核心区西安 CBD"这一目标迈进。

根据西安市长安路中央商务区发展规划，长安路 CBD 要发展成为具有区域影响力的中央商务区，可分为两个阶段。

第一阶段：2013—2016 年 CBD 成长期。力争 3 年内，基础设施水平进一步提升，商用建筑面积达到 200 万平方米，现代服务业增加值翻一番，有一定的跨国公司在地区设立总部（办事机构），成为全市最具影响力的现代化商务区。

第二阶段：2016 年—2020 年 CBD 成熟区。再经过 5 年的更新、建设，长安路中央商务区商用建筑面积达到 500 万平方米，现代服务业增加值翻一番，在区域内有一定的数量的 500 强企业、中国服务业 100 强企业总部，CBD 核心区建设基本成熟，成为具有区域影响力的 CBD。

7.1.3 西安市长安路 CBD 管理体制

2013 年，西安市碑林区委、区政府提出打造长安路 CBD 战略，成立长安路中央商务区管理委员会及办公室，主要负责商务区的规划、建设、管理与服务，力求引领区域经济转型、优化、升级。长安路中央商务区管理委员会办公室的管理体制如图 7-2 和表 7-1 所示。

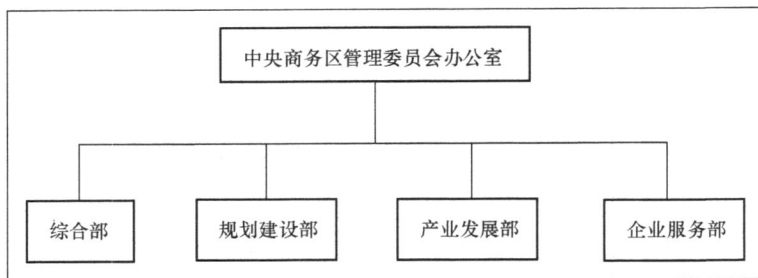

图 7-2　长安路中央商务区管理委员会办公室部门设置

表 7-1　长安路中央商务区管理委员会办公部门职责

部门	主要职责
综合部	机关党务、政务工作，督促检查机关工作制度的落实；重要会议的组织和会议决定事项的督办工作；机关组织、人事、财务、档案、文秘、机要、宣传、教育培训和后勤服务等工作；商务区国有资产监督管理工作；商务区信息化建设工作；相关信息咨询和投诉受理工作

部门	主要职责
规划建设部	拟定商务区总体规划、控制性详细规划，以及交通、市政和环境景观等专项规划；研究拟定商务区年度项目建设计划；商务区内区政府投资项目的组织实施工作；协调商务区内建筑立面整治、重要景观和公共服务设施的建设工作；按产业发展要求对商务区内开发建设项目提出意见，督促项目按规划的产业发展要求实施；商务区建设项目的综合服务工作
产业发展部	研究和拟定商务区产业发展规划；研究制定商务区内产业扶持政策和招商引资工作；收集商务区产业发展信息，监测、分析和预测产业发展态势，对重大问题进行调研，并提出对策和建议；负责商务区整体品牌策划、宣传、推介工作
企业服务部	协助街道和工商、税务、城管、市容、环保、人社等相关部门对商务区入驻企业进行行政和社会事务管理；协助做好商务区内公共设施和户外广告的管理工作；商务区土地商务资源、楼宇信息及项目建设的数据统计与动态管理；搭建服务平台，建立健全服务机制，为企业做好协调和服务工作

7.1.4 西安市长安路 CBD 总体布局

7.1.4.1 总体定位

长安路中央商务区以"龙脉核心区·西安 CBD"为发展目标，着重体现为 3 个聚集：一是西北最大的企业总部聚集，体现西安市的影响力。通过环境的改善，吸引跨国、跨区域企业的西北总部以及国际机构的办事处落户 CBD，提升西安市在区域的经济影响力。二是现代服务业聚集，体现产业的高端性。探索现代服务业的发展规律，着力提升楼宇质量，在优存量和扩增量上下工夫，不断推动现代服务业的载体建设。三是金融机构经营聚集，体现功能的差异性，既区别于钟楼、小寨的传统商圈，又不同于高新、浐灞等开发区的功能定位，打造以金融商务办公为主要功能的商务中心区。

7.1.4.2　功能定位

建设长安路中央商务区必须按照"集中、集约、集群"的发展理念，以长安路为轴心，不断拓展发展空间，强化综合功能，突出产业特色，集聚发展能量，使其成为产业高端化、充分国际化、城市现代化、文化特色化及综合性更强的高端商务聚集区（见图 7-3）。

图 7-3　长安路 CBD 路标

产业高端化，即根据国家的产业政策，建设高端楼宇，引入高端项目，吸引高端人才，推进产业向高端化发展、企业向高新化转变、产品向高附加值延伸，走用地少、产出多和高端化发展的新路。

充分国际化，即坚持走开放发展之路，建立开放高效的国际化运行管理体制，大力发展总部经济、楼宇经济、服务经济，吸引更多跨国、跨区域企业的西北总部以及国际机构落户。

城市现代化，即积极探索"两化互动，产城一体"的发展模式，通过环境提升和功能完善，促进基础设施配套和公共服务共享，打造生态良好、功能完备、服务更优的现代品质之城。

文化特色化，即区别于一般商圈和金融商务区的概念，立足自身文化底蕴和产业基础，创新特色战略，走差异化发展之路，打造具有文化特色的碑林模式。

7.1.4.3　空间与产业功能区规划

商务区管理委员会办公室委托专业公司编制了《长安路中央商务区项目策划方案》，并结合策划方案，委托西安市城市规划设计院编制控制性规划，并将其以合法的程序确定下来。

在空间规划上，东至文艺路，西至含光路，北到明城墙，南到南二环，规划面积为 4.55 平方公里，总开发面积为 0.726 平方公里（不含军产面积）。其中，确定东到文艺路，西到朱雀大街，北到环城路，南到南二环，面积约 2.9 平方公里的区域作为核心区，提出"一脉三心五区七街坊"（见图 7-4）的功能设计，即围绕长安路龙脉，打造商务、金融、总部三大中心，布局五大产业板块和 7 条特色街区。

"一脉"，即长安北路商务龙脉；"三心"，即环南门商务中心、南稍门周边金融中心、长安北路沿线总部中心；"五区"即以西后地地区棚户区改造带动打造现代商务办公区，以陕西文化中心、文艺路演艺基地建设联动打造特色演艺商务区，以小雁塔成功申遗辐射打造丝路文化展示区，以省体育场改造提升为核心打造文体健康产业区，以草场坡地区综合改造为依托打造智慧城市活力区；"七街坊"，即以唐时都城街坊为基础，结合商务区项目建设和产业发展情况，拟打造汇通坊——振兴路以东金融服务产业街，朱雀坊——小雁塔西侧古玩艺术品交易街，永乐坊——荐福寺非遗展示街，群贤坊——夏家庄文化体验街，延康

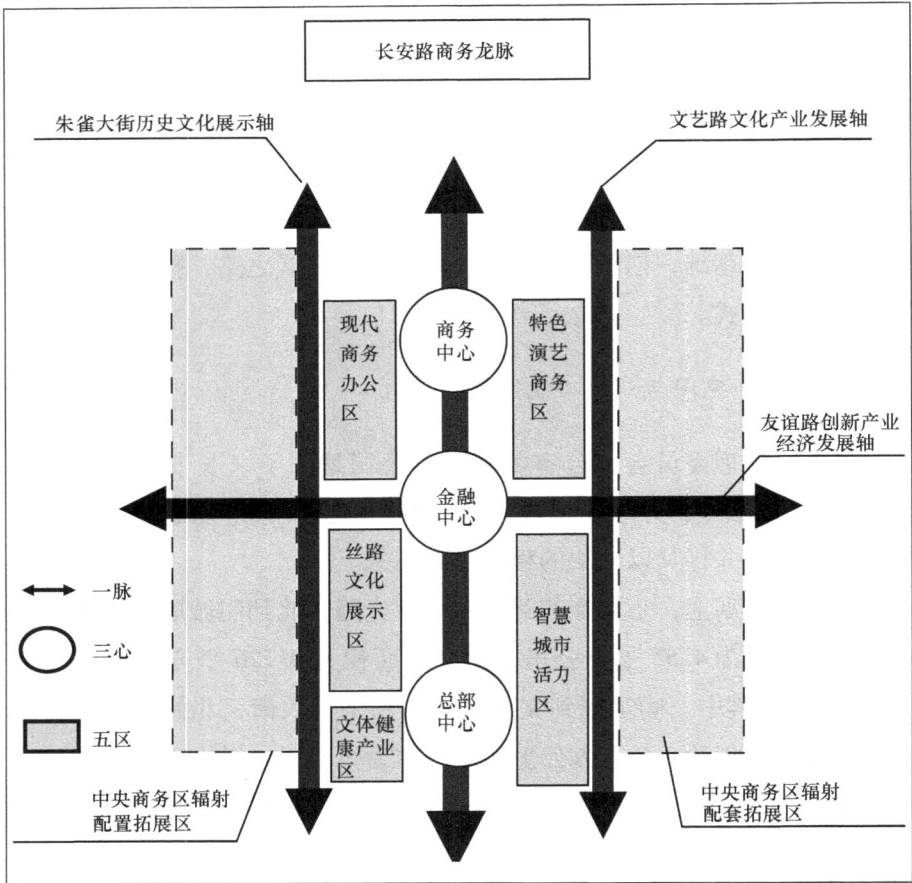

图 7 - 4　长安路中央商务区核心区规划

坊——省体育场文化健康产业街，永宁坊——草场坡商务餐饮休闲街，九部坊——南郭路音乐街。

根据商务区的功能定位及现有产业基础，CBD 的主导产业包括 4 大类：一是金融服务业，积极引入银行、保险等金融机构，形成较高的金融机构聚集度；二是商务服务业，依托长安国际二期、金象国际等商务楼宇，促进咨询、法律、会计、信息等商务服务业的壮大；三是商贸服务业，以世纪金花珠江时代、王府井百货等大型商业综合体为龙头，聚集人气、商气；四是文化旅游业，依托永宁门、小雁塔独特的历史文化资源，以及陕西文化中心建设、省体育场提升改造，打造旅游休闲特色街区，形成具有历史人文特色的 CBD。

7.1.4.4 建设情况

CBD 区域内汇集着长安国际、陕西信息大厦、中信富城大厦、陕西国际会展大厦等 30 余栋中高档写字楼，可提供近 100 万平方米的商务办公面积。此外，正在建设的宏信国际、中贸广场、大话南门、长安大街 3 号等大型商业综合体将提供 40 多万平方米的商业面积、150 多万平方米的商业住宅面积，为 CBD 开辟更大的承载空间。

2016 年，商务区预计新增商务办公面积 18.2 万平方米，商业面积 6.7 万平方米。华侨城集团并购长安国际中心 10.47 万平方米写字楼，正在办理股权交接，并购款项已大部分到账，三号楼装修工程有序推进，长安建设一号楼也已启动。另外，王府井百货外资转内资手续已办结，陕西文化中心与北京华联集团签约，华联 2017 年年初对一期 6.5 万平方米商业进行入场调试。同时，拟将二期约 6 万平方米公寓部分调整为商业，将由华联统一承租运营，土地变性问题已进行实质性办理，2016 年年底开工，2018 年"五一"前整体开业；宏信国际广场主体封顶，已出售近 70%，百年人寿陕西分公司已购买一整层约 3 200 平方米，由北大街迁址入驻；长安大街 3 号（二期）销售较为顺利，商业自持部分已与人人乐社区超市签订租赁合同；西安公馆 2.8 万平方米商业已委托熙地港团队进行商业运营；南门望城（二期）高端策划设计已经完毕，正在办理土地变性，预计 2016 年年底开工。以上项目的实施将极大地提升商务区的形象，有力地推动商务区整体投资环境的改善。长安路 CBD 建成和在建项目如图 7 - 5 所示。

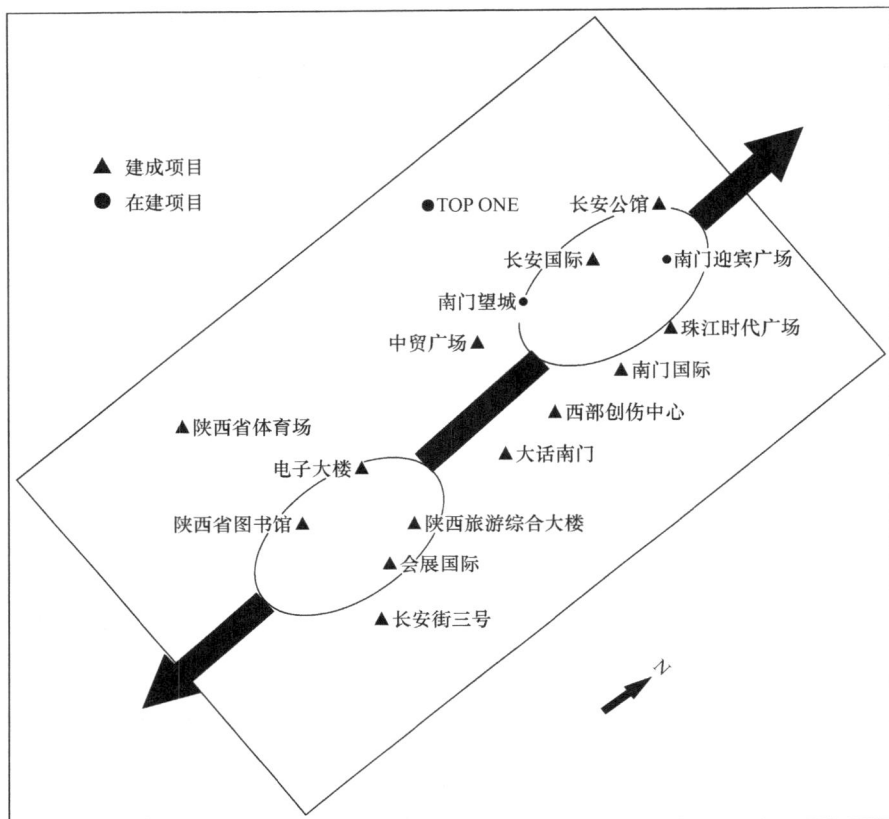

7 – 5　长安路中央商务区建成和在建项目

7.2　西安市长安路 CBD 发展现状

7.2.1　现代服务业企业高度聚集

　　长安路作为南大街商务活动的外延和拓展，其沿线分布着数量多、种类多的现代服务业企事业单位。据 2014 年年初的数据统计，长安路入驻各类企业 3 592 家，其中，商贸业 1 549 家，商务服务业 795 家，其他服务业 284 家，房地产业 231 家，文化旅游业 136 家，服务业企业占企业总数的 83.4%，世界 500 强企业、中国百强企业分支机构共计 33 家。

7.2.2 金融机构集中

长安路中央商务区内几乎囊括银行、保险、证券、信托、基金、投资管理等金融门类，并且地区总部数量较多，呈现出高度聚集。其中，银行类 20 家，东亚、汇丰、中信、华夏、恒丰、宁夏 6 家银行在此设立西安总部；保险类 9 家，新华人寿、太平洋人寿、合众人寿、泰康人寿、瑞泰保险 5 家在此设立西安总部；其余中小型金融机构 30 余家。

7.2.3 地区集团总部集中

长安路中央商务区区域内大型集团总部 20 余家，既有西旅、西饮等上市公司，又有西铜高速、陕能集团等大型省属企业。2013 年，纳税过亿元的是陕西西铜高速公路有限公司，过千万元的有西安真爱投资集团有限公司、西安中国国际旅行社集团有限责任公司等 5 家企业。图 7-6 为入驻长安路中央商务区部分企业的图标（LOGO）。

7.2.4 电子商务类产业聚集

长安路中央商务区区域内蓝装网、陕西天天乐购等线上销售企业发展成熟，蓝装网网站注册用户超过 30 万人，采用线上电子商务与线下会展经济有机结合、互动运行的模式，已成功举办 26 届西部地区最大规模的家居建材交易博览会（蓝装家博会）；天天乐购市场立足陕西省、辐射全国，2015 年纳税额超过 70 万元。百度糯米网、美团网、西旅集团投资的忒忒网（主要经营中华老字号产品）分别落户大话南门、中贸广场和西安中旅大楼，西安力存、哲丰两家网络科技有限公司已分别从四川、新疆迁至迪普大楼。此外，正在进行的电子大楼扩建项目总

图 7 - 6　入驻长安路中央商务区部分企业的图标（LOGO）

占地面积 1. 36 万平方米，规划总建筑面积达 13 万平方米，停车位 2 000 余个，未来将是集 3C 电器体验、电子元器件展销、餐饮娱乐和商务办公于一体的国际级电子主体体验式购物中心。

7.2.5　文化产业发展潜力巨大

长安路中央商务区内有陕西省图书馆、美术馆、体育场等诸多文体设施，规划中的"七街坊"即以唐时都城街坊为基础，形成唐皇城历史文化展示区。陕西文化中心项目定位于西北首席文化体验中心，是以文化为主的大型城市综合体；南郭路音乐街项目、陕西省音乐家协会音乐产业示范基地——"西北陕北民歌大舞台"，是我国第一家陕北民歌文化主题体验实体，内有小型剧场、陕北民歌博物馆和艺术沙龙音乐酒吧。

7.2.6 商务楼宇密集

长安路得天独厚的地理位置、方便快捷的交通格局以及良好的商业运行环境，特别是近年来实施的大规模城市改造提升工程，使长安路商务楼宇如雨后春笋般迅猛崛起，商务楼宇的数量、规模和档次得到长足发展。如陕西省文化中心、珠江时代广场、长安国际、中贸城市花园等，其入驻率高达 90% 以上。同时，随着永宁村、草场坡村、新西里和振兴路等区域的拆迁改造，也将有效拓展商务空间，使街区经济容量大幅增加，楼宇经济后发优势进一步凸显。

7.2.7 基础配套设施完善

作为服务配套设施较为完善的中心城区，长安路中央商务区拥有西安交通大学、西北工业大学、长安大学、西北大学、西安体育学院等诸多高等院校和科研机构，有陕西省图书馆、美术馆、体育场等诸多文体设施；有中、小学校 6 所，幼儿园 2 所；有市红会医院（西部创伤中心）等综合性医院 9 家、社区卫生服务中心 1 家；拥有西安宾馆、唐乐宫、皇冠假日等特色鲜明的五星级酒店 2 家、四星级酒店 2 家，其他各类商务酒店 14 家，完全能够满足商务往来和休闲需求。

7.2.8 政府大力支持，政策导向明确

为了推动长安路中央商务区的发展，碑林区委、区政府出台了支持楼宇建设、扶持入驻企业、奖励招商引资、优化经济环境等一系列配套政策和措施。2015 年，西安市政府工作报告明确提出"加快推进长安路等现代商务聚集区建设"，碑林区政府也将长安路中央商务区建设列

为转型发展的三大重点工作之一。从 CBD 建设之初起，《陕西省人民政府关于加快发展服务业的若干意见》《陕西省人民政府关于支持经济结构调整加快经济发展方式转变若干财税政策措施意见》《西安市人民政府关于进一步加快发展服务业的若干意见》《西安市人民政府关于进一步加快棚户区改造工作的实施意见》《西安市人民政府关于进一步推进开放型经济发展的实施意见》《碑林区发展楼宇经济扶持奖励方法》等相关政策先后出台，长安路中央商务区管理委员会办公室优先兑现省、市、区优惠扶持政策，充分发挥管委会职能，为驻区企业提供优质服务，深入项目单位调研，协调解决困难问题。

7.3　西安市长安路 CBD 发展优势

7.3.1　产业结构优势

经过改革开放近 40 年的发展，我国市场经济体系的建立极大地解放、发展了生产力，西安市经济与社会发展取得了较大的成就，已具备相当的实力。长安路 CBD 所处的碑林区产业结构更趋合理，三次产业占比由 2010 年的 0:23.7:76.3 优化为 2015 年的 0:19.77:80.23。服务业增加值年均增长 11%，2015 年完成 542.41 亿元，建成国家级服务业综合改革试点 2 个、市级服务业综合改革试点 6 个。

金融服务加快发展，59 家金融机构聚集长安路中央商务区；民生小额贷款有限公司等 2 家小额贷款公司累计发放贷款 3.38 亿元，平安担保等 11 家融资性担保公司累计贷款担保 45.24 亿元；"新三板"后备企业 23 家，陕西紫光新能科技股份有限公司等 3 家企业正式挂牌"新三板"，在城六区率先实现零的突破。

商贸服务提档升级，新兴际华大厦、中铁·第壹国际等高端楼宇相继建成，商务楼宇达到 53 栋，平均入驻率达到 90% 以上。商业街区达

16 条，引进西部网购、熊猫伯伯、蓝装网等知名电商企业。

文化与旅游融合发展，旅游业总收入年均增长 13.96%，2015 年预计完成 270.23 亿元。西安城墙·南门历史文化街区全面建成，小雁塔丝绸之路联合申遗成功。

7.3.2　区位条件优势

西安市地处中国陆地版图中心和中国中西部两大经济区域的结合部，是我国西北部通往中原、华北和华东各地市的必经之路。在全国区域经济布局上，西安市作为新亚欧大陆桥中国段——陇海兰新铁路沿线经济带上最大的西部中心城市，是国家实施西部大开发战略的桥头堡，具有承东启西、连接南北的重要战略地位，是全国干线公路网中最大的节点城市之一。公路建设形成了一个以西安为中心，有 9 条国家高速路在此交汇，形成了贯通陕西省、辐射周边省市的高等级"米"字形辐射状干线公路系统，有公路 2 800 多公里，有 6 条国道干线通过。绕城高速、机场新线建成，二环路、三环路全面贯通，市区与所辖区县全部开通高速公路。

CBD 核心区域中的长安路作为西安市南北交通的主动脉，沿线区域拥有市区最为便捷的交通网络。已经通车的地铁 2 号线和正在建设的地铁 5 号线均经过长安路 CBD，共 6 个地铁站点（包括 1 个换乘站），经过区内的公共汽车达 74 条，其中始发的有 5 条。公共交通发达、出行方式灵活、出行成本低廉，均可在短时间内到达高新、曲江、航天等开发区和咸阳国际机场、西安火车站、西安火车北客站等交通枢纽。

7.3.3　教育资源优势

西安市是我国西部地区高等院校和科研院所较为集中的城市之一，是全国高校密度和受高等教育人数最多的城市，在西部地区和全国具有重要地位，是中国 5 大教育、科研中心之一。西安是科技发达、创新力强的城市，综合科技实力居全国城市前列。全市拥有普通高等学校 49

所，拥有各类科研技术机构 3 000 多个，各类独立科研机构 661 个。其中，国家级重点实验室、行业测试中心 44 个，在校大学生 63.22 万人，各类专业技术人员 41.77 余万人，每年硕士、博士毕业生 1 万人以上，有 45 名两院院士，拥有许多国家乃至世界一流的科学家。全市大专以上学历人口 82 万，占全市总人口的比例为 10.92%，列全国第一。全市 18 岁以上成人接受教育的比例居全国第一。

碑林区作为服务配套设施较为完善的中心城区，拥有西安交通大学、西北工业大学、长安大学、西北大学、西安体育学院等诸多高等院校和科研机构，环大学创新产业带成为西安市创建国家创新改革试验区的重要载体，"三区一轴多园"（见图 7-7）的发展框架基本形成，市区共建、校地合作的发展机制初步建立，成为西安国家现代服务业综合试点城市"一带一城"框架的核心载体。区域内 7 个项目建设进展顺利，建成市级众创空间 11 个，引进腾讯（西安）众创空间，成立了陕西青年创业联盟和西安设计联合会。诸多的高校资源可为中央商务区建设提供智力和知识资本支撑。

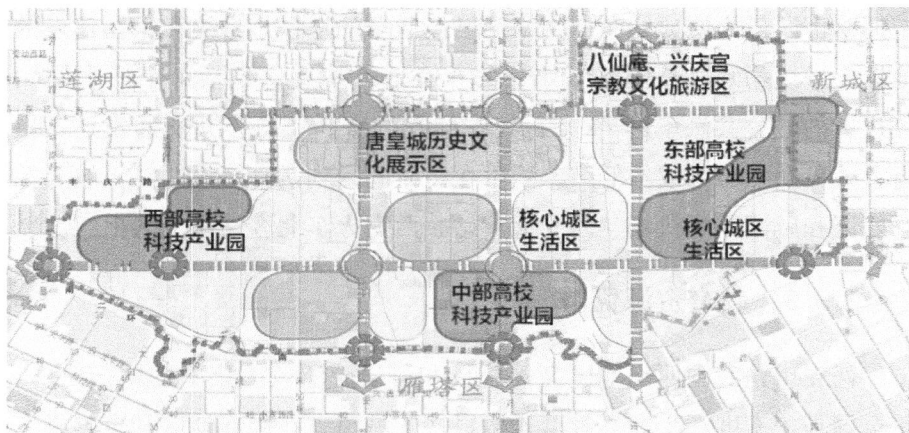

图 7-7　西安市碑林区资源优势

7.3.4　旅游资源优势

西安市是首批中国优秀旅游城市。文化遗产具有资源密度大、保存好、级别高的特点，在中国旅游资源普查的 155 个基本类型中，西安旅游资源占据 89 个。

位于西安南面的秦岭被誉为中国的"中央公园"，是中国地理和气候的南北分水岭。2009 年，秦岭终南山成功通过联合国教科文组织评审，成为世界地质公园。2011 年，举世瞩目的世界园艺博览会在西安市举办。

长安路 CBD 内拥有"中华迎宾第一门"——永宁门，拥有丝绸之路世界文化遗产——小雁塔荐福寺景区、西安城墙·南门历史文化街区两个 4A 级景区，还有诸如唐皇城安仁坊、草场坡等较多的历史文化街区。传统商业、商务活动和旅游经济发展的有机结合给中央商务区的发展带来了新的机遇。

7.3.5　城市群支撑优势

21 世纪以来，随着陕西经济的逐步发展，中心城市与周边区域的空间分工开始显现，关中—天水经济区成为西部地区重要的新兴城市群。其中，关中地处陕西省中部区域，是陕西省工农业发达、人口密集的地区，包括西安、咸阳、宝鸡、杨凌、渭南、铜川 6 个城市，人口和经济总量均占全省的 60% 以上，区位优势明显。而与关中城市群紧密相连的甘肃天水是国家老工业基地之一，是甘肃省重要的制造业基地和新兴产业基础发挥最好的地级市。西安作为改革开放的核心区域，成为关中—天水经济区的中心城市。规模化的产业体系和有序的空间分工为西安 CBD 的现代化发展奠定了重要基础。

7.4　西安市长安路 CBD 发展的挑战

7.4.1　外来竞争压力大

长安路 CBD 的发展压力主要是来自西安其他城区的竞争压力。当前，西安市各区委、区政府都在大力发展经济，区域之间的竞争逐渐加大，各城区都把现代服务业作为主导产业，产业竞争非常激烈。如各区域对金融机构的争抢越来越激烈，金融产业发展竞争将趋于白热化。

从西安市其他区域的情况来看（见图 7 - 8），高新区 CBD 是西安高新区"二次创业"发展规划中确定的四大功能区域之一，中心功能以中高档商务办公、酒店、会议、会展等高级智能为主，主要服务于各企业的商务办公活动。各个产业以高新区 CBD 为依托，进行自我发展，

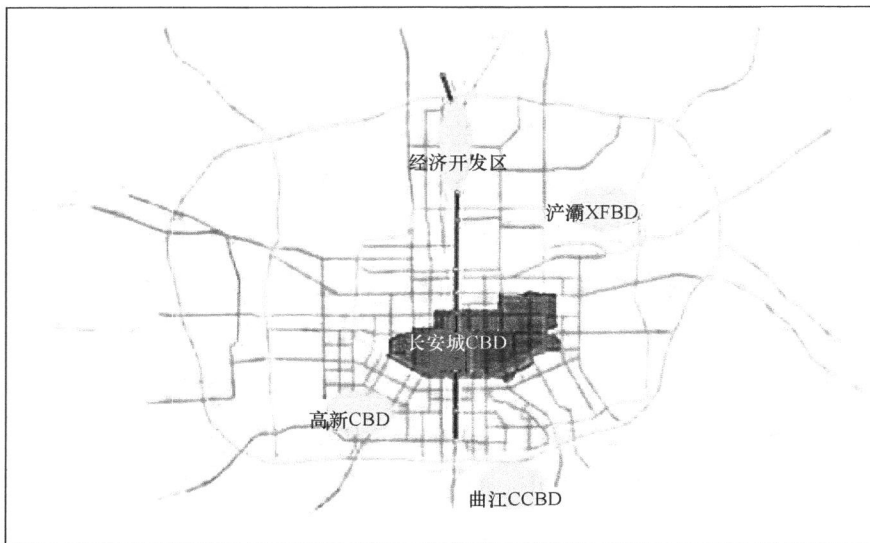

图 7 - 8　西安各 CBD 示意图

逐步形成完整的产业链。此外，高新区大力发展总部经济，诸多国内外知名企业在此设立地区总部或研发中心，包括美国高通、法国耐施德、德国西门子等 50 多家世界 500 强企业，在一定程度上争夺了长安路 CBD 的企业总部资源。经济开发区中心区形成了以商用汽车、电力电子、食品饮料和新材料为主体的 4 大支柱产业，随着西安市政府、市政协、市人大等在内的行政中心的整体搬迁，形成了以行政办公、总部经济为特色的 CBD。曲江新区是确立以文化产业和旅游产业为主导的城市发展新区，该区主要规划建设的九大文化产业园区和碑林区长安路 CBD 打造的文化旅游链部分重叠。浐灞金融商务区已引进陕西省证监局、保监局、国家开发银行项目、长安银行总部、永安保险总部等 50 余家金融机构及商务配套机构；同时，浐灞生态区制定了一系列财政优惠政策，为吸引企业入驻提供了有利条件，无形中增加了长安路 CBD 对金融机构的招商压力。各区域发展定位明确，都新建了许多高档的商务楼宇，在招商引资方面也是加大投入人力、物力、财力，在政策优惠和扶持力度上积极探索，吸引各总部企业到各自区域内发展。长安路 CBD 只有明确功能定位，打造特色品牌，才能脱颖而出。

7.4.2 部分楼宇的品质需要提升

长安路中央商务区部分楼宇存在的问题大致集中在 3 个方面。

第一，特色化、专业化楼宇较少。虽然当前已经在规划打造专业楼宇，如大话南门和电子大楼扩建，但是规模和数量相对较少。在现有的老旧楼宇中，商用公寓多、综合楼宇多，特色化、品牌化、专业化楼宇较少，综合性的商业楼宇占比较大，商务楼宇占比较小，未来需要在空置楼宇和新建楼宇中筛选出优秀的楼宇，帮助其确定新的业态，促进楼宇经济发展。

第二，楼宇基础设施相对滞后。从硬件条件来看，交通、停车、市容卫生等问题影响着该区楼宇经济的发展。部分建设较早的楼宇，硬件设施老化，设计功能不全，普遍存在停车泊位不足、电梯老化、暖通系统相对落后等问题。

第三，物业管理的服务理念、服务意识尚待提高。新建楼宇在硬件条件上有了很大改善，但更需要物业管理公司更新服务理念、提高服务意识，适应楼宇的发展。由于长安路所处的位置限制，小雁塔和城墙外围建筑物呈阶梯式限高，在投资开发中不仅要考虑楼宇的智能化，还对开发商的运营能力提出了要求。

7.4.3　交通环境需要改善

交通问题是世界许多城市 CBD 的发展瓶颈，同样，作为历史古都的西安市，交通也是困扰其 CBD 建设的主要障碍之一。西安市作为文化名城，存有大量的文物古迹和历史建筑，政府为了保护古迹的完整性和文化风貌，限制了部分交通道路的改造，导致现在市中心交通拥堵；同时，作为重要的旅游城市，西安市吸引了大量的外来游客，加剧了人流、物流的聚集，这也是西安市交通拥堵的原因之一。

西安市改善交通环境与西安市的功能定位关系紧密，应当立足于服务发展目标。

7.4.4　区域内拆迁改造任务重

长安路 CBD 区域内有大量的改扩建项目和棚户区改造项目。2016年，商务区内预计新增商务办公面积 18.2 万平方米，商业面积 6.7 万平方米。

大量的拆迁改造项目都需要管委会工作人员做好前期准备工作，做好项目的整合、策划包装和宣传推介。小雁塔历史文化片区拆迁改造有大量繁重的工作任务，需要多次与拟投资主体曲江新区管委会及下属运营公司对接，完成调查摸底任务。文艺西路棚户区改造项目、市红会医院西侧棚户区改造项目和朱雀门外以东棚户区改造项目，需要管委会做好房屋征收工作，依法依规科学制定办法，多替住户着想，创新征收方式。正在建设的大话南门（二期）、南郭路音乐街，管委会也将根据项目单位的需求，协助其做好招商选商等工作。

同时，区域内的翻新改造也为 CBD 的发展带来了机遇，借助新项目的投入，有针对性地招商，更加明确三大中心的定位。

7.5　西安市长安路 CBD 发展特色

7.5.1　发展特色街区

特色街区在新老商圈都发挥着聚合人气、商气的重要作用，越来越成为城市的名牌。通过小广场和街区院巷的结合，可以充分体现一个地区历史的古韵和人文的雅致，更容易形成宜人的商业氛围。长安路 CBD 区位优势明显，既紧邻德福巷、书院门、湘子庙等传统特色街区，又有中贸广场步行街、环省体育场路等新兴特色街；同时，振兴路、草场坡、南郭路等极具潜力的特色街也在规划开发之中。正在规划中的小雁塔荐福寺景区从项目定位上向特色街区项目倾斜，与南门历史文化街区相互辅助，营造更优的商业氛围。

7.5.2　塑造政务服务品牌

长安路 CBD 管委会办公室作为区政府的派出机构，直接面对各类投资、入驻企业，最大的优势就是服务，跟踪做好服务是增强区域内企业归属感和凝聚力的唯一手段。长安路 CBD 管委会办公室积极与全区各部门、相关街办保持密切联系和沟通，得到部门、街办的有力支持；依托市级服务业聚集区建设，涉及市级部门管理权限的政务，管委会办公室主动对接市级部门，邀请它们实地调研查看，获得关注指导。在"亲商助企"活动中，区委、区政府主要领导及其他相关领导先后深入商务区与企业座谈，责成管委会办公室牵头，先后帮助协调解决中贸广场停车秩序和增加扶梯问题、省文化中心规划调整问题、王府井百货电子屏设置延期问题、世纪金花珠江时代广场外立面微调和华侨城 3 号楼后续招商问题等。同时，借助南门春晚西安分会场的品牌效应，管委会成功举办了"长安龙脉·魅力南门"——碑林首季美食购物节活动，参与者借助手绘地图，在各大品牌店集齐商标图章、领取礼品，各种体验式活动拉动了附近商圈的人气、商气，促进了实体消费，提升了 CBD 的知名度。在拆迁工作中，管委会工作人员深入了解拆迁户的困难，切实为其生计考虑，提供就业培训，安置孤寡老人，解决实际问题。

7.5.3　营造优越的商务环境

2016 年 1 月，CBD 核心区的长安北路公共区域实现免费 WiFi 全覆盖。CBD 管委会针对企业的实际需求，在户外广告牌宣传阵地推出品牌企业巡礼，利用门户网站、微信公众平台、商业体 LED 电子屏等宣传推广平台，开展品牌形象宣传。依托 CBD 商会资源，开展"亲商助企"活动；同时，积极发挥 CBD 商会的作用，通过"管委会办公室服务商会，商会服务会员企业"的运行模式，组织商会开展座谈联谊、政策宣传、招商培训等形式多样、务实管用的活动，为企业提供增值服务，使 CBD 的投资经商环境更加优越。

7.5.4　工作务实，夯实基础

长安路 CBD 的建设更关注当下，通过一个个项目的建设，一个个平台的搭建，一栋栋楼宇的改造，一条条街区的美化，一项项政策的落实，一家家企业的服务，奠定了 CBD 的坚实根基，以微创新的方式不断完善商务区的软环境。

参考文献

[1]阎小培,周春山.广州CBD的功能特征与空间结构[J].地理学报,2000(4).

[2]钟心桃,许文山.广州金融企业空间集聚演化研究[J].特区经济,2009(9).

[3]樊绯.20世纪城市发展与CBD功能的演变[J].城市发展研究,2000(4).

[4]蒋三庚.CBD与现代服务业企业集群研究[J].首都经济贸易大学学报,2006(5).

[5]李立勋.广州的生产服务业与CBD发展[J].城市规划,2011(2).

[6]丁成日,谢欣梅.城市中央商务区(CBD)发展的国际比较[J].城市发展研究,2010(10).

[7]陈瑛.城市CBD与CBD系统[M].北京:科学出版社,2004.

[8]方浩,李鹏,任小蔚.珠江新城规划和发展回顾[J].城市规划,2009(S2).

[9]倪鹏飞.构建国际金融中心:全球眼光、国际标准与世界经验[J].开放导报,2004(2).

[10]徐广济,史俊阁.关注总部经济[J].安徽决策咨询,2004(8).

[11]刘克谦."总部经济"走红中国大都市[J].金融经济,2004(9).

[12]辛向阳.历史上的世界城市与当代的世界城市[J].城市管理与科技,2010(3).

[13]赵弘.论"总部经济"与振兴北京现代制造业[J].首都经济,

2003（3）．

[14]黄玮．空间转型和经济转型——二战后芝加哥中心区再开发[J]．国外城市规划,2006（4）．

[15]李蕊,张弘,伍旭川．美国曼哈顿金融业的发展及其对北京 CBD 的借鉴[J]．河南金融管理干部学院学报,2006（5）．

[16]文倩,王金叶．深圳市中央商务区绿地景观设计初探[J]．山西建筑,2014（30）．

[17]蒋刚,曹广超,付金沐,等．基于区位理论的宿州市零售业区位特征研究[J]．科技信息,2013（18）．

[18]陈金怀,黄旭东．微型 CBD 探索与实践[J]．上海船舶运输科学研究所学报,2013（3）．

[19]蒋三庚,陈立平．新宿 CBD 现代服务业集聚经验借鉴[J]．首都经济贸易大学学报,2007（6）．

[20]徐琳．上海服务型经济中心建设的现状与前景[J]．经济论坛,2007（21）．

[21]"新常态"下的北京 CBD:协同发展与合作共赢[J]．环球市场信息导报,2014（34）．

[22]黄玮．中心·走廊·绿色空间——大芝加哥都市区 2040 区域框架规划[J]．国外城市规划,2006（4）．

[23]李俊辰．近千年政治中心数百年金融中心[N]．证券日报,2007 - 01 - 14:A06．

[24]杜云路．复合型主题地产项目的规划研究[D]．昆明:昆明理工大学,2011．

[25]李俊辰．泰晤士北岸的"一平方英里"[J]．首席财务官,2007（9）．

[26]蒋三庚．加快建设北京中央商务区若干问题的分析[J]．北京工商大学学报（社会科学版）,2002,（1）．

[27]赵德和．新加坡房地产管理的启示[J]．上海房地,2006（6）．

[28]黄健. 交通先行广州 CBD 建设提速[N]. 中国房地产报,2007 - 02 - 05,035.

[29]王清青. 广州花城广场规划设计研究[D]. 广州:华南理工大学,2011.

[30]宋菁. 广州 CBD 之争:在"离心"与"向心"之间[J]. 中国民营科技与经济,2010(6).

[31]李立勋,买买提江. 广州的生产服务业与 CBD 发展[J]. 城市规划,2011(2).

[32]易虹,叶嘉安. 广州市生产服务业发展初期空间格局形成机理研究[J]. 城市规划学刊,2011(1).

[33]广州天河 CBD 将成为粤港澳贸易示范平台[J]. 广东经济,2015(10).

[34]胡捷. 跃移式 CBD 建设探讨[D]. 广州:暨南大学,2006.

[35]刘祯贵. 广州珠江新城对成都新城建设的启示[J]. 城乡建设,2008(5).

[36]朱健. 珠江新城地下空间交通规划研究[J]. 国外建材科技,2007(3).

[37] Peng C, etal. Multi - valued Neural Network and the Knowledge Acquisition Method by the Rough Sets for Ambiguous Recognition Problem[R]. Beijing:Proc. of the IEEE International Conference on Systems, Man and Cybernetics,1996.

[38] Diakoulaki D, Mavrotas G, Papayannkis L. Determining Objective Weights in Multiple Criteria Problems:the CRITIC method[J]. Computer and Operations Research,1995(22).

[39] YasdiR. Combining Rough Sets Learning and Neural Learning Method to Deal with Uncertain and Imprecise information[J]. Neurocomputing,1995,7(1).

[40]New York City Economic Development Corporation. Downtown Bro-

oklyn,Long Island City and Lower Manhattan Overview[N]. 2004 – 10 – 21.

[41] Chicago Plan Commission. The Chicago Central Area Plan: Preparing the Central City for the 21st Century[N]. 2003.

[42] Isenberg, Alison. Downtown America[M]. Chicago: The University of Chicago Press,2005.

[43] NIPC. Population,Household,and Employment Forecasts for Northeastern Illinois 2000 to 2030[N]. Sept,2003.

北京市哲学社会科学 CBD 发展研究基地 2016 年大事记

1. 第五届全国中央商务区发展研究高峰论坛成功举行

第五届全国中央商务区发展研究高峰论坛于 2016 年 6 月 17 日在首都经济贸易大学会展中心举行。此次论坛由京津冀协同发展联合创新中心、首都经济贸易大学科研处和首都经济贸易大学特大城市经济社会发展研究院联合承办，由北京市哲学社会科学 CBD 发展研究基地主办。来自中国社会科学院、国务院发展研究中心、商务部、中国城市经济学会、北京市哲学社会科学规划办公室、中国人民大学、南开大学、北京工商大学、北京邮电大学、安徽科技学院、北京联合大学、北京 CBD 管委会、郑州市郑东 CBD 管委会、西安市 CBD 管委会等单位的有关领导和知名专家学者，以及首都经济贸易大学部分师生、新闻媒体共计 200 多人出席了此次论坛。此次论坛的主题为"中央商务区发展与治理"，十多位专家学者在论坛上做了精彩的发言，共同就供给侧改革与 CBD 发展、产业结构调整与 CBD 建设、CBD 建设与区域治理、天津市滨海 CBD 双创特区建设、郑州市郑东 CBD 和北京市朝阳区 CBD 建设等议题进行了热烈的交流与探讨。

此次论坛还发布了《北京市哲学社会科学 CBD 发展研究基地年度报告》及《中央商务区发展与治理论文集》等 CBD 研究基地的学术成果。

2. 积极开展与国内 CBD 工作交流

北京市哲学社会科学 CBD 发展研究基地的研究人员应邀赴郑州、长沙、福州、西安、重庆、广州等城市 CBD 进行学术交流、考察调研。

研究人员学习了我国特大城市 CBD 发展的重要经验，并且获得了一批基础数据。CBD 研究基地人员与各城市 CBD 相关负责人进行了有效交流，发挥了 CBD 研究基地作为学术和经验交流平台的作用，受到 CBD 管理部门及相关研究机构的欢迎和好评。

3. 推进开放性研究

北京市哲学社会科学 CBD 发展研究基地获批两项北京社科基地基金项目，即《首都新定位下 CBD 高端产业国际化发展研究》和《以 CBD 功能建设推进京津冀区域金融合作的机制与路径研究》。两个项目追踪 CBD 发展中的热点和难点问题，对基地研究起到积极作用。CBD 研究基地坚持开展开放性研究，公开招标研究课题，《深圳 CBD 发展特色研究》《新常态下北京 CBD 现代服务业融合发展的对策研究》《广州天河 CBD 开发的投融资模式研究》《新常态下北京 CBD 与京津冀一体化相互作用的研究——对比瑞典首都与中心商务区建设》，这些项目将拓展基地的研究领域，增强为地方经济社会服务的功能。

4. 2015 年度报告出版发行

2016 年 6 月，由蒋三庚教授等著的北京市哲学社会科学 CBD 发展研究基地 2015 年度报告《北京商务中心区（CBD）发展指数研究》正式出版发行。该报告是北京市哲学社会科学 CBD 发展研究基地年度系列报告的第 11 本专著。该报告对 CBD 指数的一般理论进行了分析，对 CBD 发展指数与其他 CBD 综合评价方法进行了比较，从中归纳出 CBD 发展指数的方法和原则；在总结我国 CBD 发展程度、功能评价和可持续发展指标体系的基础上，重点对北京 CBD 发展指数的编制进行了研究，包括发展指数的设计原则、构建目标、构建思路、编制说明和指数分析等。该报告还传承了上一年度报告的思路，撰写了郑州市郑东 CBD、长沙市芙蓉区 CBD 和福州市鼓楼区五四路 CBD 的发展特点和经验。该报告既是理论研究，又是实践梳理的一个"综合体"。

5. 一批专项研究取得成果

北京市哲学社会科学 CBD 发展研究基地《金融中央商务区基础设施与投融资研究》《上海金融集聚对长三角地区产业结构升级的影响》《广州天河中央商务区发展特色研究》《重庆解放碑 CBD 发展特色研究》《西安长安路 CBD 发展特色研究》《关于促进特大城市 CBD 金融发展政策的研究》《中央商务区（CBD）大型社会活动组织与事故预防》《北京城市副中心的 CBD 人才聚集分析》《北京 CBD 文化传媒产业发展战略研究》等一批自设研究项目顺利结项。这些研究成果不仅对 CBD 发展研究基地基础性研究具有重要作用，而且充实了 CBD 研究体系，其中，部分研究成果吸收到基地研究报告中。

6. 注重实现社会服务成效

北京市哲学社会科学 CBD 发展研究基地承担并完成了《北京商务中心区指数研究》《我国 CBD 金融资源优化问题研究》《郑州市郑东新区中央商务区"十三五"发展规划研究》《昆明市"十三五"时期现代服务业发展规划》《服务贸易在国民经济中的作用研究》《土地增值收益成本核算实证研究》等 CBD 管委会、各级政府委托的研究项目。研究中的许多观点、意见被相关政府在决策中采纳。这些研究工作不仅取得了社会服务的效果，而且提高了 CBD 发展研究基地的影响力。

CBD 发展研究基地张杰教授《中国土地市场发展研究：理论探源·政策调控·指数解析》一书荣获北京市第十四届哲学社会科学优秀成果二等奖。CBD 发展研究基地发表关于 CBD 的学术论文 20 余篇，社会影响显著。

后　记

今年这本"北京市哲学社会科学 CBD 发展研究基地 2016 年度报告"是对其 2015 年度报告研究领域的拓展和提升。"北京市哲学社会科学 CBD 发展研究基地 2015 年度报告"是研究北京 CBD 发展指数，而 2016 年度报告则是研究中国特大城市 CBD 发展指数。此外，我们尽力从多种渠道获取数据并进行比较分析，争取把 CBD 发展指数研究做得更深入，使其对特大城市 CBD 经济社会发展的指导性更强。

李丰杉、蒋三庚负责全书的撰写和统稿工作，蒋三庚主持了调研工作；刘强、李一田和刘建新分别承担了广州市、西安市和重庆市 CBD 发展特色的写作工作。李晓艳、蒋雯、回晓曼、张欣、苟济帆、王晓净、付李涛、张靓参加了调研和资料收集工作，王曼怡、张弘、张杰、王晓红、常英伟为本书的出版提供了重要建议和意见。

我们对本书在撰写中参考的文献资料都做了标注，但难免有疏漏之处，恳请读者及时指正，我们对选用文献的作者表示歉意和致谢。

我们感谢北京市哲学社会科学规划办公室、北京市教育委员会对本书的资助和指导，感谢首都经济贸易大学出版社提供的出版平台以及杨玲总编辑为本书出版的积极策划和大力支持，也感谢责任编辑的辛勤工作。

蒋三庚

2016 年 11 月 25 日

于首都经济贸易大学博纳楼